험난한 세상을 겸손과 진실로 헤쳐온 분들에게
에고노믹스는 새로운 힘과 용기가 될 것입니다.

________________________ 께

________________________ 드림

에고노믹스

심리학에게 경영을 묻다

데이비드 마컴 · 스티븐 스미스 지음 | 배현 옮김

살림Biz

제 1 장

경영은 인간을 이해하는가?

우리가 지닌 온갖 훌륭한 생각들, 우리가 수행하는 온갖 훌륭
한 조치들은 우리로 하여금 자만심에 빠져들도록 하며, 그로
인해 우리는 허영과 자기만족의 온갖 공격에 처한다.

– 윌리엄 로*

*윌리엄 로(William Law) : 기독교 윤리와 신비주의를 주로 다룬 18세기 영국 작가.

에고는 모든 기업의 손익계산서에서 눈에 보이지 않는 항목이다.

그리고 이처럼 에고가 손익계산서에 등장하지 않는다는 사실이야말로, 모든 기업과 사람들 속에서 가장 강력한 힘을 발휘하는 에고를 다루는 우리의 능력이 전혀 향상되지 않은(또한 더 악화되지도 않은) 이유를 설명한다.

이번 장의 첫 줄을 읽자마자 에고가 **유용한** 도구라는 생각을 대뜸 떠올리기는 쉽지 않았을 것이다. 그러나 에고는 그 부정적인 인식에도 불구하고 늘 손해만을 가져다주는 것은 아니다. 수익 측면에서 바라볼 때 에고는 발명하고 성취하려는 충동과 새로운 것을 시도하려는 용기, 그리고 불가피하게 찾아오는 좌절을 극복하려는 끈기에 불꽃을 일으킨다. 놀랍게 들릴지는 몰라도, 많은 사람이 불안 속에서 진심으로 참여하지 못하고 기업문화와 리더들이 무력해지는 이유는 바로 그들이 에고를 적당히 지니지 못했기 때문이다.

팀 미팅, 이사회의 토론, 실적 평가, 고객 상담, 계약 협상, 또는 입사 면접 등 우리를 둘러싼 거의 모든 것에서 에고는 우리 자신에게 잠재적으로 유리하게 또는 불리하게 작용할 수 있다. 만일 우리가 에고를 현명하게 다룬다면, 커다란 이익이 될 수 있는 에고의 긍정적인 면을 취할 수 있다. 그러나 에고 내부의 격렬하고 완고한 힘이 우리를 지배할 경우, 기업은 실제로 경제적 손실을 겪게 된다.

사업가들 가운데 절반이 넘는 수는 그들 자신의 기업 연간 매출액 중 6~15퍼센트가 에고로 인해 소모된다고 추정한다. 더욱이 이러한 추정치도 지나치게 낮춰 잡은 것이라고 보는 이들이 적지 않다. 어쨌든 그 추정치를 근거로 하더라도, 「포춘」 선정 500대 기업이 에고에 들이는 연간 비용은 ─ 그만한 매출을 창출하기 위해 일했던 사람들이 추정한 바에 따르면 ─ 평균 11억 달러에 육박한다. 11억 달러는 이들 기업의 매년 평균 이익과 거의 맞먹는 액수다. 그러나 에고가 매출액에서 차지하는 비용이 6퍼센트든 60퍼센트든, 사람들은 그 비용을 가늠할 때 무슨 생각을 하게 될까? 일반적으로 우리는 누군가의 에고가 폭발한 시기라든가 최근의 신문 헤드라인을 떠올릴 것이다.

패니메이●는 데이비드 맥스웰(David Maxwell)과 그의 후임자 제임스 존슨(James Johnson)이 이끌던 1981~1999년 사이 전체

주식시장 대비 누적 주식수익률이 3.8배에 달하는 발군의 실적을 올렸다. 패니메이는 짐 콜린스(Jim Collins)가 『좋은 기업을 넘어 위대한 기업으로(*Good to Great*)』를 저술하면서 조사한 1,435개의 비교 대상 기업들 가운데 압도적인 실적을 지속적으로 창출한 단 11개 기업 중 하나로 꼽힌 바 있다. 그러던 1999년 1월 1일, 존슨의 뒤를 이어 프랭클린 레인스(Franklin Raines)가 CEO 자리에 올랐다. 그리고 5년 후, 석연찮은 회계 조작을 저지른 레인스는 패니메이의 이사회로부터 압박을 받고 사임했다. 레인스는 이렇게 주장했다. "비록 조기에 퇴임하는 마당이지만, 나 스스로 떳떳이 임무를 다해왔다고 자부합니다."

역설적이게도 레인스는 엔론의 붕괴와 관련해 2002년에 열린 의회 청문회에 증인 자격으로 출석해줄 것을 요청받은 적이 있다. "한 기업의 리더로서 자기 기업의 운영이나 활동에 관해 몰랐다거나 자기는 그런 책임이 없다고 발뺌하는 것은 완전히 무책임하고 납득할 수 없는 일입니다. 더욱이 자기 기업의 근본적인 생존이 위태로울 정도로 위험을 초래했다면 말입니다." 레인스는 특히 뒷부분을 힘주어 말했다. 레인스는 패니메이에서 물러나면서 2,500만 달러에 상당하는 두둑한 퇴직금을 받았고, 임기 동안 총 9,000만 달러에 달하는 보수를 챙겼다. 2004년 12월 22일, 레인스는 경질되었고 대니얼 머드(Daniel Mudd)가 그의 빈자리를 채웠다.

우리가 이번 장을 쓰고 있는 중에 한 동료가 이메일로 '패니메이, 4억 달러 벌금형'이라는 신문 기사를 보내왔다. 다음은 기사의 첫줄이다. "패니메이는 오만하고 비윤리적인" 기업 문화 탓에 110억 달러 규모의 회계 부정을 저지른 거대 주택금융 기업이 되어버렸다. 화요일에 연방 규제 당국은 이 기업에 4억 달러의 벌금을 부과한다고 발표했다." 대니얼 머드의 리더십도 문제가 되었다. 다음은 「포춘」의 베서니 맥클린(Bethany Mclean)이 쓴 글의 한 대목이다. "패니메이는 자신들의 기업이 딴 곳과는 어디가 달라도 다르며, 특별하고 강력하기까지 하다고 생각하는 모양이다. 다른 이들에게 대답할 필요조차 없다고 생각하니 말이다. 그런데 바로 이 부분이야말로 잘못된 것이라는 사실이 만천하에 드러났다." 패니메이가 좋은 기업에서 위대한 기업이 되기까지는 무려 20년이 걸렸지만, 위대한 기업에서 좋은 기업이 되기까지 채 5년도 걸리지 않았다. 또 좋은 기업에서 … 그 다음은 오직 시간만이 알 것이다.

통제를 벗어난 에고의 위험성, 또는 기나긴 시간 동안 구축된 자기중심적(egotistical) 문화가 끼친 끔찍한 영향이 대서특필된 헤드라인들을 보면서 우리는 이렇게 자문할 수 있을 것이다. "우린 절대로 저러지 않을 거야. 저 정도로 나쁘진 않아." 맞는 말이다. 우리 중 99퍼센트는 결코 타이코의 코즐로프스키, 엔론의 켄 레이와 제프리 스킬링, 월드컴의 버니 에버스, 또는 마사 스튜어트가 되지 않을 것이며, 선빔의 CEO 앨 던랩에게 붙여진 '전기톱 앨' 따위의 별명을 얻을 일은 결코 없으리라. 설마 감옥에 가면서까지 우리 자신의 손으로 우리 기업을 몰락시키기야 할까? 그러나 이런 생각들이야말로 위험천만한 함정이다.

물론 이들 이야기는 워낙 극단적이다. 그런 까닭에 "우리 기업의 어떤 부분에는 들어맞는 애기 같은데?" 또는 "우리 팀은 어떻고?" 또는 "나는 또 어떻고?"라고까지는 미처 생각하지 못한다. 행동방식 때문에 우리의 능력이 미묘하지만 분명하게 약화됨에도 결코 그것을 심각하게 여기지 않고 간과하는 것이다. 이 책의 필자인 우리가 경험과 연구를 통해 말할 수 있는 것은, 그 누구도 독선적(ego-driven) 행동이 극단적이라는 것을 제때 알아차리기는 힘들다는 사실이다. 「포춘」 선정 50대 기업의 경영자들은 이렇게 말했다. "우리는 위대한 기업인 상태로 출발했습니다. 시간이 지나면서 위대함은 에고로 이끌렸고, 에고는 우리를 좋은 기업으로 되돌려놓았으며, 이제 우리는 처음부터 다시 시작해야 한다는 사실을 깨달았죠. 우리는 그 과정에서 우리의 에고가 어떻게 확대 및 강화되고 있는지 까마득히 몰랐던 겁니다."

어떤 조직이든 재능, 추진력, 지능, 상상력, 비전, 교육, 경험, 또는 야망이 충분한 인력들이 부족한 경우는 드물다. 그러나 컨설턴트인 우리는 리더와 경영자들이 프로젝트에 실패하거나 그 결과가 신통찮을 때 자주 하는 말을 듣는다. "그는 아주 혁신적입니다. 그런데……." 또는 "그녀는 놀라운 통찰력의 소유자예요. 단지……." 또는 "우린 올바른 방향으로 가고 있었는데, 갑자기……." 따위의 말들이다. 그들이 이렇게 칭찬을 하면서도 예외를 다는 경우 끊임없이 빌미로 등장하는 것은 단 하나, 바로 확대 및 강화된 에고다. 그렇다면 여기서 한 가지 의문이 생긴다. 이처럼 에고와 관련한 비용이 크고 고질적라면, 사람들이 자신의 에고에 그토록 매달리고 때로 싸움까지 불사하는 이유는 뭘까? 이것은 우리 스스로도 예전에는 답하지 못한 질문이었다.

부채냐 자산이냐?

애초 우리의 연구는 에고라는 것이 이익이라고는 없는 숨겨진 비용에 불과하므로 (적어도 비즈니스 관점에서는) 냉정하게 제거해야 한다는 전제하에 시작됐다. 실제로 이 책의 가제는 한동안 '에고 없애기(egoless)'였다. 이 프로젝트를 근 2년 동안 진행하면서, 이러한 관점은 경제학의 미시적 또는 거시적인 양 측면에서 모두 정당화되는 것처럼 보였다. 미시적 수준에서 플로리다주립대학의 로이 바우마이스터(Roy Baumeister)와 카네기멜론대학의 장 리칭(Zhang Liqing)은 에고가 위협을 당했을 때 사람들이 어떤 종류의 재정적 의사결정을 내리는지 알아내기 위한 일련의 실험을 했다.

에고가 참가자들의 의사결정에 어떤 식으로 영향을 미치는지를 검증하기 위해 설계된 실험이었다. 연구자들은 참가자들을 이른바 '에고-위협' 그룹 또는 '에고-비(非)위협' 그룹 중 하나에 배정했다. 각 실험에서 참가자들은 정도껏 돈을 따거나 잃거나 본전을 유지할 것을 요구받았다. 이것은 일종의 '입찰 전쟁'이라는 점에서 경매와 유사하지만, 이겨야 할 대상이 눈에 보인다는 점에서 차이가 있다. 이 경매는 1달러를 따는 것이다. 목적은 1달러 미만을 들여 1달러를 따는 것이지만, 그러기 위해서 5달러까지 쓸 수 있다. 단 경기가 시작되기 전 '에고-위협' 그룹에 속한 모든 이들에게 개별적으로 이런 말을 전달했다. "당신이 정신적 압박에 약하거나 배짱이 없다고 생각한다면, 안전하게 플레이하는 편이 좋을 겁니다."

실험에서 입찰액이 상승하자, '에고-위협' 그룹은 '에고-비위협' 그룹보다 거의 매번 높은 입찰액을 걸었다. 지루한 입찰 전쟁의 결과, 자신이 뭔가 증명해야 한다는 압박을 느낀 이들은 1달러를 사기 위해 3.71달러까지 썼다. 실제로 '자존심'이 높은 사람일수록 더 많은 돈을 잃은 것이다. 실험이 끝난 뒤 참가자들과 상담을 했는데, '이기기 위해' 더 많은 돈을 쓴 이들은 쓴 돈 때문에 기분이 상했을 뿐만 아니라 자신의 '자존심'에도 상처를 입었다. 요컨대 그들은 돈과 자신감 모두를 잃은 셈이다.

에고 때문에 "함정에 빠지게 되고 … 나쁜 의사결정을 내리고서 아까운 돈을 날려버리기 십상"이라고 바우마이스터와 장은 말했다. "사람들은 진로를 선택할 때 마음의 문을 닫은 채 타협할 줄 모르고, 감독자들은 자신이 채용한 피고용자들을 지나치게 믿으며, 은행의 상급관리자들은 '무엇보다도 그 대출을 승인한 당사자가 다름 아닌 그들 자신이기 때문에' 자기 은행에 문제를 안겨줄게 뻔한 대출에 연루되고, 기업가와 벤처기업 투자자들은 수익성 없는 프로젝트의 함정에 빠지게 된다." 광범위한 연구 끝에 그들이 내린 결론은 자신의 에고가 위협당한다고 느낄 때 "재정적 성과의 견지에서 판단할 수 있는 최적의 의사결정을 내리지 못한다."는 것이다.

거시적 수준에서 우리의 생산 방식에 에고가 부정적인 영향을 미칠 때 사업 실적은 나빠진다. 오하이오주립대학의 폴 너트(Paul Nutt) 박사는 수백 개의 조직을 대상으로 사업상 의사결정이 실패하는 이유에 관한 연구를 20년 넘게 진행했다. 50퍼센트의 의사결정이 실패하는 이유를 검증하면서 너트 박사는 세 가지 핵심 사유를 발견했다.

- 실패한 사업상 의사결정 중에서 3분의 1 이상은 에고에 의해 추동된다.
- 3분의 2에 육박하는 중역진은 일단 마음을 굳히면 대안을 결코 찾아 나서지 않는다.
- 관리자들의 81퍼센트는 설득 또는 상부의 지시로 의사결정을 통과시킬 뿐, 자신의 신념에 따라 의사결정을 내리지 않는다.

지난 2년 반이 넘는 기간 동안 우리는 어떤 식으로든 에고(ego)라는 단어가 쓰인 2,190개의 신문 기사(주로 비즈니스 관련)를 검색했다. 그중 88퍼센트에서 '에고'는 부정적인 뜻으로 쓰였고, 사람들이 어떻게 그리고 왜 에고를 제거해야 하는지, 또한 그렇지 않을 때 어떤 일이 생기는지에 관한 경고가 뒤따라 붙곤 했다. 신문 기사들은 자기도취에 빠진 이들을 호되게 꾸짖으면서 「비즈니스위크」처럼 '강한 에고로 벤처기업을 죽이지 말라' 또는 「USA투데이」처럼 '에고가 T.O•를 강타하다' 식의 헤드라인을 붙였다.

우리는 5년 이상, 우리의 리더십 강좌에 참석한 수천 명의 사람들을 조사했다. 그들에게 단어들을 무작위로 보여주면서 처음 떠오르는 단어들을 적도록 부탁했다. 그들은 '에고(ego)'라고 씌어 있는 카드를 보고 뭐라고 썼을까? 첫 번째 반응의 92퍼센트는 부정적이었다. 거의 5대 1 비율로 '오만한'이라는 단어를 언급했으며, '자기중심적', '불안한', '꽉 막힌', '방어적', '우쭐대는', '저자세의' 등이 뒤를 이었다.

예를 들어 한 시간짜리 회의에 참석했는데 43분이 지날 무렵 누군가가 무언가로 심한 고집을 부린다고 생각해보자. 회의가 끝나고 돌이켜봤을 때 어느 순간이 기억에 남을 것인가? 43분의 사건이, 지난 시간까지의 회의에 어떤 영향을 미칠까? 기껏해야 그 이전의 회의 내용들은 기억에서 사라질 것이다. 또한 남은 17분 동안의 회의는 무난하게 진행될 수 있을까? 아마도 남은 회의는 어수선한 분위기로 얼룩져버릴 것이다. 게다가 회의가 끝난 후에 그 일에 대해 얘기하느라 얼마나 많은 시간을 허비하겠는가? 그 정확한 순간은 기억하지 않을지 몰라도, 그에 따른 충격은 당분간 안고 지내야 할 것이다. 비록 에고가 회의를 망쳐버리지 않았다 해도, 분명 상처는 남는다.

우리는 연구를 계속하면서, 그들이 그렇게 행동하는 이유를 알아내기 위해 광범위한 사람들을 인터뷰하고 관찰했다. 수백 편의 비즈니스 논문, 정기간행물과 광범위한 심리학 저널을 샅샅이 뒤지는 동시에, 1944년*까지 거슬러 올라가서 리더십 및 경영학 관련 문헌들을 연구했다. 많은 책에서 흥미로운 생각을 발견할 수 있었지만, 우리의 연구와 관련해 주목할 만한 책, 다시 말해 강력한 메시지로 비즈니스에 관한 세인의 사고방식을 바꿔놓은 책들은 소수에 불과했다.

『피터 드러커의 자기경영 노트(*Effective Executive*)』, 『초우량 기업의 조건(*In Search of Excellence*)』, 『체인지 마스터(*The Change Masters*)』,『성공하는 기업들의 8가지 습관(*Built to Last*)》, 『유능한 관리자(*First, Break All the Rules*)』 등의 훌륭한 연구 저작들은 기존 연구와 구별되는 한 가지 개념을 짚어냈다. 그러나 변화를 위한 전략 및 전술, 테크닉의 틀을 가장 잘 그려낸 이러한 저작들도 정작 에고가 작용할 때의 이론과 실제 사이에 놓인 간극을 설명할 수 없었다. 또한 이들 모두 에고가 비즈니스 영역에서 부정적인 영향만을 끼치는 것으로 설명했다.

하지만 에고는 또 다른 면이 있다.

에고 2.0

'에고(ego)'란 단어는 본디 라틴어로 '나 자신'이란 뜻이다. 사람들이 '에고'에 관해 말할 때는 다른 누군가가 온통 나 자신에 푹 빠져 있고, 그 사람이 그 외에는 전혀 신경 쓰지 않는다는 뜻으로 풀이된다. 사전이나 심리학 교과서에서는 '에고' 항목을 '부풀려진 거만한 감정(self-importance)'에 바로 뒤이어 '자신감(self-confidence)'이라고 정의 내린다. 앞에서 언급했던 조사에 참가했던 사람들에게도 에고는 긍정적 의미가 있었다. 8퍼센트 정도에서 '자신감', '자부심', '열린 마음가짐', '야망적인' 등의 단어들이 등장했고, '신뢰'는 대략 10대 1 정도의 비율로 언급되었다. 더 깊이 연구할수록 에고에 관한 역설은 더욱 분명히 드러났다. 에고는 값진 자산인 동시에 심각한 부채이기도 하다는 사실 말이다. 이렇게 이중적인 속성을 염두에 둔 우리는 방향을 틀어 무엇이 에고를 움직이게 하는지를 알아내기로 했다.

운이 나쁘게도 우리의 초창기 작업은 지난 50년간 가장 많은 업적을 남긴 비즈니스 저술가 짐 콜린스의 작업과 평행선상에 있는 것처럼 보였다. 콜린스는 『좋은 기업을 넘어 위대한 기업으로』에서 좋은 기업에서 위대한 기업으로 도약하지 못한 기업들 중 3분의 2는 "기업의 소멸 또는 지리멸렬한 실적의 원인이 된 거대한 개인적 에고의 존재"의 무게에 짓눌렸다고 말했다. 목표를 달성한 11개의 기업에서 콜린스는 두 가지 중요한 특성을 발견했다. (1) 프로페셔널한 의지, 그리고 (2) 극도의 개인적 겸손이 그것이다. 콜린스는 이처럼 드문 조합을 '레벨 5' 리더십이라 일컬었다.

이 책을 출간하기 전 콜린스는 일군의 임원들에게 자신의 발견을 설명하는 과정에서 새로 CEO로 뽑힌 한 여성에게 이런 질문을 받는다. "선생님은 좋은 리더에서 위대한 리더로 가는 것에 관해 말씀하시는 것 같아요. 그런데 가만히 들여다보면 전 레벨 5의 리더십을 갖지 못했거나, 아직은 아닌 것 같아서 혼란스럽네요. 제가 CEO가 된 이유는 부분적으로 저의 에고가 그렇게 추동했기 때문입니다. 그런데 선생님은 제가 레벨 5가 아니라면 우리 기업이 위대한 기업이 되지 못한다고 말씀하시는 건가요?" 콜린스는 그렇다고 단정적으로 답하지 않으면서 단지 자신의 견해를 증명할 증거들을 이야기했다. 자리에 앉은 사람들은 침묵을 지키는 가운데, 그녀는 이렇게 물었다. "대체 레벨 5가 되는 법을 배울 수 있긴 한가요?"

콜린스는 사람은 두 가지 범주, 즉 가진 자와 가지지 않은 자로 나뉠 수 있다고 대답했다. "첫째 범주는 100만 년이 지난다 해도 자기의 이기주의적 욕구를 위대한 야망에 결코 굴복시키지 못할 사람들입니다. 둘째 범주는 — 제가 보기엔 이런 사람들이 더 많은 것 같군요 — 레벨 5로 진화할 잠재력이 있는 사람들입니다. 역량을 갖추고 있음에도, 아마도 잠재되어 있거나 무시된 채 없는 거나 마찬가지인 이들이죠. 그런 사람들은 적절한 환경, 이를테면 자기반성, 의식적 인성 계발, 멘토나 위대한 스승 등의 조건이 갖쳐지면 발전하기 시작하죠." 콜린스는 여기서 답변을 멈췄다.

그 여성 CEO가 던진 것과 같은 질문에 어느 정도라도 희망적으로 답하기 위해서는, 몇 년 동안 우리가 질문해왔던 바로 그 일련의 질문들을 던지고 답해야 했다. 좋은 조직으로 발돋음하도록 돕지만, 좋은 조직을 넘어 위대한 조직으로 탈바꿈시키고자 할 때는 겸손 없이 불가능하게 만드는 에고란 과연 무엇일까? 왜 에고는 우리가 성공하기 위해서 반드시 지녀야 할 그 무엇처럼 보이면서도, 우리가 추구하는 성공을 종종 방해하는 것처럼 보이는가? 에고의 충동을 다루기 위해 우리가 발전시켜야 할 습관 같은 것이 있는가? 무엇보다도 대체 에고가 다루어야 할 대상이기는 한가? 만일 겸손이 그토록 강력해 레벨 5 리더십의 필수요소라 한다면, 우리 대부분은 왜 그것을 지니지 못한 것일까? 우리는 겸손해지는 법을 배울 수 있을까? 만약 에고와 겸손이 공존하지 못한다면, 주어져야 할 것은 무엇이고 요구되는 변화는 어떤 것인가? 에고노믹스는 이러한 질문에 대한 대답이다. 우리는 이러한 견해들이 에고가 우리에게 불리한 부채로 작용하거나 갈수록 가치를 발하는 자산으로 작용하는 것 사이의 차별점이라고 믿는다. 그것을 효과적으로 이용하는 법을 알게 될 경우 에고의 긍정적인 면은 부정적인 면만큼이나 위력을 발휘한다. 에고의 투자수익률을 증대시키기 위한 첫 번째 단계는 우선 '에고'가 무엇이며, 그것이 어떻게 작동하는지를 이해하는 것이다.

**자유라디컬
(free radical)**
유리기(遊離基). 짝짓지 않은 원자로 이루어진 원자단으로서, 불안정하고 반응성이 크며 수명이 짧다는 것이 특징이다.

에고노믹 헬스

에고가 작용하는 방식을 확실히 이해하기 위해 인체가 이렇게 작동하는지 머릿속에 그려보자. 건강한 인체를 유지하기 위해 면역 시스템은 바이러스와 박테리아에 맞서 싸울 자유라디칼이라 불리는 분자를 생성한다. 그렇지만 공해나 살충제 같은 환경 요인 때문에 자유라디칼이 과다하게 생성되면, 바이러스나 박테리아뿐 아니라 좋은 세포와 중요한 조직까지 공격해 갖가지 질병과 조기 노화나 암 등을 일으킨다.

에고는 일종의 자유라디칼이다.

적정량의 에고는 본질적으로 긍정적일 뿐 아니라 불안감, 두려움, 무기력 등을 몰아내는 건강한 수준의 신뢰와 야망을 제공한다. 그러나 억제되지 않은 채로 내버려둘 경우 에고는 사냥감을 찾아 나서기 마련이다. 에고가 주요한 공격 대상으로 삼는 '세포'는 재능과 역량이다. 도를 넘는 자신감을 불어넣거나, 실제보다 훨씬 뛰어나다는 그릇된 환상을 불러일으키거나, 우리의 재능을 한껏 이용할 수 있다는 자신감을 박탈하는 것이다. 에고의 위력은 침투력이 강하고, 잔인하게도 우리가 쌓아가는 실적에 중립적인 영향만을 미치는 것은 결코 아니다. 아래의 목록은 캐서린 쿡 브릭스(Katherine Cook Briggs)와 이사벨 브릭스 마이어스(Isabel Briggs Myers), 칼 융(Karl Jung), 테일러 하트만(Taylor Hartman) 등의 전문가들이 지난 몇 십 년간 이룬 성격 연구로부터 대부분의 성격 유형을 망라하는 재능과 특성을 추출한 것이다. 당신의 가장 큰 강점들을 세 개에서 다섯 개까지 체크해보라.

1. □ 확고부동함 10. □ 믿음직함 19. □ 솔직함

2. □ 분석적임 11. □ 낙관적임 20. □ 신중함

3. □ 유연함 12. □ 개방적임 21. □ 사교적임

4. □ 카리스마적임 13. □ 분별력 있음 22. □ 결연함

5. □ 하나에 전념함 14. □ 충직함 23. □ 용감함

6. □ 단호함 15. □ 신뢰감을 줌 24. □ 혁신적임

7. □ 헌신적임 16. □ 의지력이 강함 25. □ 규율 잡힘

8. □ 주도적임 17. □ 실용적임 26. □ 영리함

9. □ 열정적임 18. □ 자신감 있음 27. □ 독립적임

각각의 강점들은 성공적인 우리 자신이 될 수 있게 기여한다. 이러한 특성들을 충실하게 유지함으로써 직장을 얻고 승진할 수 있으며, 자신이 소속된 기업에 유일무이하게 기여할 수 있다. 만약 에고를 없애버린다면, 에고가 제공하는 것들, 즉 우리의 재능과 특성에서 장점을 취해 계속 의지할 수 있게 하는 신뢰와 야망을 잃게 될 것이다. 그러나 에고를 통제하지 못할 때는 이러한 강점들이 항상 유리하게 작용하는 것만은 아니다.

인재에서 배신자까지

에고의 강한 위력을 제대로 다루지 않을 경우, 에고는 강점에 손상을 입히고 약점으로 바꿔버린다. 에고는 자신감 과잉, 도를 넘는 포부, 불안감 또는 자기중심적 의제 설정 등을 통해, 겉보기에는 미세하나 실제적으로는 중대한 차이를 만들어낸다. 앞서 살펴본 것과 동일한 강점의 목록 중에서 당신이 체크한 강점이 아래 목록에서는 어떻게 전이되었는지 확인해보라.

에고 균형 상태의 이익	이기주의적 위험성
1. ☐ 확고부동함	강압적임
2. ☐ 분석적임	비관적임
3. ☐ 유연함	만만한 '봉'
4. ☐ 카리스마적임	남을 조종하려 듦
5. ☐ 하나에 전념함	고압적임
6. ☐ 단호함	성급함
7. ☐ 헌신적임	완고함
8. ☐ 주도적임	독재적임
9. ☐ 열정적임	과도한 열성
10. ☐ 믿음직함	경직됨
11. ☐ 낙관적임	비현실적임
12. ☐ 개방적임	무분별함

13. □ 분별력 있음   비판적임

14. □ 충직함   맹목적임

15. □ 신뢰감을 줌   순진함

16. □ 의지력이 강함   융통성 결핍

17. □ 실용적임   상상력 결여

18. □ 자신감 있음   자기 몰두

19. □ 솔직함   경솔함

20. □ 신중함   근심이 끊이지 않음

21. □ 사교적임   정치적임

22. □ 결연함   완고함

23. □ 용감함   무모함

24. □ 혁신적임   비실제적임

25. □ 규율 잡힘   한정적임

26. □ 영리함   현학적임

27. □ 독립적임   냉정함

여기서 포인트는 단지 우리 모두에게 강점과 약점이 있다는 사실이 아니다. "난 큰 그림을 볼 줄 알아. 하지만 디테일에는 그리 강하지 않아."라거나 "난 숫자에는 강하지만 사람들을 대하는 데 영 서툴러." 등의 틀에 박힌 말들을 떠올려보라. 중요한 포인트는 균형 잡히지 않은 에고(에고가 무엇인가에 대한 문제는 나중에 심층적으로 논의하겠다)가 우리의 강점들을 극단적인 대척점이 아니라 그

것들과 근접한 모조품으로 바꾸어놓는다는 사실이다. 이처럼 미세한 변화는 궁극적인 맹점으로 변하는데, 그 까닭은 약점들이 강점들과 거의 동일하게 느껴지기 때문이다. 그 차이는 우리 스스로가 구별하기 어려운 반면, 타인들에게는 분명히 드러난다. 자기 자신이나 일터의 근무 문화에서 그런 약점을 찾아낼 때, 우리는 부정적 에고야말로 문제의 원인이라고 확신할 수 있다. 〈표1-1〉은 어떤 식으로 강점이 약점으로 변하며, 그에 따라 우리 재능의 가치가 어떤 위험에 처하는지를 보여준다.

에고를 통제하지 못할 때

1996년 라이벌인 두 원정대가 에베레스트를 먼저 정복하기 위해 동시에 다른 곳에서 출발한 적이 있다. 이 과정에서 아홉 명이 목숨을 잃었다. 이 사고에 관한 기사를 이미 읽었다 해도, 교훈은 여전히 유효하다. 양쪽 원정대 모두는 노련한 등산가들이 이끌었다. 그들은 바로 뉴질랜드 출신의 로브 홀(Rob Hall)과 미국 출신의 스코트 피셔(Scott Fischer)였다. 양측 모두 전문 가이드들의 도움을 받았다. 게다가 이전에 여러 차례 성공적인 원정을 마친 바 있었다. 그러나 타의 추종을 불허하는 등정 기록을 자랑하던 그들마저도 인간적 약점에는 면역력이 없었던 것 같다. 자신감이 지나친 나머지 자신은 결코 오류가 없으며 불굴의 의지를 지

〈표 1-1〉 강점의 수익과 비용

강 점	수 익	비 용
카리스마적임	비전을 그려낸다. 타인에게 영감을 불어넣고, 인재를 끌어들이며, 사람들에게 지속적으로 동기를 부여한다.	나쁜 아이디어를 듣기 좋게 조작한다. 사람들은 외양 때문에 본질을 간과하게 된다.
하나에 전념함	생산적이다. 장애물을 만난다 해도 마음속에 품은 목적을 바꾸지 않는다. 일을 끝까지 해내는 방도를 찾아낸다.	대안을 고려하지 않는다. 더 나은 성과를 창출할 수 있다는 사실이 명백함에도 변화를 거부한다. "일을 끝내야 한다."는 명목으로 창의성을 희생시킨다.
낙관적임	'현실', 그중에서도 부정적인 현실 때문에 주눅들지 않는다. 고난의 시기를 맞더라도 더 나은 미래를 향한 시야를 잃지 않음으로써 사람들이 헤쳐갈 수 있도록 도와준다. 사물에 대한 균형 잡힌 시각을 유지한다.	나쁜 소식에 귀를 기울이지 않는다. 긍정적인 마음가짐만 견지한다면 어떤 것도 극복할 수 있다고 생각한다. 나쁜 소식을 신념이나 비전의 결여 또는 믿음이 부족한 자들의 비관론 등으로 치부하며 거부한다.
솔직함	분명한 경로를 제공하고, 잔인한 현실을 직시하며, 어림짐작 따위는 전혀 하지 않는다.	불안 심리를 조성하며, 요령이 없어 사람들의 감정을 상하게 한다. 위협한다. 풍문을 조장한다.
사교적임	다양한 의견을 기꺼이 받아들인다. 그룹 프로세스의 역학을 이해하며 논의를 촉진한다. 필요한 의견들을 포괄하는 역할을 한다.	징치화된다. 분파를 조장하고 사람들이 자신의 의견을 선전하기 위해 서로 대립하도록 방치한다. 이러한 과정을 교묘히 조작한다. 어떤 의견이 나은가보다는 누가 이기는가에 중점을 둔다.

모든 강점과 그 강점의 수익·비용에 대한 완전한 도표는 http://www.egonomicsbook.com/에서 찾을 수 있다.

넜다고 생각했던 것이다. 「아웃사이드(Outside)」에 기사를 제공하기 위해 로브 홀 측 원정대를 따라나선 저널리스트 존 크라카우어(John Krakauer)는 그 경험을 이렇게 회고한다.

요즘은 고만고만한 등산가들이 에베레스트 주변에 득실대는 탓에, 상당수의 사람들은 이토록 큰 참사가 예정된 것이나 다름없다고 믿는다. 그러나 로브 홀이 이끈 원정대가 참사의 중심에 놓이리라고는 아무도 상상하지 못했으리라. 홀이야말로 가장 빈틈없고 안전한 등반 작전을 구사했으며 한 치의 예외도 용납하지 않았다. 그런데 어떤 일이 벌어졌는가? 유가족들뿐 아니라 촉각을 곤두세운 대중에게 어떻게 설명해야 한단 말인가? 여기에는 분명 오만•과 관련이 있다. 홀은 등산가들을 이끌고 에베레스트 산을 오르내리는 일에 워낙 정통했기 때문에 다소 쉽게 생각했던 것 같다. 그는 대체로 적당한 사람이라면 그 누구라도 정상까지 올려 보낼 수 있다고 여러 차례 호언장담했다. 그의 기록을 감안할 때 빈말이 아닌 듯했다. 게다가 홀은 역경을 다루는 특출한 능력을 보여주지 않았던가. … 홀은 자신이 해내지 못할 일은 거의 없다고 생각했던 듯하다.

[더욱이] 날씨뿐 아니라 시계도 이 비극과 관련이 깊다. 시계를 무시한 것은 천재지변으로 보기 어렵다. 고정 라인에 연착하는 것은 쉽사리 피할 수도 있는 일이었다. 미리 예정된 왕복 시간은 터무니없을 만큼 고의적으로 무시되었다. 아마도 후자의 과오는

어느 정도 피셔와 홀 간의 라이벌 의식에 기인한다고 할 수 있다. 피셔는 카리스마가 번뜩이는 인물이었고, 그 카리스마는 마케팅에 훌륭하게 이용되기까지 했다. 피셔는 홀에게 본때를 보여주려고 매우 애썼으며, 홀 또한 그 사실을 알고 있었다. 어떤 의미에서는 그 둘이 서로 담력 겨루기 시합을 하는 셈이었다. 가이드들은 시계에 눈을 떼지 않고 힘겹게 앞서갔고, 위쪽에서 어느 편이 먼저 라이트를 깜박이고 방향을 틀지 기다렸다.

대부분의 우리는 순간적으로 에고를 통제하지 못하더라도 목숨을 잃지는 않는다. 그러나 신용, 존경심, 인간관계, 영향력, 재능, 경력, 고객, 그리고 시장점유율 등 실로 많은 것을 잃는다. 우리 모두는 저마다의 자격, 전문성, 카리스마, 등정 기록 또는 여타 특출한 능력 등을 갖추었음에도 불구하고, 아마도 부지불식간에 때때로 에고가 우리의 재능을 약화시키게 내버려두었던 것이다. HP의 전직 CEO 칼리 피오리나(Carly Fiorina)는 컴팩과 HP 간의 합병을 처리하면서 맹렬한 비난에 휩싸였다. 합병 건이 계획대로 진행되지 않는다는 신호들이 명백히 드러날 즈음 HP의 한 중역은 이렇게 언급했다. "그녀는 대단히 영리하고 경쟁력 있는 데다 재능이 넘치는 경영자예요. 그래서 이를 악물고 '우리가 졌다.'고 인정할 수가 없는 거죠. 다른 사업가들은 그렇게들 하고 훌훌 털어버립니다. 하지만 그녀는 그러지 못하죠." 처음에 피오리나의 대단한 결단력과 낙천주의는 HP에 큰 도움이 되었다. 그러나 시간이 흐를수록 에고가 그녀에게 불리하게 작용하는 것으로 보였고, 피오리나의 예외적인 결단력과 낙천주의는 쇠약해질 대로 쇠약해져 꽉 막힐 정도로 융통성 없고 부정적인 자세로 변해버렸다. 그녀가 추진했던 합병이 끝난 지 3년도 못 되어 피오리나는 해고당했다. 에고는 좋은 쪽으로든 나쁜 쪽으로든 우리 모두의 마음속에 깊이 자리를 틀고 있다. 재능을 활용해 이끌고 관리하고 생각하며 듣고 말하면서 결정하고 조치를 취하는 방식 속에 에고가 각인되어 있기 마련이므로, 우리는 에고를 최우선 순위에 놓고 무조건적인 관심을 기울여야 마땅하다.

투자수익률

어떤 조직이 우리의 재능을 보고 투자한다면, 그 재능에 따르는 부작용마저도 물려받는 것이다. "위대한 조직이라면 모든 종업원이 다르다는 사실을 수용하는 데 머무르지 않고, 그 차이점들을 이용할 줄 알아야 한다." 마커스 버킹엄(Marcus Buckingham)과 도널드 클리프턴(Donald Clifton)의 저서 『위대한 나의 발견 – 강점 혁명(*Now, Discover Your Strength*)』에 나오는 말이다. "온 종업원들의 천부적 재능의 열쇠를 찾아본 다음 그들 모두의 재능에 맞게 제자리를 잡아주고 개발시켜 진정한 강점으로 탈바꿈할 수 있도록 하는 것이 위대한 조직의 할 일이다." 또한 그 개발 과정에서 천부적인 재능이 천성적인 적으로 변할 때를 알려주는 조기 경보 신호를 감지하는 것도 마찬가지로 중요하다.

에고가 불리하게 작용할 때, 우리가 가치를 잃어가고 있음을 가리키는 조기 경보 신호는 다음 네 가지다. (1) 비교를 일삼는다. (2) 방어적 자세를 취한다. (3) 특출함을 과시한다. (4) 인정받으려고 애쓴다. 조기 경보 신호의 강도가 커지고 빈도가 높아질수록 가치는 가파르게 추락한다. 우리 모두의 '리스크, 보상' 비율, 다시 말해 우리가 가장 값진 자산인지 가장 큰 적자를 내는 비용인지는 에고를 얼마나 효과적으로 다루느냐에 따라 판가름된다.

리스크와 보상의 비율을 측정하려면 필연적으로 따라붙는 의문에 대해서 우리 필자들은 답을 내리고 싶었다. 에고를 빌미로 개인의 강점과 기업의 가치가 증발하는 것을 사람들은 얼마나 자주 목격하는가 하는 의문 말이다. 그 증발 빈도가 미미한 것으로 확인되었다면, 에고란 주제가 흥미롭긴 하나 영향력이 별로 크지 않다고 결론짓고 다른 주제로 넘어갈 작정이었다. 그러나 현재 63퍼센트의 사업가들은 시간당 또는 일당 업무 실적에 에고가 부정적인 영향을 미친다고 말한다. 여기에 더해 31퍼센트는 에고의 부정적 영향이 주 단위로 일어난다고 말한다. 시장에서 가장 영리한 인재를 가려 뽑는다 해도, 일단 종업원 명부에 오른 다음에 에고가 일하는 방식을 방해한다면 그들의 재능을 진정으로 가졌다고 볼 수 없다. 그 재능에 완전하게 접근하려면 달력을 보며 에고의 비용을 측정하기보다는 분 단위로 측정하는 편이 정확할 것이다. 그 비용을 어떤 식으로 측정하든 간에 실적은 충격적이다. 새 직장을 얻은 관리자들 중 35퍼센트는 18개월 내에 사표를 내거나 해고당하니 말이다.

인재의 수요와 공급

기업 입장에서는 개인의 재능이 에고 때문에 약화되는 것뿐 아니라, 자기중심적(egocentric) 문화도 견디기 어렵다. 우리가 이 책을 저술하면서 인터뷰한 「포춘」 1,000대 기업의 한 CEO는 자기 기업이 발전을 이룬 배경을 제시한 바 있다. 그는 두 곳의 경쟁사를 특히 칭찬하다가 마지막에 논평을 덧붙였다. "그들은 훌륭하게 영업하고 있고, 현재의 실적만큼은 계속 유지할 걸로 보입니다. 하지만 그들은 사람들을 지켜내지 못해요. 기업 문화가 건강하지 않다는 얘기죠. 이기주의적 문화라고 표현해도 무리가 없을 듯해요. 바로 그 때문에 그들 기업은 정확히 현 상태로 머무르리라고 봅니다." 그런 기업들은 직원들이 사표를 내거나 마음이 떠나버림으로써 침체를 겪으며, 노동시장에서도 평판이 나쁘다.

이 같은 상황에 놓인 조직들은 주로 돈으로 인재들을 끌어들일 수밖에 없으며, 성장 기회를 제공하거나 일하고 싶다는 욕망을 일깨움으로써 인재를 끌어들일 기회를 놓치게 된다. 열심히 일하는 사람들은 개인적으로 성장할 가능성이 희박하거나 고용이 불안정한 기업에 온 경력을 걸어보겠다는 생각을 품지 않는다. 인재들은 다른 안식처를 찾으려 한다. 이로써 기업은 경쟁력이 저하되고 인재 부족 때문에 뒤처지게 된다.

대부분 이런 식의 문화가 지배적인 상황이라면, 현재 피고용인의 65퍼센트가 새로운 직장을 찾고 있으며 매년 2,800만 명이 직장을 옮긴다는 사실이 전혀 놀랍지 않다. 이 수치에 영향을 주는 다른 요소들도 분명히 있겠지만, 전 직종과 업종을 통틀어 피고용인 1인당 채용 및 교육 관련 비용이 5만 달러라는 사실을 감안할 때 그 액수는 매년 총 1조 4,000억 달러에 이른다. 1,000명 규모의 중간 규모 기업이라면 연간 매출액의 10퍼센트에 해당하는 750만 달러가 드는 셈이다. 인재를 잃음으로써 감당해야 할 비용이 적지 않음을 알 수 있다. 「포춘」의 제프리 콜빈(Geoffrey Colvin)은 이렇게 말했다. "비즈니스의 역사가 대략 500년 정도 흘러온 현재, 가장 희소하고 가치 있는 자원은 바로 인재입니다. 의심스럽다면 기업들이 최고의 인재를 위해 얼마나 치열하게 싸우고 있는지 한번 보세요. … 걸물(傑物)들이 충분치 않아요."

2010년 즈음에는 미국 노동자의 과반수가 마흔 살이 넘게 되며, 그 10년 뒤 베이비붐 세대(1946~1964년에 태어난 세대)들은 X세대(1965~1981년에 태어난 세대)에 의해 물갈이될 것이다. 이러한 변화는 향후 2,700일 이내에 노동시장의 수요와 공급의 격차를 1,000만 명 이상으로 벌어지게 할 것이다. 설상가상으로 우리와 인터뷰한 2,900명의 인사 담당 임원과 관리자들 중에서 인력

구성이 변하더라도 자사의 비즈니스를 전진시킬 만한 인재들이 파이프라인*에 충분하다고 확신하는 이들은 3분의 1에 불과했다.

"숱한 기업들이 긴박한 리더십의 위기를 맞고 있습니다. 아무리 돌이켜봐도 경영진의 이른바 '벤치의 힘*'이 요즘처럼 부실한 때는 없습니다." 조사에 참여한 컨설팅 법인 노베이션스 그룹(Novations Group)의 폴 테리(Paul Terry)는 이렇게 말했다. 벤치의 힘을 잃을 수도 있겠지만, 사실상 에고와의 싸움에서 패배함으로써 벤치가 약화되기도 한다. 에고노믹스의 원칙들은 리더십 벤치의 힘과 재능을 극대화하기 위한 유일한 항로다. 그뿐만 아니라 그 원칙들 없이는 그러한 자산들이 크나큰 리스크에 처하기 마련이다.

순이익

비즈니스에서 가장 터득하기 힘든 부분은 흔히 인간적 측면인데, 에고만큼 인간적인 것은 없다. 인간적 측면에서 에고를 다루는 방식이야말로 비즈니스 측면에서 우리가 하는 모든 일에 영향을 미친다. 우리 각자는 하기에 따라, 하나의 일을 행할 때 그 여세를 몰아 모든 일의 에너지를 긍정적으로 변환시킬 수 있다. 그러한 변환은 대화, 프로젝트, 회의 등의 우리가 일하는 방식을 낱낱이 꿰뚫어보지 않고는 이룰 수 없다. 에고노믹스의 세 가지 원칙이 한데 융화될 때 그러한 변환을 이룰 수 있다. 그 원칙은

(1) 겸손, (2) 호기심, (3) 진실성이다. 세 가지 원칙은 우리에게 비단 다르게 일하기(work differently)만을 요구하는 것이 아니라, 다르게 되기(be different)를 요구한다. 변화하는 정도에 따라 기업과 경력에 전략적 이득이 되도록 재능을 해방시킨다. 더욱이 우리의 업무 방식은 효과적인 동시에 쉬워진다. 그 결과로 조직에서는 다음과 같은 일들이 가능해진다.

- 개방적 문화의 구축으로 변화와 새로운 아이디어가 저항받지 않으며, 비즈니스의 의제들은 개인적 의제의 그늘에 묻히지 않는다.
- 에고의 강점을 이용하고 그 약점들을 최소화함으로써 개인의 재능과 조직의 역량을 극대화한다.
- 갈등이나 섣부른 판단 때문에 발목 잡히는 일 없이 발전을 목표로 하여 아이디어를 열성적으로 토론하는 비즈니스 문화를 창출한다.
- 강력한 관계를 (그리고 충분히 안전한 문화를) 양성함으로써, 회의 동안 허심탄회한 솔직함과 관습의 굴레에서 벗어난 생각들을 충분히 공유하도록 ─회의가 끝나고 사석에서나 공유하거나 전혀 공유하지 않던 습관을 버리고─ 한다.
- 타인의 에고가 실적을 훼손하거나 혁신을 방해하거나 늦출 때 효과적으로 다룬다.

우리는 여기서 '궁극의' 답안을 제시하지 않는다. 그러나 그 누구도 최종 답안을 가지고 있다고 생각하지 않는다. 에고는 기업 실적과 개인의 경력을 침식하면서 초래되는 불필요한 업무와 재능의 가치 하락을 줄일 수 있다. 하지만 우리가 진정 희망하는 것은 오랫동안 지체되어왔던 논의에 불을 붙이는 것이다. 다음 장에서는 에고가 부채로 ― 기업이나 자신의 경력, 또는 단지 한 토막 대화에서라도 ― 변하고 있음을 알려주는 네 가지 조기 경보 신호를 강조할 것이다. 그 다음으로는 에고의 위력을 활용하고 에고를 비즈니스의 자산 목록에 정확히 자리를 틀게 해줄 에고노믹스의 세 가지 원칙을 선보일 것이다.

경영은 인간을 이해하는가?

- 에고는 손익계산서에서 눈에 보이지 않는 예산 항목이다. 현재 사업가들 가운데 절반 이상은 그들 기업의 연간 매출액 중 6~15퍼센트가 에고로 인해 소모된다고 추정한다. 21퍼센트의 사업가들은 에고로 인한 비용이 16~20퍼센트에 이른다고 말한다.

- 에고는 부채인 동시에 자산이기도 하다. 에고는 어떻게 다스려지느냐에 따라 우리에게 유리하거나 불리하게 작용한다.

- 에고는 우리의 가장 큰 강점을 이용할 수 있도록 자신감을 주지만, 그 강점이 약점이 되기도 한다.

- 현재 63퍼센트의 사업가들은 시간당 또는 일당 업무 실적에 에고가 부정적인 영향을 미친다고 말한다. 여기에 더해 31퍼센트는 에고의 부정적 영향이 주 단위로 일어난다고 말한다.

- 조직에서 에고가 소홀하게 다스려진다면 더 많은 돈을 주고 인재를 끌어들일 수밖에 없으며, 훌륭한 인재를 끌어들일 수 있는 기회를 놓치게 된다. 이로써 기업은 경쟁력이 저하되고 인재 부족 때문에 뒤처지게 되는 파급효과를 낳는다.

- 어떤 조직이 우리의 재능을 보고 투자한다면, 그 재능에 잠재한 부작용마저도 물려받는 것이다. 에고가 불리하게 작용할 때, 우리가 가치를 잃어가고 있음을 가리키는 조기 경보 신호는 다음 네 가지다. (1) 비교를 일삼는다, (2) 방어적 자세를 취한다, (3) 특출함을 과시한다, (4) 인정받으려고 애쓴다.

- 에고의 네 가지 경보 신호에 대처하기 위한 에고노믹스의 세 가지 원칙은 다음과 같다. (1) 겸손, (2) 호기심, (3) 진실성.

e**g**onomics

제 2 장

경영에서 에고는 선인가, 악인가?

에고는 우리의 조용한 동반자이지만, 지배하려는 야심을 너무
자주 드러낸다.

– 컬린 하이타워*

*컬린 하이타워(Cullen Hightower) : 재치 있는 경구로 유명한 미국 작가.

전형적인 비즈니스 회의에서 에고가 부정적으로 작용하는지 판단하는 데 걸리는 시간은 5분이면 족하다. 솔직성 부족, 낮은 신뢰, 진지하지 않은 경청, 부정확한 평가, 폐쇄적 토론과 같은 현상은 에고가 부정적으로 작용할 때 일어난다. 이러한 경보 신호들이 나타날 때, 에고는 자산이기보다는 부채로 변한다. 이 신호들은 다음처럼 요약된다. (1) 비교 일삼기, (2) 방어적 자세 취하기, (3) 특출함 과시하기, (4) 인정받으려고 애쓰기. 이러한 신호들을 일찍 알아차릴수록 스스로 교정하거나 타인들의 자기 교정을 유도하는 노력을 통해, 에고가 주는 피해를 줄일 수 있다. 이번 장에서는 이들 경보 신호를 간략히 소개하고, 다음 장부터 각 신호들을 철저히 파헤칠 것이다.

조기 경보 신호 1―비교 일삼기

역설적이게도 너무 경쟁적이면 오히려 경쟁력이 떨어진다. 다른 누군가를 의식하면서 우리는 스스로 월등히 성장하는 데 바칠 수도 있었던 시간을 낭비한다. 다른 누군가보다 '더 나아진다'거나 최소한 '그 정도는 된다'는 명목 아래 우리 자신의 잠재력을 포기하고 마는 것이다. '더 나아진다'는 것은 평범함을 추구하는 전략이다. 헨리 포드는 말했다. "두려워해야 할 상대는 당신에게 결코 신경 쓰지 않는 사람이다. 그래도 그 상대는 언제나 자기 일을 더 잘해낸다."

또한 과도한 비교는 동료를 경쟁자로 만든다. 경쟁자들은 효과적인 협력자가 되지 못하는 법이다. 56년에 걸친 256개 연구 사례를 바탕으로 한 메타분석에 따르면, 협력이 경쟁보다 훨씬 나은 성과를 내는 것으로 밝혀졌다. 다만 육체적 업무 정도가 예외에 속했다. 더욱이 경쟁적일 때는 자신의 강점에 타인의 약점을 대립시키기 십상이므로 과장된 자신감으로 치닫거나, 자기 약점을 타인의 강점과 비교함으로써 부정적인 자기압박(self-pressure)을 초래하기도 한다.

지나치게 비교를 일삼는 경우, 우리가 추구하는 목표는 자기가 아닌 타인의 성공 기준이 되어버린다. 비교의 영향력 아래 있는 동안, 그 기준이 지나치게 낮으면 너무 쉽게 뛰어넘어 잠재력을 거의 이용하지 못한다. 반대로 그 기준이 비현실적으로 높아도 실패하기 십상인데, 최선을 다해도 도저히 성취할 수 없거나 우리 재능을 활용할 수 없는 것으로 인해 좌절감에 휩싸인다. 어떤 경우라도 성취는 줄어들기 마련이다.

조기 경보 신호 2–방어적 자세 취하기

아이디어를 지키려는 태도와 방어적 자세 사이에는 큰 차이가 있다. 아이디어를 지키려는 태도에는 최선의 주장을 관철시켜야 한다는 입장이 깔려 있다. 최선의 결정은 열정적이고 협력적인 논쟁에 뒤따르는 엄밀하고도 독립적인 사고의 결과다. 우리는 핵심적인 의사결정을 내리기 전에 그 논쟁을 모든 각도에서 다루기 위해 최선의 사고를 펼치고, 그것을 열정적으로 지켜낸다. 발전을 위해서라면 우리는 반대 주장을 경청하는 데도 똑같이 관심을 가진다. 사실 논쟁의 진정한 정신에 입각한다면, 타인들이 재빨리 동의할 때조차 반론을 제기해야 할지 모른다. 그러한 개방성을 통해 아이디어는 타당성을 부여받거나 자연스레 폐기된다. 따라서 주장의 격렬한 정도와는 전혀 상관없이 어떤 결과가 나오든 공평하게 납득하는 것이다.

그러나 아이디어 방어의 경계선을 넘어 방어적인 자세를—비록 잠깐 동안이라 해도—취할 때는 자신의 아이디어가 '사라지는' 것을 차마 눈뜨고 보지 못한다. '패배'할 수 없다는 입장을 취하게 될 때, 마치 자신을 방어하는 양 자기 입장을 방어한다. 그리고 논쟁은 '우리가 중심'인 아이디어 전쟁에서 '내가 중심'인 의지의 전쟁으로 변해버린다. 의도가 변함으로써, 우리는 자기주장을 증명하고 그것과 다른 관점들을 빗나가게 하는 데 초점을 맞춘다. 방어적 자세가 최악으로 치달을 경우에는 다른 의견에 조금이라도 영향을 받으려 하지 않는다. 자기주장의 논리적 결함이나 부정확성에 대해서는 아랑곳하지 않으며, 더 이상 그것을 알아채지도 못한다. 결국 피드백에 저항하고, 오류에 눈감으며, 사과하려 하지도 않는다. 그리고 논의는 그야말로 피상적인 의례가 되고 만다.

마인드를 바꾸거나 다른 시각을 거부하면서, 자기 의견을 선택의 한 대상이 아니라 최후통첩으로 내세우고 논쟁에 임한다. 그리고 틈날 때마다 자기 의제를 강제할 정치권력이나 권위자의 지위에 기댄다. 아이디어의 적합성에 납득하기보다 아이디어 제안자의 권위에 압박을 받는 입장이라면, 지지 의견을 내놓더라도 건성으로 할 따름이다. 그들이 진심으로 아이디어를 바람직하게 변화시킨다거나 응용하는 일은 결코 일어나지 않는다. 나중에 논의하겠지만, 대부분의 사람들은 스스로가 열린 마음으로 피드백을 받아들여 발전의 길로 삼는다고 생각하고 방어적으로 구는 일 없이 경청하는 줄로 알지만, 그들과 가까이서 일하는 사람들은 그런 생각에 동의하지 않는다는 연구도 있다.

조기 경보 신호 3−특출함 과시하기

표면적으로 특출함을 과시하거나 재능을 자랑하는 것은 바람직해 보인다. 재능을 숨긴다면 기업이나 자기 경력에 무슨 보탬이 되겠는가? 전혀 도움이 되지 않는다. 그러나 자기과시란 특출함을 눈에 띄게 드러내는 것이 아니다. 자기의 특출함을 관심의 중심으로 삼아 시간과 정력을 과도하게 들이는 행위다. 타인이 얼마나 똑똑한지 알아보고 인정하며 거기에 압도당한 사람일수록 타인에게 점점 귀를 기울이지 않게 된다. 설령 남들이 더 나은 아이디어를 지녔다 해도 말이다. 아인슈타인의 말을 명심하자. "[특출함을] 신처럼 섬기지 않도록 조심해야 한다. 당연히 그것은 막강한 힘을 발휘하지만, 아무런 인격도 없다. 그것은 우리를 이끌지 못하고, 오로지 우리에게 복종할 따름이다."

자기과시를 방치할 경우, 희생양이 되는 것은 집단적 지혜(collective wisdom)다. 장차 이 문제를 다루겠지만, 연구 결과 주식시장의 피 말리는 실적 경쟁에서부터 복잡한 문제 해결에 이르는 모든 방면에서 집단 지능은 가장 탁월한 개인보다 우수한 실적을 거두는 것으로 나타났다. 회사 내부의 기존 인력이야말로 정확히 우리가 필요로 하는 인재들이다. 그들은 더불어 일할 때 직면한 난제 해결과 혁신 및 새로운 기회 포착 등에 필요한 지식을 발휘한다.

조기 경보 신호 4—인정받으려고 애쓰기

리더십은 자기의 존재 가치를 입증하기 위해 리더 지위에 오를 필요가 없는 사람들에게서 가장 잘 유지된다. 남들의 생각을 잘 아는 것은 위대한 리더십의 징후다. 하지만 남들이 하는 생각에 민감해지면 자신에게 진실하지 못하게 되고, 자기 선전에 도움이 되거나 여론이 우호적일 때야 비로소 속마음을 털어놓게 된다. 타인의 인정과 존중은 인간의 가장 기본적 욕구에 해당한다. 그러나 아이디어에 대한 인정 또는 거부를 자기 존재에 대한 인정 또는 거부와 동일시할 경우에는 몸을 사리고 '안전을 제일로 한다'. 대세에 몸을 맡기고 기존의 말들을 미묘하게 바꾸면서 인정받을 수 있는 범위 안에 머물기 십상이다. 그럴 경우 우리는 물러터진 추종자가 될 뿐 아니라 영감을 못 주는 리더가 되어버린다.

인정받으려고 애쓰는 그런 자세는 지적 다양성과 독립적 사고의 바탕을 밀어낼 수 있는 위험이 도사리고 있다. 집단적 갈채와 보편적 일치는 최선의 의사결정에 보탬이 되지 않는다. 좋은 의사결정의 첫 번째 원칙은 활기찬 논쟁과 다른 관점들이 없다면 결정을 내리지 않는 것이다. 기껏해야 약간의 의견 불일치가 포함될 가능성이 크다. 인정받으려고 애쓰는 자세는 아마도 조기 경보 신호 중에서도 가장 교묘한 신호일지 모른다. 그런 자세는 썩 '원만'해 보이고, 그 자체로는 큰 관심을 끌지 않기 때문이다.

부부관계에서 비즈니스를 돌아보다

에고가 우리에게 유리하게보다는 불리하게 작용한다는 조기 경보 신호는 비단 비즈니스에 국한되지 않는다. 워싱턴대학의 존 가트맨(John Gottman) 박사●는 결혼과 가족에 관한 연구로 전 세계에 널리 알려져 있다. 우리는 최근에 그와 그의 아내 줄리 가트맨이 운영하는 시애틀의 부부 휴양지에서 그들 부부와 함께 주말을 보낸 적이 있다. 가트맨 박사는 30년 동안 특정한 결혼 생활 행동 양태와 결혼의 만족도 및 지속도 간의 상관관계를 추적했다. 가트맨 연구진은 '사랑 연구소(Love Lab)'라는 애정 어린 이름으로 알려진 곳에서 3,000쌍이 넘는 부부들을 ─ 초 단위로 ─ 관찰하고 청취하는 세 건의 개별 연구를 했다. 이 연구에서는 부부가 상호소통을 할 때의 심장 박동 수를 비롯해 표정 및 스트레스 수준을 낱낱이 기록하는데, 지금껏 결혼에 대해 진행된 과학 연구 중에서 최대 규모다.

존 가트맨(John Gottman) 박사
워싱턴대학 심리학 교수이며 결혼과 가족의 관계 해석으로는 세계적인 권위자다.

가트맨 박사가 스스로 '소박하기 그지없는 과학'이라고 소개한, 그의 작업이 밝혀낸 사실들은 전혀 평범하지 않다. 그는 단 3분간 관찰을 통해 부부가 의논을 통해 갈등을 해소할 가능성이 있는지 96퍼센트의 정확도로 예측해낸다. 또 5분이 채 안 되는 관찰만으로 이혼 확률을 91퍼센트의 정확도로 예측할 수 있다. 가트맨 박사의 예측 정확도는 관계에 대한 과학 연구를 통틀어 최고 기록으로 남아 있다. 그런데 이처럼 괄목할 만한 정확도의 비결은 부부들이 논쟁하거나 의논하는 대상 및 주제나 성격 차이, 또는 믿기 어렵겠지만 부부싸움의 빈도나 강도 등에 있는 것이 아니다.

가트맨 박사는 주로 과잉된 에고의 조종을 받는 행동방식을 찾는다. 그는 이런 행동 양태들, 즉 완고한 생각, 방어적 자세, 흠잡기, 경멸을 '요한계시록의 네 기사'라고 부른다. 이런 연구 결과를 통해 그는 여러 부부가 결혼생활을 개선하거나 지켜나가는 데 도움을 줄 수 있었다. 가트맨 박사가 주도하는 부부관계 치료법의 문제 재발률은 불과 20퍼센트인 데 반해, 전국적인 재발률은 30~50퍼센트에 이른다.

모든 부부는 '요한계시록의 네 기사'를 경험한다. 그것이 정상이다. 이런 신호들이 나타났다고 해서 관계가 완전히 파탄났다는 뜻은 아니다. 그 문제를 마냥 내버려두지만 않는다면 말이다. 안타까운 일은 돌이킬 수 없는 지경에 이르도록 그 신호를 눈치 채지 못한다는 것이다. 가트맨 박사는 이렇게 말했다. "이혼 서류에 도장을 찍고 나서야 그들은 가구를 나누고 임대한 아파트를 분할하느라 바쁘죠. 이혼자들은 서로에게 완전히 정나미가 떨어진 후에야 비로소 진짜 포기하는 겁니다." 결혼생활을 제대로 굴러가게 하는 것과 비즈니스 관계를 제대로 굴러가게 하는 것 사이에는 눈에 확 띄는 유사성이 있다.

앞서 언급한 조기 경보 신호들(비교 일삼기, 방어적 자세 취하기, 특출함 과시하기, 인정받으려고 애쓰기) 중 어느 하나라도 자기 안에서 발견한다면, 그것이 정상이다. 그렇다고 해서 끝장났다는 뜻은 아니다. 물론 조치를 취하지 않는다면 얘기가 달라진다. 에고에 관한 문제라면, 피해를 막기 위한 간단한 단계를 밟을 수 있다. 그러나 우선적으로 이 신호들을 알아차리지 못한다면, 그런 조치도 결코 취할 수 없다. 치료를 하려면 증상을 인지하는 것이 필수적이므로 각 신호들을 깊이 탐구해야 한다.

우리는 경보 신호들이 나타나는 이유와 이 신호들이 나타날 가능성이 가장 높은 때를 지적할 것이다. 각 신호들마다 적정량의 건강한 행동 양태가 있다. 비교를 예로 들자면, 효과적인 비교는 최선을 다하도록 자극하고 우리가 변화하도록 동기를 부여한다. 그러나 각 신호에 연결된 이득에도 불구하고, 그 신호들이 파괴적으로 돌변하는 티핑 포인트(tipping point)가 있다(모든 조기 경보 신호들의 티핑 포인트는 나중에 다룬다). 우리 자신이나 타인에게 내재된 부정적 에고의 조기 경보 신호들을 보고 듣거나 느낄 경우, 개인의 재능과 조직의 실적이 좀먹지 않도록 지켜줄 세 가지 원칙이 있다.

에고노믹스의 세 원칙

에고를 다시 한 번 자유라디칼에 비유해보자. 자유라디칼이 균형을 유지하도록 하기 위해 인체는 산화방지제(antioxidant)를 생성한다. 산화방지제는 사냥꾼처럼 행동하면서 과잉 자유라디칼을 추적하고 무력화 함으로써 인체의 면역체계를 건강하게 지켜준다. 우리 몸 자체적으로는 충분한 산화방지제를 생성하지 못한다. 그러나 비타민 A, C, E가 풍부한 식단을 통해 자유라디칼의 파괴적 영향에 대항해 스스로를 지킬 수 있다.

개인적 역량에서도 '균형 잡힌 식단'이라는 원칙이 적용된다. 기업 문화 및 우리가 나누는 대화의 건강성과 개인적인 경력은 세 가지 핵심 '산화방지제'에 달렸다. 이들 산화방지제는 과도한 에고의 자유라디칼(즉 조기 경보 신호)을 추적해 무력화함으로써, 우리의 재능이 올곧게 유지되고 우리가 속한 기업의 문화가 생산적으로 유지되도록 한다. 에고노믹스의 세 원칙은 에고가 부채가 아니라 자산으로 작용할 수 있도록 지켜준다. 그 원칙들은 (1) 겸손, (2) 호기심, (3) 진실성이다. 앞으로 이 원칙들을 깊게 파고들겠지만, 여기서는 우선 그 개요부터 살펴본다.

1. 겸손(humility)

겸손은 에고노믹스의 첫 번째 원칙이다. 겸손은 개방적 정신에 이르는 특유한 능력이기 때문이다. 호기심 또는 진실성은 듣고 배울 준비가 되기 전까지는 결코 무대 위로 초대받지 못한다. 그러나 개방적 정신은 매우 기본적이며, 겸손의 가장 본질적인 특성이기도 하다. 논의와 토론을 통해 진정한 발전을 촉진하기 위해서는, 비즈니스에 무엇이 가장 이로운가를 고려해야 하며, 우리에게 무엇이 가장 이로운지는 잠시나마 생각하지 말아야 한다. 비즈니스 측면에서 겸손은 '나'를 시야에서 놓치지 않지만, 이와 더불어 자신의 욕구가 개방적인 대화와 활기찬 논쟁을 방해하지 않도록 돕는다. 우리는 이렇게 발전을 의도로 삼는 것이 겸손의 특징임을 알아냈고, 이를 '건설적 불만'이라 부르게 되었다.

겸손은 에고 정체성에 대해 자신을 잃게 한다거나 성취의 중요성을 평가절하하지 않고서도 다음 수준의 실적에 다다르려는 갈망을 창출하는 독특한 힘이 있다. 개방적 정신을 지니지 않는다면 다음 수준에 관한 질문도 이루어지지 않는다. 또한 설령 질문을 한다 해도, 겸손 없이는 오직 선택적인 답변만을 듣게 된다. 겸손은 과잉된 에고를 억누르고, '오직 나'라는 의제에 이기적이고 근시안적으로 붙들리지 않게 함으로써, '우리'의 비즈니스 성공을 향해 야망의 물꼬를 터준다. 겸손이 '나'를 '우리'로 대체하지는 않지만 적당한 시간에 적당한 근거를 가진 적합한 결과가 나오도록 관심의 자리를 잡아준다.

「패스트 컴퍼니(Fast Company)」는 1,665명을 대상으로 '이끄는 능력'을 기준으로 다양한 조직의 리더들을 평가하라는 설문을 실시한 적이 있다. 리더의 능력 중에서는 일에 대한 열정적인 자세나 성공을 향한 과감성 등이 높은 평가를 얻었다. 이타성(unselfish-ness)은 최하위였다. 우리가 진행한 설문조사에서는 열 명 중 여덟 명꼴로 자기 조직이 좀더 겸손했으면 좋겠다고 응답했다. 그런데 흥미로운 것은 우리가 바로 그들을 대상으로 겸손에 대한 교육을 시작했을 때, 그들이 망설이는 태도를 보였다는 사실이다. 최소한 겸손의 진정한 의미를 탐구하기 전까지는 말이다. 겸손이란 일종의 특성으로, 에고의 과잉과 결여가 평형을 이루는 지점이다. 흔히들 겸손은 에고 과잉의 대척점에 있다고 생각하지만, 사실은 그렇지 않다. 에고 과잉의 정반대편에 있는 것은 완전한 자신감의 결여다. 겸손은 양 극단 사이에 결정적인 균형을 제공한다. '알코올중독 방지회(Alcoholics Anonymous)'의 광고 문안을 빌리자면, 겸손해지기 위해서는 자기 자신을 '덜' 생각해야 하는 게 아니라 '덜 자주' 생각해야 한다. 겸손은 약하거나 무시당하는 것, 무심하거나 따분해지는 것, 만만한 '봉'이 되는 것 따위와는 전혀 다르다. 평형이 되는 지점이 겸손이라 한다면, 겸손은 자신감, 야망, 의지력을 반드시 포괄해야 한다.

겸손에 대해 정확히 이해하지 못한 사람은 겸손을 종교 지도자에게나 가장 어울리는 특성으로 치부해 사업가적 기질과는 아무 상관없다고 넘겨짚게 된다. 경쟁이 극심한 이 세상에서 겸손 따위가 한물간 개념으로 보인다면, 겸손에 대한 이해와 연구가 부족하고 덜 이용됨에 따라 저평가되기 때문이다. 겸손은 위대한 리더십에 필수불가결한 특성이므로, 목사의 설교단을 뒤로 하고 사무실과 중역실 쪽으로 길을 터야 한다. 겸손은 즉각적인 반응이어야 하며, 그 순간이 지난 다음에는 의미가 없다.

2. 호기심(curiosity)

겸손이 개방적 정신을 창출하며 발전에 깊이 헌신하도록 한다면, 호기심은 아이디어 탐구를 추진하는 능동적 요소다. 호기심은 우리가 생각하고 느끼고 진실이라 믿는 것을 테스트하도록 허락하고 용기를 주며, 무엇에 관해서든 우리가 모든 것을 알지 못함을 깨우쳐준다. 답이 아니라 질문으로 유도한다면, 호기심은 딴마음을 품거나 자기 아이디어에 집착한 나머지 타인의 아이디어를 믿지 않는 일을 방지할 수 있다. 대부분의 사람은 호기심을 지닌 존재이므로 일단 유리한 출발선에 서 있으며, 그 점은 희망적이다. 하지만 호기심의 유형과 그 정도에는 각기 차이가 있고, 그 차이는 우리가 창출하는 가치를 판단하는 데 중대한 해답이 된다. 호기심이 매우 강한 부류는 보통 상상하는 것보다도 유별난 사람들이다. 그들은 대화에 개방성과 질서를 끌어들이되 자기 사고방식을 배제하지도 않는 특별한 능력이 있다.

호기심은 매우 강력하므로 널리 불러일으킬수록 실적에 큰 변화를 가져온다. 미시간대학 경영대학원의 학생들이 두 팀으로 나뉘어 동일한 비즈니스 사례를 과제로 받았다. 양 그룹에 주어진 지시 사항 또한 동일했지만, 그중 두 단어만 달랐다. 둘째 그룹에게는 '창의적이어야 함(be creative)'이라는 지시 사항을 전달한 것이다. 첫째 그룹은 불과 39퍼센트가 과제를 성공적으로 해결했지만, 둘째 그룹은 그 비율이 52퍼센트에 이르렀다. 창의성은 호기심에서 솟아나며, 호기심을 가지라고 간단히 상기시키기만 해도 완전히 다른 결과를 기대할 수 있다. 우리는 단순한 상기에 머물지 않고 앞으로 논의의 지평을 넓혀 다양한 호기심의 유형을 탐구하고, 어떻게 호기심이 정신과 대화의 고삐를 푸는지 보여줄 것이다.

3. 진실성(veracity)

진실성은 에고가 불리한 쪽이 아니라 유리한 쪽으로 작용하도
록 지켜줄 에고노믹스의 세 번째 원칙이다. 진실성(veracity)은 본
디 '진실'을 뜻하는 라틴어 '베리타스(veritas)'에 어원을 둔다. 그
러나 왜 하필 진실이 병든 에고의 산화방지제이며, 왜 진실(truth)
이란 단어가 있는데도 진실성이란 말을 굳이 써야 한단 말인가?
왜냐하면 '진실'은 본질적으로 사실 또는 현실을 지칭하며, 정확
성과 정직을 암시하기 때문이다. 반면 진실성은 진실과 미세하게
다른데, 습관적으로 진실을 추구하고 진실을 고수하는 것을 뜻한
다. 진실성과 진실은 그 가치가 다른 것이 아니라, 실천적인 면에
서 차이가 나는 것이다.

그런데 진실성이 일종의 '산화방지제'인 까닭은 뭘까? 어느 누
가 진실을 바라지 않는단 말인가? 사람들이 진실을 바라지 않는
다는 말이 아니다. 중요한 것은 언제나 모든 것에서 진실을 바라
지는 않는다는 점이다. 어느 부분에서 바라지 않는 걸까? 우리가
언급하고 싶지 않은 진실의 편린은 과연 무엇일까? 참으로 말하
기 힘든 부분이다. 대부분의 중요한 비즈니스 논의에서는 이러한
지점이나 이러한 시점이 존재하기 마련이다. 다시 말해 우리가 강
한 호기심으로 탐구하고 활기차게 논쟁하다가 잔혹한 진실에 부
닥치고 마는 지점 또는 순간이다. 겸손의 특징인 건설적 불만은
거의 언제나 듣기 힘든 진실을 수면 위로 끌어올리는 역할을 수행
한다. 올리버 웬델 홈스•는 이렇게 말했다. "진실을 추구하지 않

을 때 진실이 빛을 못 보는 법이다." 겸손의 성과가 개방성과 발전이라면, 호기심의 목적은 혁신이며, 진실성은 습관적인 안일함의 그늘 아래 숨겨진 진실을 드러내는 한줄기 빛이다. 나중에 다시 얘기하겠지만, 진실은 비전, 전략, 성실성, 실천력, 또는 열정만큼 리더십에 중요한 요소다.

순간의 연구

내(데이비드 마컴)가 사회 초년생이었을 때, 상당히 괜찮은 리더와 매우 특별한 리더의 차이점을 뭐라고 생각하느냐고 물은 멘토가 있었다. 나는 인상적인 답변을 남기려고 열심히 머리를 짜내어 몇 가지 핵심적인 특성을 댔다. 하지만 그는 "그런 것들하고는 거리가 멀다네. 정답은 10분이야."라고 말했다. 그가 '10분'에 비유하고자 했던 말은 우리가 매일 거의 순간적으로 결정을 내린다는 사실이었다. 하루 내내 이 순간들에 내려진 결정이 우리에게 길을 터주고 그 결실을 거둬들이게 한다. 좋은 리더와 특별한 리더를 판가름하는 것은 바로 겸손, 호기심, 진실성이다. 바로 이 특성들이 결정이 내려지는 10분 – 언제 어디서나 나타날 수 있는 순간 – 동안 우리를 조종한다.

내게 이 순간이 나타난 때는 토드라는 친구와 식사를 하던 어느 저녁이었다. 그 자리에서 내 아내 카렌은 디지털카메라를 평소 사고 싶었다면서 그 친구에게 불쑥 질문을 던졌다. 아주 평범한 질문이었다. 그렇지만 내 머릿속에서 맴돌던 생각은 결코 평범하지 않았다. "아내는 왜 내가 아니라 내 친구한테 그걸 물어보는 거지? 예전에 우린 그런 얘기를 한 적도 없잖아? 하필 지금 그걸 화제로 삼는 이유는 또 뭘까?" 머릿속에서 벌어지는 일에 적잖이 놀란 데다 나의 에고와 나누던 대화에 한눈이 팔린 나머지, 그들의 대화에는 거의 신경도 쓰지 않았다.

나는 무슨 일이 일어나고 있는지 분석하면서, 이렇게 자문해보았다. "마음 깊숙이 내가 이런 질문을 던지게 만든 게 대체 뭘까? 아내가 토드에게 물어보는 게 뭐가 이상하단 말이야? 난 디지털 카메라를 잘 모르잖아. 당연한데도 왜 자꾸 신경이 쓰이는 걸까?" 들리지 않는 머릿속 대화를 마무리하면서 나는 피식 웃었다. 에고 여행을 떠나는 게 이렇게 쉬울 줄이야. 결국 나는 좀체 실마리를 잡지 못한 것도 다 아는 양 둘러대는 한낱 남자에 불과했던 것이다.

"왜 그렇게 웃어요?"

토드가 떠난 뒤 카렌이 물었다. 빨리 잊어버리고 싶던 나는 이렇게 말했다.

"응, 아무것도 아냐."

"내가 한 질문이 좀 이상했나요?"

"아니, 전혀."

그러자 아내는 내가 미처 대답할 준비가 되지 않은 질문을 던졌다.

"당신에게 먼저 묻지 않고 토드에게 물어본 게 신경 쓰였던 거
예요?"

나는 '별것' 아니라고 말하고 싶었다.

그러나 그건 진실이 아니었다. 결국 난 다 털어놓고 말았다.

저녁 식사 자리에서 카메라 따위의 사소한 문제로 간단한 대화
를 나누는 동안 에고는 1분 동안 나를 다른 곳에 데려다 놓았다.
15분 동안 대화를 나눌 때 우리는 14분 정도 에고의 균형을 잡고
억제하며 보낼 수 있다. 그러나 에고가 바로 전 14분을 망쳐놓는
데는 1분이면 충분하다. 다양한 상황과 사람들, 그리고 순간들이
다양하게 우리를 테스트한다. 이 순간들은 불시에 왔다가 빠르게
지나갈지도 모르지만, 우리의 현재와 미래의 차이를 규정한다.

완벽한 순간들, 완벽하지 않은 리더들

모든 사람들에게는 자기만의 절체절명의 순간들이 존재
한다. 1994년 당시 제프리 이멜트(Jeffrey Immelt)는 GE 플라스
틱 미주 사업부의 총괄부사장이었다. 그해 이멜트가 달성한 이익
성장률은 애초 목표였던 20퍼센트에 턱없이 못 미치는 7퍼센트에
그쳤다. 목표에 미달한 순이익을 금액으로 따지면 5,000만 달러
에 달했다. GE의 연례 리더십 미팅에서 이멜트는 GE의 유명한
CEO 잭 웰치와 마주치지 않으려고 온갖 수단을 짜냈다. 이멜트

는 그룹 만찬회에 늦게 도착해서 일찍 자리를 뜨고, 회의에서는 잭 웰치의 정반대편에 멀찌감치 떨어져서 앉기도 했다. 마지막 날 밤이었다. 살그머니 엘리베이터로 피신하던 이멜트의 어깨에 누군가가 손을 얹었다. 웰치였다.

"제프, 알다시피 난 자네 팬이네. 작년은 자네가 입사한 이래 최악의 한 해였군 그래. 난 자네가 좋다네. 게다가 더 잘해낼 수 있다는 것도 알아. 하지만 제대로 된 실적을 못 올린다면 자네를 해임하겠네."

당신이 이멜트라고 상상해보라. 웰치의 코앞에서 형편없는 실적을 변명할 수도 있는 절호의 기회를 맞은 것이다. 에고의 네 가지 경보 신호 중 하나 또는 전부가 표면화될 수도 있었다. 방어적 자세를 취하며 본사의 부족한 지원을 불평하거나, 다른 누군가에게 책임을 떠넘기거나, 변화하는 시장 조건을 탓하거나, 정부 개입을 지적할 수도 있었다. 자신의 실적을 타인들과 비교하면서 부족한 액수가 실은 그리 크지 않다고 강변하거나, 기지를 발휘해 업계 트렌드의 변화를 들먹이면서 그럴듯한 정당화를 시도할 수도 있었다. 그러나 그런 일은 벌어지지 않았다. 이멜트는 이렇게 말했다.

"제가 계획한 대로 실적을 올리지 못해도 해고할 필요는 없습니다. 그때는 제가 사표를 쓸 테니까요."

자기 목이 달린 위기 상황에서 이멜트가 보인 의연한 반응은 그가 평소 품고 있던 생각이었다. '기업이 우선이고 나는 나중이다.'

이멜트는 자기 자신이나 지위를 보호하기 위해 싸우는 것이 아니었다. 그렇다고 해서 자기를 시야에서 놓아버렸다는 뜻은 아니다. 단지 그가 올바른 시각을 견지했다는 말이다. 3년 후 웰치는 이멜트를 GE의 사업 부문 중 하나인 GE 메디컬 시스템스(GE Medical Systems)의 회장 겸 CEO로 임명했다. 그리고 다시 4년 후 GE 이사회는 이멜트를 웰치의 후임자로 선임했다.

우리는 그 짧은 순간에 엘리베이터에서 이멜트가 남긴 인상이 어땠는지 웰치에게 직접 물어보았다. 웰치는 그 사건을 구체적으로 기억하지는 못했으나, 이렇게 답하면서 우리에게 중요한 생각거리를 던져주었다.

"제프의 반응을 보고 과연 제프답다고 생각했던 것 같소."

요지는 이렇다. 과연 '~다움', 즉 전형은 무엇일가? 내가 가장 어려운 순간을 맞았을 때, 사람들이 과연 '나답다'고 말하게 하는 것은? 그 순간을 구체적으로 기억하지 못할 때조차도, 사람들이 기본적으로 나의 초기 상태(default)라 판단하는 것은? 그것은 내가 리더십을 시험받는 상황에서 지금껏 반응하는 방식이다. 그런 순간에 줄곧 행동해온 방식들이 쌓여 우리 모습의 전형을 굳히는 것이다. 우리 모두는 그 과정에서 실수를 — 그것도 상당히 많이 — 저지르기 마련이다. 불완전성이 우리를 좌절시키도록 내버려둘 수는 없는 일이다.

우리는 겸손과 호기심 및 진실성이 에고와 완벽히 균형을 맞춘 인물들을 찾아내는 과정에서 한계에 부딪혔다. 역사상 '그녀를 보

잭 웰치와 제프리 이멜트
제프리 이멜트는 2000년에 불과 44세라는 나이에 잭 웰치의 후임자로 선택되었다. 잭 웰치는 후계자 선택과 육성을 위해 오랜 시간을 고민하고 투자한 것으로 유명하다.

라'거나 '그를 본받으라'고 주저 없이 외칠 정도로 완벽한 인물은 한 명도 꼽지 못했다. 몇몇 고무적인 사례들이 있지만, 언제나 "좋아, 그렇지만……." 하고 단서가 하나 이상 붙어 있었다. HP의 윌리엄 휴렛과 데이비드 패커드, 킴벌리클라크의 다윈 스미스, 질레트의 콜먼 모클러 등은 겸허하고 결연한 리더로 찬사와 신뢰를 한 몸에 받을 자격이 충분한 위대한 인물들이다. 그러나 막상 그들과 함께 일해본 사람들과 토론해보면 그들 또한 인간이라는 사실이 드러났다.

대통령과 수상, 시민단체 리더, 발명가와 기업가들을 긴밀히 조사해보면 공직자와 민간인을 막론하고 완벽하지 못한 순간들이 드러났다. 우리는 오히려 이런 사실을 알아내고 나서 그들의 불완전성에도 불구하고 가능한 그 무엇을 찾고자 하는 희망을 더 크게 품게 되었다. 에고노믹스의 성공을 위해서 초인적인 누군가가 될 필요는 없다. 단호한 결심이 필요할 따름이다.

모든 위대한 리더의 삶에는―실은 우리 모두의 삶 속에도―결정적 순간들이 있었다. 그 순간들은 에고가 우리의 반응 또는 속마음을 부적절한 방향으로 몰아가지 못하게 하며, 바로 그 선택이 온갖 차이를 자아내는 것이다. '에고노믹스'는 그런 순간들이 드러내는 것에 관한 일종의 시험이다. 그러나 기꺼이 마음을 열고 자기 자신을 상세히 조사하지 않는다면, 이 책은 지적인 아이디어 여행에 불과할 것이다. 이 책을 읽어야 하는 사람은 내가 아니라 다른 누군가라는 생각에 구미가 당길 수도 있다. 그러나 타인이 먼저 변하기를 기다리지 말라. 대부분은 변할 생각이 전혀 없다.

변할 수 있는 사람은 바로 당신이다. 한 번에 한 순간씩.

생각하고 행동하는 방식에 일어난 작은 변화는 이런 순간들을 최대한 활용하는 과정에서 놀라울 만큼 큰 차이를 만들어낸다. 역사적으로 성공한 사람은 소수에 불과하며, 위대함은 극소수에게서나 찾을 수 있다.

모멘텀(momentum)

이 책을 완성할 즈음, 나(스티븐 스미스)의 한 친구가 끔찍한 비행기 사고로 사망했다. 고객과의 약속을 깰 수 없어 장례식에 참석하지 못한 나는 집에 도착하자마자 차를 몰고 그가 묻힌 묘지를 찾았다. 친구의 이름이 새겨진 묘비는 수십 다발의 부케로 둘러싸여 있었다. 나는 친구의 관 위에 덮여 다듬어진 지 얼마 되지 않은 잔디를 멍하니 쳐다보았다. 잔디에 손을 얹고서 작별의 말을 찾으려 애썼지만, 목이 멜 뿐이었다. 친구와 함께할 또 한 번의 기회가 가로막힌 것이다. 이해할 수 없었다. 이 에피소드에 마침표를 찍고 싶었건만, 또 다른 쉼표가 나타난 것이다. 꽉 막힌 가슴은 그날 저녁까지 풀리지 않았다. 내 아내 키티에게 장례식이 어땠는지 묻자, 장례식이 치러진 교회는 조문객들로 넘쳐났으며 친구의 아내가 추도문을 낭독했다고 한다. 아내는 추도문 낭송을 비롯한 모든 분위기가 "교훈적이고, 고무적인 데다 희망으로 넘쳤다."고 전했다.

내 친구는 사회에서 단지 소비자에 머물지 않고 생산자가 되는 법을 가르쳤다. 교회에 운집한 수백 명은 그의 메시지에 깊이 감화받은 사람들이었다. 아내가 장례식에서 느낀 감정을 나와 나누던 바로 그 순간, 나는 친구 인생이 남긴 여세(餘勢), 즉 모멘텀을 느꼈다. 죽음마저도 그가 남긴 메시지의 힘을 꺼뜨리지 못했다. 그는 갔지만, 그 인생의 모멘텀은 다른 사람들을 통해 지속되었다.

모두가 내 친구를 좋아했다. 우리는 모멘텀 창조자다. 어떤 모멘텀을 창조하느냐는 각자에게 달렸지만, 그것은 죽음도 앗아가지 못한다. 그 모멘텀은 우리가 다음번 나누는 대화나 다음번 내리는 결정에 따라 모양을 갖출 것이다. 모멘텀(momentum)은 순간(moment)이라는 단어와 관련이 있다. 겸손, 호기심, 진실성의 순간들은 매일, 모든 회의 자리에서, 모두에게 스스로를 드러낸다. 그 순간들은 완벽을 향한 압박으로 우리를 짓누르지 않는다. 오히려 어제보다 좀더 나은 오늘을 이끌며 살아갈 기회를 우리에게 부여한다.

| Key point 2 |

경영에서 에고는 선인가, 악인가?

- 전형적인 비즈니스 회의에서 에고가 부정적으로 작용하는지 판단하는 데 걸리는 시간은 5분이면 족하다.

- **조기 경보 신호 1 – 비교 일삼기.** 역설적이게도, 너무 경쟁적이면 오히려 경쟁력이 떨어진다. 다른 누군가를 의식하면서 우리는 스스로 월등히 성장하는 데 바칠 수도 있었던 시간을 낭비한다. 다른 누군가보다 '더 나아진다'거나 최소한 '그 정도는 된다'는 명목 아래 우리 자신의 잠재력을 포기하고 마는 것이다. '더 나아진다'는 것은 평범함을 추구하는 전략이다.

- **조기 경보 신호 2 – 방어적 자세 취하기.** 아이디어를 지키려는 태도와 방어적 자세 사이에는 큰 차이가 있다. 아이디어를 지켜내려는 태도에는 최선의 주장을 관철시켜야 한다는 입장이 깔려 있다. 우리가 방어적일 때는 마치 자신을 방어하는 양 자기 입장을 방어하게 된다.

- **조기 경보 신호 3 – 특출함 과시하기.** 과시 행위란 특출함을 눈에 띄게 드러내는 것이 아니다. 자기의 특출함을 관심의 중심으로 삼아 시간과 정력을 과도하게 소모하는 행위다. 타인이 얼마나 똑똑한지 알아보고 인지하며 거기에 압도당한 사람일수록 타인에게 점점 귀를 기울이지 않게 된다. 설령 타인이 더 나은 아이디어를 지녔다 해도 말이다.

- **조기 경보 신호 4 – 인정받으려고 애쓰기.** 리더십은 자기의 존재를 입증하기 위해 리더 지위에 오를 필요가 없는 사람들에게 주어지는 것이다. 남들의 생각을 잘 아는 것은 위대한 리더십의 징후다. 남들이 하는 생각에 지나치게 민감해지면 스스로에게 진실하지 못하게 된다.

- **겸손**은 에고노믹스의 첫 번째 원칙이다. 겸손은 개방적 정신에 이르는 특별한 능력이기 때문이다. 겸손은 목적을 달성하기 위한 수단이며, 그 목적은 비즈니스의 발전이다. 겸손의 또 다른 특징은 건설적 불만이다. 겸손은 에고 정체성에 대한 자신을 잃게 한다거나 성취의 중요성을 평가절하하지 않고서도 다음 수준의 실적에 다다르려는 갈망을 창출하는 특별한 힘이 있다.

- **호기심**은 아이디어 탐구를 추진하는 능동적 요소다. 호기심은 우리가 생각하고 느끼고 진실이라 믿는 것을 테스트하도록 허락하고 용기를 주며, 무엇에 관해서든 우리가 모든 것을 알지 못함을 깨우쳐준다.

- **진실성**은 습관적으로 진실을 추구하고 진실을 고수하는 것이다. 진실성은 금기시된 것을 논의가 가능하도록 해주며, 우리가 생각하는 상황과 실제로 벌어지는 상황의 격차를 좁힌다.

eg onomics

제 3 장

내부경쟁은 오히려 현실과의 타협을 부른다

세상 모든 사람은 누구보다 더 나은 동시에 누구보다 못한 존재다.

– 윌리엄 사로얀*

*윌리엄 사로얀(William Saroyan) : 『인간희극』으로 유명한 미국 작가.

우리는 매일같이 비교한다. 가격, 후보자, 차선, 식단, 직업, 영화, 와인, 식당, 기온 등등. 비교는 필수적이고 자연스러우며 시시각각 일어나는 우리 삶의 일부이며, 무의식적인 버릇이다. 하지만 이 버릇은 효과적인 도구이기도 하지만 적대적인 무기로 작용할 수도 있다.

비교가 빈번히 동반자로 삼는 것이 경쟁이다. 그렇다, 자본주의적 생활 방식으로 널리 확산되는 경쟁 말이다. 앤드루 카네기는 이렇게 말했다. "〔경쟁이〕 여기 있다. 우리는 이것을 피할 수 없다. 여태껏 이것을 대체할 그 무엇도 발견되지 않았다. 그리고 이 법칙은 개인으로서 가끔 힘들지도 모르지만 최선의 레이스 방식이다. 이것이 모든 분야에서 적자생존을 보장하기 때문이다."

우리는 경쟁에 몰두해 있는 데다 경쟁이 더 잘하라는 기분을 재촉하므로, 비교가 우리 자신을 악화시키는 때를 거의 알아채지 못한다.

당신은 칠면조인가?

장 드 라 퐁텐(Jean de La Fontaine)은 유명한 우화 「여우와 칠면조」에서 적에게 정신이 팔리는 바람에 최후를 맞이하는 자신만만한 한 무리의 칠면조에 얽힌 이야기를 들려준다. 이야기 속 여우는 칠면조 무리를 잡아먹으려고 한다. 그렇지만 칠면조들은 숲속의 높은 나뭇가지 횃대에 올라앉은 터라 마음 놓고 여우의 헛된 시도를 비웃었다. 몇 시간 동안이나 비아냥거리고 조롱하다 지친 여우는 전략을 바꿨다. 칠면조 무리에 접근하려고 애쓰기보다 칠면조들이 자기한테 오게 꾀어내기로 했다. 여우는 달빛의 조명을 받는 숲을 무대로 밤새껏 칠면조에게 볼거리를 제공했다.

칠면조 무리는 광대놀음을 즐기느라 밤새 여우에게서 눈을 떼지 못했다. 심지어 잠자는 것조차 잊고 있었다. 결국 지친 칠면조 무리는 잠들면서 횃대에서 떨어졌다. 이에 여우는 칠면조 고기를 배불리 먹었고 나머지는 비축했다. 라 퐁텐은 이렇게 이야기를 맺는다.

적에게 지나치게 신경 쓰다보면
오히려 적의 계략에 넘어가기 십상이다.

인기 드라마 CSI 시리즈의 제작 책임자 앤서니 지커(Anthony Zuiker)가 TV 역사상 가장 성공한 범죄 드라마를 창조할 수 있었던 것은 현대의 여우들을 너무 가까이 감시하지 않은 덕분이다. 현재 세 가지 CSI 시리즈(《CSI》, 〈CSI 마이애미〉, 〈CSI 뉴욕〉)가 모두 AC닐슨의 TV 시청률 조사에서 10위 안에 올라 있다. 브랜드가 중복되지 않으면서 CSI 시리즈를 제작할 수 있었는지 묻자, 지커는 이렇게 답했다. "제일 자랑스러운 건 우리가 일일이 경쟁하려 들지 않았다는 겁니다. 일부 다른 범죄물들은 실험실 장면과 과학 수사 장면을 더 많이 넣었고, 온갖 싸구려 복사판들이 시장에 쏟아졌지만, 우리는 진실에 충실했죠. 진화할 필요는 있지만 쫓겨서 진화할 필요는 없잖아요. 그런 게 고전적 실수죠." 역설적이게도 우리는 너무 경쟁적으로 변할 때 오히려 경쟁우위를 잃는다.

그렇다면 넘어서지 말아야 할 경계선은 과연 어디일까?

가느다란 경계선이 어디 있는지 탐색해보자. 이 선이 건강한 비교나 경쟁과 건강하지 않은 비교나 경쟁을 얼마나 면밀히 나누며, 그 선을 넘기 전에 어떻게 인식할 수 있는지가 관건이다.

거울아, 거울아, 누가 제일 잘났니?

우리는 종종 스스로 경계선을 넘었다는 것을 거의 알아채지 못한다. 어느 연구에서 참가자들은 드링크 홀더, 빗, 스테이플러 등 평범한 일상용품에 대한 선호도를 매겨달라는 부탁을 받았다. 그런데 이 조사에는 함정이 있었다. 모든 참가자는 선호도 조사를 실시하기 전에 그중 한 가지 물품을 선물로 받았던 것이다. 사소한 선물로 보이지만, 참가자들은 스무 가지 물품들을 각각 비교해 선호도를 매길 때 자신이 선물로 받은 물건에 유독 높은 점수를 주었다. 내 것이면 반드시 더 나아야 한다는 뜻이다!

다른 연구에서는 이름 속에 든 문자처럼 단순한 요인에 우리가 영향을 받는다는 사실이 밝혀졌다. 통계적으로 조지아 주에는 조지, 버지니아 주에는 버지니아, 메릴랜드 주에는 메리라는 이름이 많았다. 변호사(lawyer) 중에는 로렌스, 치과의사(dentist) 중에는 데니스, 하드웨어 상점 주인 중에는 H자로 시작하는 이름이 평균보다 많게 나타났다. 평균적인 삶에서는 매우 사소한 것이라도 본분을 전혀 인식하지 못하게 함으로써 객관성을 저해하는 편향을 만들어내고, 결과적으로 효과적인 비교를 어렵게 한다. 그러나 우리가 인식할 때조차도, 자기편애(self-bias)는 타인과 비교해 자신을 평가할 때 상당한 역할을 한다.

「U.S. 뉴스 & 월드 리포트」는 1,000명의 독자들에게 특정 유명인사 중 천국에 갈 가능성이 높은 사람은 누구인지 물어보았다. 선택지에는 오프라 윈프리, 데니스 로드맨, 테레사 수녀, 마이클 조던, 빌 클린턴, 다이애나 왕세자비 등이 있었다. 가장 많은 선택을 받은 유명인은 테레사 수녀였다. 무려 79퍼센트의 응답자가 그녀가 천국행 자격이 있다고 믿었다. 하지만 뒤이어서 그들(독자들) 자신이 천국에 갈 가능성에 대해 질문했다. 응답자 중 87퍼센트가 자신이 천국에 갈 거라고 답했다. 이 조사에 따르자면, 천국에 단 한 자리만 남았을 때 신은 '나'와 테레사 수녀 중에서 '나'를 선택해야 한다. 우리는 성스러운 부동산이 자신의 것이라고 믿는 셈이다. 테레사 수녀마저 '나'와 비교했을 때 이기지 못한다면, 어느 누구라도 이기지 못한다고 말해도 무리가 아니다.

장밋빛 안경을 쓰고 자기 자신을 보려는 성향은 내세에 관해서도 막힘없이 적용된다. 우리는 1,800명을 대상으로 자신이 올바른 결정을 내리는지 얼마나 확신하느냐고 질문했다. 83퍼센트가 확신하거나 매우 확신한다고 응답했다. 하지만 다시 그들에게 가까이에서 일하는 사람들의 능력을 확신하느냐고 묻자, 그 비율은 27퍼센트로 떨어졌다. 정말 우리 자신은 그다지도 훌륭하고, 타인들은 그렇게 형편없는 걸까? 순전히 에고의 눈을 통해 자신을 타인에 견주어 저울질할 때, 자기 자신 편을 들 가능성이 높다. 하지만 자기 자신에게 우호적인 관점이 성과로 뒷받침되지 않을 경우에는 과도한 비교로 자신의 부족함을 변명하려 든다. '딴 사람들은 그저 운이 좋았을 뿐이야.' '그들에게는 우리가 미처 몰랐던 유리한 조건이 있었을 거야.' '단지 우리가 평소만큼 하지 못했던 탓이야.'처럼 말이다. 물론 이 모든 이유가 사실일지도 모른다. 아니면 그렇지 않을지도 모르겠다.

그 내용이 사실이건 아니건 지나친 비교는 우리로 하여금 타인이 우리 발치에 미치지 못하게 밀어대며, 우리는 격차를 발견한 후에야 경쟁에서 한숨 놓게 되는 것이다. 예컨대 영국 워릭대학 경제학과의 앤드루 오스왈드(Andrew Oswald) 교수는 800곳의 조직에서 일하는 1만 6,000명의 노동자들을 대상으로 한 설문 조사에서, 연봉이 직장 행복지수에 미치는 영향은 미미하다는 사실을 알아냈다. 그 발견이 놀랍거나 새로운 것은 아니다. 정작 놀라운 일은 우리가 만족을 느끼기 위해 비교에 의존하는 정도다. 오스왈드 교수가 한 기업에서 종업원의 직업적 성취도에 미치는 요인을 조사한 결과, 자긍심에 가장 큰 영향을 주는 것은 직위였다. 실제로 급여 규모에 비교해보더라도 직위는 행복지수를 50~60퍼센트 정도 증대시켰다.

달리 말해 지나치게 경쟁적일 때는, 직위의 높낮이를 실제 소득이나 성취의 정도보다 더 중요하게 생각하게 된다. 두 번째 실험에서 오스왈드 교수는 학생들에게 졸업 후 연봉 3만 2,000달러를 제시하는 직장에 어느 정도나 만족할 것인지 물어보았다. 일부에게는 해당 직장에서 그 연봉이 마지막에서 두 번째라고 말한 반면, 다른 학생들에게는 꼴찌에서 다섯 번째라고 귀띔했다. 결과는 직장 내 연봉 순위가 높을수록, 장래 업무에 더 만족하는 것으로 나타났다. 실제 연봉 액수와는 아무 상관이 없었다.

사회적 비교에 대한 연구에 따르면, 에고 정체성 또는 자신이 가진 것에 불안해할수록 조건반사적이고도 집요하게 비교하게 된다고 한다. 불공정하거나 부정확한 비교는 우리의 비교 대상인 타인에게서 신용을 앗아갈 뿐 아니라, 다른 누군가 또는 무언가로부터 독립적인 우리의 상황을 최대한 이용할 수 있는 기회를 망쳐놓는다. 그런 다음 우리는 시간을 벌고 행운이나 운명이 찾아오기를 기다리면서 상대적 성공을 기준으로 정한 자기 몫을 수행할 뿐이다. 비교로 인해 우리가 아무리 많은 자극을 받는다 해도 우리에게 도움이 되거나 하등의 변화를 만들어내지 못한다.

비록 잠깐이라도 비교의 덫에 걸렸을 때는 타인이 우리만큼 발전하도록 돕는 데 전혀 흥미를 느끼지 않는다. 우리는 대부분 '~보다 더 잘'되고 싶다는, 이를테면 더 평가받고, 사랑받고, 보상받고, 존중받으려는 강렬한 욕망이 있다. "자존심(pride)은 어떤 것을 소유한다고 해서 즐거움을 주지 않는다. 다음 사람보다 그 어떤 것을 더 가져야만 즐거움을 준다." C. S. 루이스의 말이다. "나는 그보다 낫다."와 "나는 예전의 나보다 낫다."는 천양지차다. 이보다 더 중요한 사실은 우리가 이들 두 가지를 혼동하기 때문에 그러지 말아야 할 때 낙담하게 된다는 것이다.

오프라 윈프리가 제작한 영화 〈비러브드(Beloved)〉의 포스터

노벨문학상을 수상한 토니 모리슨의 동명소설을 영화한 작품으로 노예해방 직후 오하이오 주 신시내티 외곽에 살고 있는 흑인 여성 세드(Sethe)의 삶과 기억들을 통해 노예제 역사를 새로이 조명했다.

오프라 윈프리 vs. 처키의 신부

1998년, 오프라 윈프리가 처음으로 제작한 영화 〈비러브드(Beloved)*〉가 개봉했다. 오프라는 적잖은 성취를 남긴 자신의 인생에서도 이 영화가 가장 중요한 성취라고 여겼는데, 영화는 박스오피스에서 2,300만 달러의 총수익을 올렸다. 할리우드 기준으로 보자면 참패에 가까운 수준이었다. 오프라의 영화는 개봉 첫 주말 박스오피스 매출에서 〈처키의 신부(Bride of Chucky)〉보다 뒤졌다. 오프라는 "용기를 잃고 낙담했다."라고 토로했다. 그러나 그녀가 낙담한 진짜 이유는 영화가 거둔 실적이 아니었다. 그런 식의 비교는 불공평할 뿐더러 비효과적이었다. 자기가 실망한 이유를 되짚어보던 오프라는 어느 날 저녁 절친한 친구 게리 주카프• 앞에서 탄식했다. 그때 주카프가 던진 심오한 질문 덕분에, 그녀는 적절한 관점에서 비교를 할 수 있게 되었다.

"당신의 의도는 뭐였죠?"

오프라가 답했다.

"내 의도는 단지 구경거리가 아니라 그 의미를 느끼게 하는 대단히 강력한 영화를 만드는 거였죠. 노예 상태를 극복하고 사랑할 수 있게 하고, 말하자면 인생을 재구축하는 거예요. 내 의도는 영화에 나오는 이야기가 단지 역사 속의 한 '시기'에 불과한 것이 아니라, 그들이 평범하거나 비범한 방식으로 다소나마 사람다움을 찾아 나섰던 실제 인물들이고 우리 선조였음을 관객으로 하여금 깨닫게 하는 거였어요."

주카프는 이렇게 말했다.

"그런 거라면, 당신은 해냈어요."

바로 그 순간 그녀는 박스오피스 수치에 대한 비현실적이고도 불공평한 기대에서 벗어나 자기 영화를 그 본뜻대로 정직하게 바라보았다.

오프라의 영화는 박스오피스에서 성공하거나 〈처키의 신부〉를 누르고자 의도한 것이 아니었다. 비교의 그물 속에서 일시적으로 놓쳤던 그 영화의 진짜 목적은 강인함, 역사, 용기, 그리고 사람다움 등의 메시지를 전달하는 것이었다. 비교를 통한 오프라의 영화는 실패작이었지만, 의도에 따르면 성공작이었다. 그렇지만 한번 상상해보라. 만약 그녀가 오로지 경쟁하고자 영화를 만들었다면, 매출을 늘리고 〈처키의 신부〉 따위의 영화를 누르고자 했다면 말이다. 그랬다면 이 영화를 향한 그녀의 비전은 애초부터 그릇된 길로 갔을 것이다. 비교는 선명한 우리의 비전을 먹구름으로 가리기 십상이다.

'누가 더 많이 갖나' 전쟁

경쟁의 초점이 흐려질 때는 건강한 비교의 경계선을 넘어 단일한 사람, 집단, 또는 기업을 관심의 중심에 둔다. 그럴 경우 비교는 사적으로 진행된다. 즉 '나 대 너' 또는 '우리 대 너희' 식의 비교가 되는 것이다. '나 대 너' 게임에서는 내부 경쟁의 수준이 기업의 효율을 떨어뜨리는 행동 방식을 이끈다. 네 개의 상이한 집단을 대상으로 실시한 실험에서, 팀원들은 의사결정의 임무를 맡은 리더에게 정확한 정보 주기를 주저했다. 심지어 의사결정권자가 극단적으로 경쟁적이라고 생각할 경우에는 부정확한

(inaccurate) 정보를 주기도 했다. 정보를 그릇되게 전하거나 보류했던 이유를 묻자, 그들은 의사결정권자의 탐욕과 경쟁의식 때문이거나 혹여 부당하게 취급받지 않기 위해서라고 대답했다. 비생산적인 함정에 빠져들지 않고 경쟁적이기는 쉽지 않다.

누가 1등, 2등, 3등으로 결승점을 통과하는지 끊임없이 심판하는 이 세상에서, 우리 자신이나 타인이 얼마나 똑똑하며 혁신적이고 통찰력과 재능을 갖추고 성공적인지 심판하지 않고 살기란 어렵다. 현재 모습과 지금까지의 성취로는 충분치 않음을 상기시키는 메시지가 홍수를 이룬다. 특정 인물들은 모든 것을 한꺼번에 갖고, 선택된 조직들은 완벽에 가깝게 우상화되는 환상에 파묻혀 산다. 하지만 진실은 그렇지 않다. 어느 누구도 모든 것을 한꺼번에 가질 수 없으며, 완벽은 환상에 불과하다.

그러나 우리를 둘러싼 경쟁의 '누가 더 많이 갖나' 광고는 우리 자신과 우리가 가진 것으로부터 주의를 분산시킨다. 우리의 제한된 시각에서 타인들이 더 많거나 더 크게 가진 것처럼 보인다 해도, 우리가 반드시 더 작다는 것을 의미하지는 않는다. 과잉 비교와 함께 과도한 경쟁을 통해 증폭된 시각은 삐뚤어지게 마련이다. 비록 일시적일지라도 경쟁적 도전에 몰두하고 거기에 비교 성향이 결합될 때, 우리는 세 방향으로 엇나가버린다. (1) 애당초 하지 말았어야 할 목표를 설정한다. (2) 닿을 수 있거나 현실적인 목표보다 높은 기준점을 설정한다. (3) 현재 위치에 안주한다.

1. 그릇된 목표

타인의 행동을 어깨너머로 끊임없이 지켜보다보면 정작 우리 앞에 놓인 것에서 시선을 떼게 된다. 그러면 가능하거나 적합한 것이 아니라 타인이 하고 있는 것에 따라 목표가 정해진다. 이때 는 우리의 목표 설정조차 우리가 아니라, 타인이 하는 셈이다. 비 교에 몰두하게 되면 자신의 장기나 특기와 거의 또는 전혀 상관없 는 것들에 대한 성취가 성공의 기준인 양 착각하게 된다. 질투는 강력한 동기 유발자이지만 허약한 항해자이기도 하다.

1980년대 후반, 위성통신기업 이리듐(Iridium)은 경쟁사들을 물리치고 신제품을 먼저 출시하는 대결에 정신이 팔려 있었다. 이 리듐은 에베레스트 산에서 LA까지 전파 장애나 끊김 현상 없이 통화할 수 있는 위성전화를 최초로 개발했다. 유일한 문제는 송수 화기 가격이 3,000달러인 데다 분당 통화료가 3~8달러라는 점 이었다. 미국의 증권사 A. G. 에드워즈(A. G. Edwards)의 애널리 스트 크리스 체니(Chris Chaney)는 이렇게 평했다. "현재 이 사업 은 수십억 달러짜리 우주 프로젝트와 흡사하다." 이리듐에서 일하 던 직원들과 대화를 나눠본 결과, 그 기업 리더들이 특정 경쟁사 와의 비교에 몰두했던 것이 분명하다. 그 때문에 신제품 출시에 매달렸고, 무선·이동통신 테크놀로지에 극적인 변화가 왔다는 신 호들이 나타났음에도 불구하고 막대한 투자를 서두르며 성급하게 실행에 옮겼다. 두 경쟁사가 부적절한 결승선을 향해 경주를 벌이 는 동안, 시장 변화에 적절히 대응한(market-relevant) 경쟁사들이 그들을 앞지르기 시작했다. 1999년 이리듐은 붕괴되었고, 규모 면에서 20위 안에 속하는 파산의 사례로 역사에 남는 기업이 되었다. 한 민간 투자 단체는 나중에 이리듐의 인공위성 66기를 2,500만 달러라는 헐값에 사들였다.

기업들이 경쟁사에 집착할 경우, 즉 경쟁사들의 지향점과 그들의 추진 업무, 협력자나 실행 시기, 그리고 후속 조치 등에 집착할 때는 비즈니스 IQ가 떨어진다. 게다가 경쟁력도 잃는다. 헨리 포드는 말했다. "단지 경쟁 그 자체와 경쟁자 몰아내기를 동기로 삼는 경쟁은 오래 버티지 못한다. 정작 두려워해야 할 경쟁자는 상대에 전혀 개의치 않으면서도, 자기 비즈니스를 언제나 더 잘해내는 부류다. 개발과 개선을 통해 성장하는 비즈니스는 결코 사라지지 않는다. 그렇지만 기업이 더 이상 창의적이지 않을 때, 그리고 이미 완벽함에 도달했으므로 생산 이외에는 개선이나 개발 그 무엇도 필요 없다고 믿을 때, 그 기업은 끝장난 것이다."

남들이 이룬 성취에 집착하게 되면 그들이 취하는 모든 조치에 과민반응을 보인다. "경쟁자들이 하는 일에 기초해서 전략을 짠다면, 항상 전략을 변경해야 할 겁니다. 경쟁 환경이 워낙 빠르게 변하니 말이죠." 아마존닷컴의 CEO 제프 베조스(Jeff Bezos)의 말이다. 「비즈니스 2.0」에 실린 인터뷰에서, 구글의 CEO 에릭 슈미트(Eric Schmidt)는 마이크로소프트의 리더가 구글과 관련해 언급한 부분에 대해 답변해달라는 요청을 받았다. 문제의 발언은 마이크로소프트가 현재는 약자의 위치에 있지만 언젠가는 구글을 따라잡을 수 있을 것이라는 내용이었다. "얼마든지 내키는 대로 말하라고 하세요. 전 구글에 관해 이야기했으면 합니다." 슈미트의 답변은 경쟁에 임하는 순진한 태도가 아니라, 경쟁에 대한 적절한 관점이자 대응이었다.

오늘날 다수의 가장 멋진 아이디어들(이베이, 홈데포, 아이튠즈, 홀푸드, 스카이프, 프로그레시브 보험 등)은 천편일률적인 경쟁이 아니라 특유성을 통해 창조되었다. 마케팅 전문가 세스 고딘(Seth Godin)과 잭 트라우트(Jack Trout)는 마케팅 성공을 위한 가장 큰 기회가 유일한 브랜드 또는 상품이 되는 데 있다고 강조한다. 고딘은 이러한 특유성을 '보랏빛 소'라고 부르고, 트라우트는 '차별화 아니면 죽음뿐'이라고 간단히 요약했다. 비교는 이처럼 특유성을 유도하는 창의성을 해칠 뿐 아니라, 진정으로 특유한 창조(물)를 일찌감치 포기하도록 재촉할지도 모른다. 빛나는 업적을 남긴 건축가 프랭크 로이드 라이트(Frank Lloyd Wright)가 말했다. "얄궂은 비교는 시적인 원칙이 관계되는 모든 창조의 발자국을 마치 사냥개처럼 추적한다. 열등한 인물은 오직 비교를 통해서만 배우기 때문이다. 더욱이 비교란 흔히 각자의 이기적 이해관계에 따라 이루어져 꿍꿍이가 미심쩍은데도 말이다. 이에 반해 우월한 인물은 분석을 통해 배운다." 특유성 탐색은 우리를 혁신으로 이끌며, 흉내 내기를 강요하지는 않는다. 그러나 순전히 비교를 통해 추구되는 전략들은 비교 때문에 우리가 느끼는 압박, 그것도 상상으로 만들어지기 일쑤인 그런 압박에 의해 설정될 뿐, 그 목표들이 적절하거나 특유하다는 이유로 설정되는 것은 아니다.

2. 암소가 달까지 뛰어올랐다고?

그릇된 목표 설정에 더해, 비교가 우리를 엇나가게 하는 두 번째 방식은 비현실적 목표를 세우게끔 꾀어내는 것이다. 예컨대 EDS의 최고 경영자 딕 브라운은 2001년에 이듬해 매출을 60퍼센트 가까이 성장시켜야 한다고 결정한 뒤, 이 수치를 달성하겠다고 이사진에게 약속했다. 211억 달러 매출을 달성하기까지 42년이 넘게 걸렸다는 사실을 감안할 때, 한 해 동안 130억 달러가량 매출을 증대시킨다는 것은 엄청난 목표였다. 매출 목표를 달성하기 위한 중대 전략 중에는 판매 인력을 50퍼센트 증원하는 방안이 있었다. 어느 판매 담당 부사장이 털어놓은 바에 따르면, 후보자들의 적격성이나 성공 가능성에는 신경 쓸 겨를도 없이 정해진 날짜까지 일정한 수의 판매사원을 채용해야 했다고 한다. EDS는 신규 채용한 영업사원들에게 사이닝보너스를 높게 지급했고, 다른 경우라면 예상도 못할 높은 봉급을 약속한 데다 교통비까지 보전해주었다.

이처럼 거창한 전략이 거둔 성과는 어땠을까? 2002년도 매출은 2퍼센트 성장에 그쳤다. 영업이익률은 2.4퍼센트 하락했고, 주당순이익(EPS)은 0.53달러가량 떨어졌다. 신규 채용된 영업 인력 중 거의 95퍼센트가 24개월 내에 기업을 떠났다. 자, 딕 브라운에게는 무슨 일이 일어났을까? 그는 2003년 3월부로 해고되었다.

달성하지 못할 목표치를 설정할 때, 우리는 실패를 예약한 것이나 진배없다. 우려와 낙담이 뒤따르는 것이 당연하다. 여기서 비현실적인 목표 설정을 경고하는 것으로는 안심할 수 없다. 목표를 설정하기 전 현실을 고려할 때 야심찬 목표 설정을 두려워하는 것과 새로운 것을 시도하지 않는 것은 구별해야 한다. 그러나 에고가 주도하는 동안 비현실적인 목표는 일시적으로 동기를 부여한다. 오래지 않아 낙담하고 비싼 대가를 치르기도 하지만 말이다.

3. 느긋하게 상황을 즐겨라?

세 번째로 비교는 우리를 속여 안도하게 함으로써 잘못된 길로 인도한다. 상대의 실적이 우리에게 못 미칠 때 우리는 만족하게 된다. 만족 자체는 별 문제가 없지만, 비교가 우리를 철저히 만족하게 한다는 것이 문제다. 비교는 더 잘할 수 있을 때조차도 우리를 안심 상태로 꾀어내고, 단순히 '~보다 나은' 상황에서 느끼는 만족감은 가능성의 적으로 작용한다.

축구평론가 아이브스 갈라세프(Ives Galarcep)는 2006년 월드컵에서 미국이 보여준 실망스런 결과를 논평하면서, 미국 대표 선수 랜든 도노반(Landon Donovan)의 안주하는 태도에 일침을 가했다. "어쨌든 도노반은 지금이야말로 캘리포니아 해변에 있는 집을 팔아 치운 다음 짐을 싸서 유럽으로 돌아가야 한다. 그는 마음이 편해야 좋은 성적을 낼 수 있다며 1년 넘게 속여왔다. 편한 마음 상태는 훌륭한 선수를 만들지 못한다. 그저 느슨한 선수를 만들 따름이다. 도노반은 무릇 프로 축구선수라면 마땅히도 진화해야 한다는 압력을 받아야 한다. 압력은 다이아몬드를 만들고 광산을 뚫을 뿐 아니라, 축구선수를 빅 스타로 만든다. 유럽 선수건 남미 선수건 세계 최고 선수들은 좋은 성적을 내야 한다는 지속적인 압력 속에 살아간다. ··· 그는 자기 재능을 최대한 발휘한 축구선수로 기억되기를 원할까, 아니면 위대해지기보다는 마음 편히 안주하는 쪽을 택한 놀라운 재능의 소유자로 기억되고 싶을까?"

예전에 생각했던 것에 비해 향상되지 않았음을 보여주는 격차가 드러날 때, 편안함에 마취된 상태에서는 각성하기보다 만족한 채 안주할 만한 변명거리를 찾는다. 예를 들어 나(스티븐 스미스)의 아들 케이든은 어렸을 적 자기 침대에서 잠들지 않으려 했다. 케이든은 자기 침대 밑이나 옷장 속에 괴물이 숨어 있다며 무서워했다. 그래서 아무리 애쓰고 으르고 달래고 간청하고 기도하고 별별 일을 다 해도 케이든은 끄떡도 하지 않았다. 우리는 유아 심리학 서적을 읽고, 유아 행동에 관한 다큐멘터리를 보며, 닥터 필 쇼(Dr. Phil Show)에서 관련 내용이 나오지 않을까 기다리곤 했다. 하지만 아무것도 소용이 없었다. 어느 날 밤에 함께, 누워서 곯아떨어질 때까지 기다리다가 문득 아이디어가 떠올랐다. 절박한 마음이었기에 나는 아이의 강한 경쟁심에 호소하기로 결정했던 것이다.

"케이든, 꼬맹이 동생 니키는 자기 침대에서 자잖니."

케이든은 아무 걱정이 없다는 듯이 말했다.

"아빠, 니키는 겨우 세 살이잖아요. 너무 멍청해서 괴물을 안 무서워하는 거라고요!"

욕을 하면 안 된다고 일장연설을 늘어놓고 싶었지만 꾹 참고 나서, 이런 식의 논리적 비교라면 아이의 잘못을 고칠 수 있겠구나 생각했다.

"글쎄다. 네 큰 형 알렉은 자기 침대에서 자는 걸 무서워하지 않잖아."

케이든은 실망이라는 듯 한숨을 푹 쉬더니 말했다.

"아빠, 알렉 형은 아홉 살이잖아요! 개 나이로 치면 형이 몇 살인 줄 알아요? 음… 서른세 살이네요. 형은 완전 늙다리라서 안 무서워하는 거라고요."

비교는 한 바퀴를 돌아 제자리로 돌아왔다. 어떤 식으로든 케이든은 저능한 잠꾸러기에 불과한 자기 형제들과 비교하더라도 변화할 필요가 없는 완벽한 잠꾸러기로 ─ 자기 마음속에서 ─ 남았다. 케이든으로서는 자기가 허락할 때까지 엄마 아빠를 제 방에서 자게 만드는 일이 대단히 편했던 것이다.

아직 더 나으니까, … 전까지는

비즈니스에서는 자기보다 '하수'인 사람들을 지켜보면서 한눈을 팔 수 있으며, 그 격차가 충분히 클 경우 우리는 그들에게 완전히 관심을 거두고 마음을 놓는다. 우리가 깨닫기 전까지 그들은―제삼자일 수도 있다―우리를 앞지른다. 소니 워크맨은 분명 다른 포터블이나 개인용 스테레오보다 '더 나은' 휴대용 음향 기기였다. 아이팟 전까지는. 시어즈 백화점은 전 세계 그 어디보다 '더 나은' 소매점이었다. 월마트 전까지는. GM과 포드는 그 어느 곳보다도 명백히 '더 나은' 자동차기업이었다. 도요타 전까지는. 도요타는 현재 최대의 자동차제조업체로 향하는 탄탄한 성장가도를 달리고 있다. 데이타이머(Day-Timer)는 평범한 달력보다 '더 나은' 달력이었다. 아웃룩… 팜(Palm) PDA… 블랙베리… 모토롤라 레이저(Razr) 전까지는. 다음과 같은 경우, 우리 모두에게 항상 이 '전까지는'이라는 단서가 따라붙는다. 만일 우리가 만족감의 따스한 이불 밑에서 잠들기 위해 표류한다면, 그래서 오류투성이 가정과 어지간한 실적에 안주하도록 유도되어 간혹 경력을 좌지우지하는 큰일에마저 어지간한 결정을 내린다면 말이다.

…중에서 최고?

국제경영학을 가르치는 대학교수 몰리는 필자들의 친구이며, 총명하고 쾌활한 여성이다. 그녀가 직장 경력 초기에 잠시나마 직업을 바꾼 것은 비교 때문이었다. 1986년, 그녀는 친구가 권유한 트라이애슬론(철인3종경기) 시카고 대회에 출전하려고 연습을 시작했다. 괜찮은 성적으로 결승선을 통과하기 위해 몇 달 동안 짬이 날 때마다 미시간호에서 수영을 하고, 레이크 쇼어 드라이브(Lake Shore Drive)를 자전거로 오르내렸으며, 웬만한 교외는 다 누비면서 달리기를 연습했다. 경기가 열렸고, 그녀는 자신이 속한 연령 그룹에서 상위 20퍼센트 안에 드는 성적을 올렸다. 이제 막 트라이애슬론에 푹 빠진 데다 자신의 성적에도 만족한 그녀는 대회 참가에 집중하기로 결정했다. 개인적 목표뿐 아니라 직업적 목표까지 달라진 셈이다. 집 근처 스포츠클럽에 등록했고, 구할 수 있는 달리기 잡지는 모두 구독했으며, 참가 가능한 모든 대회에 신청서를 냈다. 1년 반 동안 풀타임으로 근무하면서 밤에는 훈련에 매진했다. 이듬해에는 지난해에 비해 열 번이나 더 대회에 참가하면서 고무적인 성공을 거두기도 했다.

그녀는 더 높은 수준에 이르기 위해서는 트라이애슬론 열기가 뜨거운 환경에서 훈련하고 대회에 참가하는 것이 좋겠다고 생각했다. 그래서 그녀는 애틀랜타로 이사해 스포츠용품 기업에 취직했다. 애틀랜타에서 보낸 첫 여름 동안 그녀는 일곱 차례에 걸쳐 대회에 참가했다. 마침내 그녀는 조지아 주 연령 그룹에서 챔피언 자리를 차지함으로써 중대한 이정표를 맞이했다. 시카고에서 열리는 트라이애슬론 전미 챔피언십 대회에 참가할 자격을 획득한 것이다. 자격 획득은 그녀에게 엄청난 자신감과 힘을 불어넣은 일대 사건이었다. 마치 자신이 트라이애슬론 선수라는 직업적 사명을 띠고 태어난 듯한 기분으로 들뜬 나머지, 그녀는 두둑한 연봉

이 보장되던 매니저 자리를 그만두고 전업 선수로 훈련에 돌입했
다. 전미 챔피언십 대회에는 세계에서 최고의 선수들이 참가한다.
이 대회의 참가 자격을 획득함으로써 그녀는 쟁쟁한 유명 선수들
과 더불어 경쟁할 수 있게 된 것이다.

드디어 대회가 열렸다.

그녀는 스피도(Speedo) 제품으로 새로 마련한 트라이애슬론
복장을 입고서 동료 '챔피언'들과 같은 출발선에 서 있다가 물속
으로 뛰어들었다. 수영이 시작된 지 몇 초 되지도 않았는데 물밑
에서 손으로 밀쳐대고 옆구리 쪽에서 팔꿈치로 밀어붙이는 선수
들이 있었다. 그녀는 말 그대로 내팽개쳐지고, 이리저리 떼밀리며
헤엄치다가 발길질까지 당했다. 평소처럼 빠르게 수영하기는커녕
살아남기에 급급한 형국이었다. "뭐야, 이 여자들은?" 머리가 지
끈거렸다. "끔찍하군!" 조건은 전혀 나아지지 않았다. 45분간의
물속 사투가 끝나자, 연령 그룹 참가자들이 뒤쫓기 시작하더니 기
어코 그녀를 앞질러 갔다. 그녀는 힘겹게 자전거 있는 곳에 다다
랐다. 이번에도 옆에서 페달을 밟는 발이 거치적거리더니 급기야
그녀가 탄 자전거를 차버렸고, 다른 선수가 어찌나 가까이 몸을
밀어붙이던지 그녀는 그만 넘어지고 말았다.

기가 꺾였지만 챔피언십 그룹에 속해 경기를 마쳐야겠다는 생
각에 몰리는 전력을 다해 나머지 코스를 통과했다. 그녀가 마지막
관문인 40킬로미터 달리기를 시작할 즈음에는 챔피언십 그룹을
완전히 놓친 지 이미 오래였고, 연령 그룹에게마저 뒤진 채 시카

고의 일반인 참가자들 틈에 섞이고 말았다. 당황스러웠다. 특히 전체 참가자 8,476명 중에서 그녀의 등번호 28번은 그녀가 챔피언십 그룹에 속한다는 것을 만천하에 드러내는 것이었기 때문이다. 훨씬 앞서갔어야 할 그녀를 본 사람들은 의아해했다. 마침내 결승점을 통과했을 때 그녀를 기다리던 어머니와 여동생은 걱정스러운 표정이었다. "어디쯤 있는지 궁금해 죽는 줄 알았다. 챔피언십 그룹은 벌써 몇 년 전에 경주를 마쳤거든."

몰리 이야기는 경쟁에 대해 우리가 설정한 잣대하고는 아무런 상관이 없을까? 그날 경기는 그냥 불운이었을지도 모른다. 단지 훈련이 부족한 탓이었는지도 모른다. 하지만 이런 생각들이 위대함에 이르는 길을 가로막는 장애물인 듯하다. 몰리는 비교 때문에 열등감의 함정에 빠졌었다고 한다. 그때 일을 우리에게 털어놓던 그녀는 빙그레 웃다가 절레절레 고개를 젓기도 했다. "트라이애슬론에 엄청난 재능을 타고났구나 하는 생각은 진실이 아니었죠. 경험을 돌이켜보니까, 나는 어떤 경기에서도 썩 잘한 적은 없더라고요. 내가 속한 연령 그룹은 많은 사람이 속하지 않은 그룹이었어요. 조지아 주 챔피언십을 따게 된 것도 내 연령 그룹 사람들이 완주하지 못했기 때문이에요. 한 명은 기권했고, 또 한 명은 도중에 사고를 당했다지 뭐예요! 내가 거둔 '성공'과 그에 따른 결정은 거의 다 부정확한 비교에 기초한 거였는데, 나는 마냥 우쭐했던 거죠. 난 시카고 대회에서 완전히 기가 꺾였고, 그 다음부터 트라이애슬론을 단순한 취미 이상으로는 생각하지 않기로 했어요. 이 모든 걸 '쉬운' 방법으로 배웠다면 좋았으련만, 인생이란 게 항상 쉬운 교훈을 선사하진 않으니까요. 그 일을 겪은 뒤로는 비교를 할 때 항상 조심한답니다."

최선의 경쟁력을 발휘하려면 스스로에 대해 선명한 시각을 견지해야 한다. 우리는 흔히 일정 영역에서 자신이 실제보다 더 우월하다고 보며, 간혹 실제보다 열등하다고 보기도 한다. 과도한 비교 때문에 자신의 본모습을 비롯해 자신이 지녔거나 그렇지 않은 능력에 관해서 착각한다면, 최고의 경쟁력을 발휘할 수 없다. 경쟁을 없앤다거나 스스로에게 도전하지 않는 것은 어불성설이다. 그러나 일정한 선을 넘어서버리면 도저히 버틸 재간이 없다. 또한 부당한 비교와 경쟁으로 말미암아 부적절하거나 황당하거나 어중간한 길로 접어들 때도 마찬가지다.

비교가 파놓은 함정에 빠지는 일은 각기 다른 세 가지 조기 경보 신호들에 앞서 일어나서 이 신호들을 촉발한다. 다시 말해두지만 이 경보 신호들은 방어적 자세 취하기, 특출함 과시하기, 인정받으려고 애쓰기다.

그중 한 신호에 해당하는 버릇을 깨는 데는 그 버릇을 조종하는 믿음을 검증할 필요가 있다. 우리의 믿음은 수학적 가르침 — 일련의 '이것 더하기 이것은 이것' 또는 '만약 그러면(if-then)' 논리 등 — 에 기반을 둔다. 그러나 머릿속 수학 논리가 언제나 앞뒤가 맞는 것은 아니다. 즉 우리가 지닌 믿음이 진리라고 할 수만은 없다는 얘기다. 마음속에서 잘못된 방정식을 파악하는 것이 가능하면, 나쁜 버릇을 깨뜨릴 수 있다.

또한 우리 언행은 비일비재하게 생각이나 감정과 차이가 난다. 설령 우리가 입바른 말을 할지라도 종종 다르게 느낄 때가 있다. 감정이나 생각은 입바른 언행으로 가려질 수 있는 반면, 의도와 감정은 항상 진실이다. 비록 의도와 감정이 항상 드러나는 것은 아니지만 말이다. 우리나 타인이 느끼는 감정을 통해 자신이 에고를 효과적으로 다스리는지 아닌지를 알게 된다.

〈부록〉에 각 조기 경보 신호마다 건강하거나 건강하지 않은 핵심적인 믿음들을 열거해두었다. 해당 신호를 극복하기 위해 건강하지 않은 믿음들에 도전하는 질문들도 함께 실었다. 또한 조기 경보 신호에 관련된 기본적 감정 및 태도들을 우리 자신이나 타인 속에게 발견하는 데 보탬이 될 만한 목록을 만들어두었다. 좀더 포괄적인 목록은 www.egonomicsbook.com에서 찾을 수 있다.

| Key point 3 |

내부경쟁은 오히려 현실과의 타협을 부른다

- 비교는 매우 필수적이고 자연스러우며 시시각각 일어나는 우리 삶의 일부이자, 무의식적인 버릇이다. 이 버릇은 효과적인 도구이기도 하지만 적대적인 무기로 작용할 수도 있다. 비교가 빈번히 동반자로 삼는 것이 경쟁이다. 우리는 경쟁에 몰두해 있는 데다 경쟁이 더 잘하라는 기분을 재촉하므로, 비교가 우리 자신을 악화시키는 때를 거의 알아채지 못한다.

- 경쟁에 대한 적절한 관점을 견지해야만 비교하고 싶은 유혹에 빠져 동료를 경쟁자로 바꾸는 과오를 막을 수 있다. 다른 누군가가 되거나 다른 무엇이 되고 싶은 유혹에 빠지지 않는 것이 더 나은 선택이다.

- 너무 경쟁적으로 변할 때 오히려 경쟁우위를 잃는다.

- 지나치게 경쟁적일 때는 직위의 높고 낮음을 실제 소득이나 성취의 정도보다 더 중요하게 생각하게 된다.

- 사회적 비교에 대한 연구에 따르면, 에고 정체성 또는 자신이 가진 것이 불안해진다고 느낄수록 조건반사적이고도 집요하게 비교하게 된다고 한다. 불공정하거나 부정확한 비교는 우리의 비교 대상인 타인에게서 신용을 앗아갈 뿐 아니라, 다른 누군가 또는 무언가로부터 독립적인 우리의 상황을 최대한 이용할 수 있는 기회를 망쳐놓는다.

- 과도한 비교가 개입된 판단은 현상 유지(status quo)에 만족하거나 실적 자체에 집중하지 못하게 함으로써 잠재한 능력에 이를 수 없게 방해한다.

- 경쟁적 도전에 몰두하고 거기에 비교 성향이 결합될 때, 우리는 엇나가버린다. 애당초 하지 말았어야 할 목표를 세우거나, 닿을 수 있거나 현실적인 목표보다 높은 기준점을 설정하거나, 현재 위치에 안주하기 쉽다.

제 4 장

헌신과 열정을 억누르는 심리적 방어기제

어떤 일에 반대하는 이유는 흔히 그 일을 계획할 때 자신이 아무 힘도 쓰지 않았거나, 자신이 싫어하는 다른 사람이 그 일을 계획했기 때문이다. 그러나 그 일에 관해 조언을 요청받고서 반대한 경우, 일단 내뱉은 반대 의견은 자기애(自己愛)를 걸고 지켜야 하는 의무처럼 되어버린다. 사람들은 마치 자기 명예가 걸린 듯 자신의 무오류성을 증명해야 한다는 온갖 동기를 들어 스스로의 감정에 반하는 결정이 성공하지 못하게 막아야 한다고 생각하는 듯하다.

– 알렉산더 해밀턴*

*알렉산더 해밀턴(Alexander Hamilton) : 미국의 초대 재무부 장관.

에고가 자산에서 부채 쪽으로 옮겨갔음을 나타내는 두 번째 조기 경보 신호는 방어적 자세다. 한편으로 아이디어를 방어하는 것 자체는 분명 문제가 없다. 활기찬 논쟁과 상이한 관점의 충돌은 최선의 아이디어가 승리하도록 보장하기 위한 필요조건이다. 면밀한 검토를 견뎌낼 수 있는 아이디어는 지원을 보장받겠지만, 그렇지 못한 경우라도 기꺼이 결과에 승복해야 한다. 열정적이라고 해서 그 아이디어가 옳다는 의미는 결코 아니다. 의견 불일치가 그 의견의 부정을 의미하는 것도 아니다. 미트 롬니(Mitt Romney) 매사추세츠 주지사는 이렇게 말했다. "나와 논쟁을 벌일 의지와 강한 개성을 지닌 똑똑한 사람들을 찾아다닙니다. 어떤 이슈에 대해서도 양 측면을 모두 논하는 게 좋아요. 난 기분 좋게 논쟁을 받아들여요." 이는 민주당 분위기가 강한 매사추세츠 주에서 공화당원으로서는 보기 드문 태도다. 실제로 업계, 학계, 정계, 심지어 가정을 비롯해 어느 영역에서도 이런 식의 실천은 흔치 않다. 그렇다 해도 최선의 아이디어가 이기도록 보장할 의사가 있다면, 분야와 주제를 막론하고 논쟁의 힘을 테스트하면서 어떤 입장이건 취할 수 있다. 그러나 어느 입장을 방어하는 것과 방어적인 자세에는 차이가 있다.

나(데이비드 마컴)의 딸 린지가 고등학생일 때의 일이다. 린지는 자동차에서 내린 다음에 차고 문을 닫지 않기 일쑤였다. 집 안에 들어오기 전에 차고 문을 닫으라고 아무리 타일러도 소용없었다. 어느 날 저녁, 차고 냉장고에서 뭔가를 꺼내기 위해 차고로 갔다가 린지가 차고 문을 닫지 않은 걸 발견했다. 린지가 잊어먹고 다닌다는 사실을 분명히 짚고 넘어가고 싶었는데 마침 잘된 일이었다. 이번이야말로 완벽한 기회다 싶었다.

아빠 : 린지, 집에 들어올 때 차고 문을 잠그지 않는 데 뭐 특별한 이유라도 있니?

린지 : 차고 문을 열어두고 다니는 사람이 나뿐인가요, 뭐.

아빠 : 그렇긴 하지. 하지만 네가 집에 온 지 10분도 안 됐는데 문이 열려 있잖니. 제프하고 스펜서는 나가 있으니까 걔네는 아니지. 너를 골탕 먹이려고 아빠가 일부러 그런 것도 아니고 말이야. 차고 문이 활짝 열려 있으면, 바람이 불 때마다 먼지나 나뭇잎, 쓰레기가 차고 안으로 들어온단 말이다. 그럼 누군가 치워야

할 텐데, 그 누군가는 보통 이 아빠거든. 집에 들어오기 전엔 차고 문 닫는 거 잊지 않았으면 좋겠다.

린지 : 왜 나만 못살게 구는 거예요? 남동생들이 학교에서 돌아올 때는 항상 차고 문을 활짝 열어두거든요. 그런데도 걔들한텐 아무 말도 안 하잖아요. 아빠 엄마가 차고 문을 안 잠그고 다니는 것도 본 적 있어요. 나뿐만 아니라고요. 게다가 좀 있다 어디 가 봐야 되거든요.

어떤 상황이든 에고의 힘이 급등할 경우, 의도는 논지를 정직하게 방어하는 데서 자기주장을 배타적으로 증명하는 쪽으로 바뀐다. 또한 논리상의 결함이나 부정확성에는 아랑곳 않고, 남의 의견에 영향 받기를 한사코 거부한다. 자기가 '옳다'는 것을 기정사실화하려고 지독히도 애쓰면서 변명거리를 찾고 남을 헐뜯는다. 당장 논의되는 것과 하등의 관련이 없는 내용까지 들먹이면서 말이다. 아니면 어떠한 잘못된 행위도 없었다고 간단히 부인한다. 가끔은 "난 원래 그래요."라며 실수를 변명한다. 자신이 동의하지 않는 주장은 억지이고, 따라서 부적절하다고 주장하며 극단으로 치닫기까지 한다.

극단적 아이디어들의 교환은 지적·감정적 타격으로 비화되어 사소한 일들이 걷잡을 수 없이 커진다. 순전한 방어의 경계선을 넘어 방어적 자세 굳히기로 태도를 바꾼 것을 정당화하기 위해, 정당성을 토로하며 분개한다거나 자기야말로 무고한 희생자라고 생각할지도 모른다. 그리고 단순히 자기 잘못을 인정하면 모두를 개방적 태도로 이끌 수 있는데도 불구하고 이상하게도 '사과'를 방어적 자세의 또 다른 무기로 이용한다. 방어적인 '사과'는 매우 흔하며 교묘하다는 점이 특징이다.

미안하지만, 방금 그걸 사과라고 한 거요?

"이젠 내가 뭔가 잘못된 일을 저질렀다고 인정했으니만큼, 유감스럽다거나 슬프다거나 죄스럽다는 식으로 행동해야 할 때 같긴 하네요." 피터 로즈•는 야구 도박에 손댔다고 시인하면서 이렇게 말했다. "그렇지만 내가 원래 그런 놈은 아닙니다. 그러니까 이 정도로 해둡시다. 그런 일이 벌어진 건 유감이고 그 때문에 상처 입은 모든 사람, 팬들과 가족에게 미안합니다. 이제 그만 넘어갑시다." 당신이 열혈 야구광이라면 그의 사과를 받아들일 수 있겠는가? 방어적 자세는 진심 어린 사과를 허용하지 않는다. 단지 시늉만으로 그치게 할 따름이다.

정치 전문 월간지 「가버닝(Governing)」의 편집장인 앨런 에런홀트(Alan Ehrenhalt)는 사설에서 제2의 전략, 즉 '내가 옳지만, 네가 오해했다'는 식의 전략을 소개한다. 에런홀트는 매사추세츠 주 하원의원 엘렌 스토리(Ellen Story)가 실언 때문에 곤경에 처한 상황을 예로 든다. 그녀는 매사추세츠 주가 정신건강 분야에서 자금난을 겪는 이유가 '권력을 쥔 아일랜드계 가톨릭 신자들이 판을 쥐락펴락하기 때문'이라고 발언했다. 그녀는 아일랜드계가 정신 박약을 신의 뜻으로 간주한다고 말했다. 동료 의원들이 그녀의 견해를 '기괴하다'고 평하자, 그녀는 자신의 '잘못된 단어 선택' 때문에 '모욕감을 느낀 모든 분께' 사과한다고 했다. 그 사과의 체감온도는? 섭씨 0도다.

사과의 형식을 빌린 마지막 방어적 책략은 본의 아닌 전향이다. 2004년 미국 대통령 후보 경선에서 하워드 딘(Howard Dean) 후보는 '픽업트럭에 남부연합● 깃발을 꽂고 다니는' 자들을 위한 대통령 후보가 되고 싶다고 말했다. 이틀간 언론의 집중포화를 맞은 딘 후보는 태도를 180도 바꿨다. "실수를 저지른 것 같습니다. 사과드립니다. 이쯤 해둡시다." 그는 진심으로 미안했던 걸까? 앨 샤프턴(Al Sharpton) 목사는 딘 후보에게 말했다. "당신이 고집불통은 아닐지 모르지만, '내가 틀렸습니다.'라고 말하고 나서 이쯤 해두자고 말할 만큼 거만한 것 같소." 딘은 더 빨리 사과하지 않은 이유를 두고 이렇게 말했다. "압박을 받았을 때 되받아칠 배짱이 있는 사람이 되려고 했습니다." 그러나 불성실한 태도는 모두를 용서도 사과도 모르는 사람으로 만들며, 본인의 이전 입장에 더 깊이 빠져들게 할 뿐이다.

이윽고 우리는 자신의 실수에 보다 무감각해지고 자연스레 '되받아치려는' 성향을 발전시킨다. 불행히도 명백한 도전 또는 비난에 처했을 때뿐 아니라, 누군가 도우려 할 때조차 그러한 성향에 기댄다.

피드백 좀 해도 될까요?

누군가 피드백하기를 원할 때, "그래, 난 맹점을 지적해 줄 누군가를 기대해왔어. 무슨 말을 할지 궁금해 견딜 수가 없군 그래!"라고 생각하는 사람들은 흔치 않다. '피드백(feedback)'이라는 단어는 "당신에게 뭐가 잘못됐는지 말해도 될까요?"라는 뜻의 코드가 되어버렸다. 비록 공손하게 들릴지는 몰라도, 아무래도 불쾌한 소식을 듣게 될 것 같아서 겉으로는 드러내지 않아도 방어적으로 되기 십상이다. 실은 방어적으로 느끼고 있는데도 누군가가 직접 방어적이라고 말할 경우, 전형적인 반응은 "아뇨, 전 그렇지 않습니다."라고 말하는 것이다. 우리는 방어적인 것에 관해서도 방어적이다.

스티븐 코비는 저서 『성공하는 사람들의 7가지 습관』에 기초한 연구에서 15만 건의 다면평가를 실시했다. 이 평가를 분석한 결과, 설문의 78개 항목들 가운데 "방어적이지 않고 부정적 피드백을 받아들인다."와 "개선될 수 있는 방법으로 피드백을 추구한다."라는 항목은 동료들에 의한 평가에서 대부분의 사람들이 최하위를 차지했다. 그러나 역설적이게도 바로 이 항목들은 자기 자신의 순위를 매길 때 상위 10위 안에 들었다. 만일 '그 격차에 신경 쓰지' 않는다면, 우리가 결코 볼 수 없는 비효과적인 습관의 진흙탕에서 헤어나기 어려울 것이다.

피드백이 대관절 뭐기에 이토록 받아들이기 힘든 것일까? 우리는 스스로가 완벽하지 않음을 안다. 그렇다 해도 어떤 결함이 노출되었을 때, 특히 다른 누군가가 그것을 노출시켰을 때는 피드백이 쉽지 않다. 우리의 방어성에는 두 가지 주된 원인이 있다. 하나는 타인이 우리에 대해 지녔으면 하는 이미지고, 다른 하나는 우리가 스스로에 대해 지닐 필요가 있는 이미지다.

완벽이라는 짐

우리는 타인들이 우리에 대해 긍정적인 이미지를 갖기 원하며 또 그래야 할 필요가 있다. 그 이미지의 내용은 정체성과 재능, 그리고 하고자 하는 일과 더불어 신뢰받고 있는지, 경쟁력이 있는지, 리더로서의 자격이 있는지 등이다. 그러므로 가능한 최선의 이미지를 투영하는 것은 자연스러운 일이다. 그러나 누군가가 피드백을 나누고 싶어할 경우, 우리는 자신의 이미지가 이미 얼룩졌거나, 방어하지 않아서 얼룩지게 될까 봐 두려워한다. 우리는 자신이 바라는 온전한 모습대로 보이지 않는다거나, 마치 우리가 입은 견고한 갑옷에 균열이 생긴 것처럼 비치기를 바라지 않는다. 그럴 때 우리는 명백한 약점을 인식해 해결하지 않았다는 이유로 바보스럽게 보일 것이다. 그러므로 우리는 이런 압력에 대한 반응으로, 자기 나름의 홍보 방식을 총동원해 자신에 대한 타인의 인식을 관리하고 평판을 굳게 지키려 한다. 나는 누구이며 내가 의미하는 것은 무엇인가 하는 정체성, 행동 방식, 아이디어를 지킬 수도 있다. 그렇지만 수동적 자세를 통해 타인의 인식을 관리하려고 시도할 때는 그 의도가 빤히 보이기 마련이다.

닉슨 대통령은 1973년에 TV로 중계된 워터게이트 스캔들 관련의 기자회견에서 연루설에 완강히 저항하면서 자신의 과오를 부인했다. "나는 악한이 아닙니다. 공직 생활을 하면서 내가 정의를 가로막은 적은 단 한 번도 없습니다. 국민들은 자기들의 대통령이 악한인지 아닌지 알 권리가 있습니다. 나는 악한이 아닙니다. 내가 가진 모든 것은 내 손으로 얻은 것입니다." 그로부터 9개월 후 의회는 닉슨을 탄핵했고 대통령직을 사임하라고 압박했다.

클린턴 대통령이 '지퍼게이트' 때문에 열린 1998년 연방 대배심 증언에서 했던 악명 높은 발언을 누가 잊겠는가? "진실은 '이다(is)'라는 단어가 무엇을 의미하느냐에 달려 있습니다. 만약 '이다(is)'가 '지금 그러하고 예전에는 결코 그런 적이 없다.'라는 의미라면 문제가 다르겠지만, '그런 일이 전혀 없다.'라는 의미일 경우 그것은 완전히 올바른 진술이었습니다•." 미국은 불신감으로 눈동자를 굴렸다. 우리가 공적인 정치인 자리에 앉았거나, 주목받는 기업 리더의 역할을 맡았거나 설령 단지 일상적인 삶을 영위할 때도 과오에 대한 책임을 회피하려고 진실을 숨기거나 자기 과오를 인정하되 사소한 것으로 치부하며 폐기하려 할 때, 사람들은 보통 우리의 방어적 책략을 꿰뚫어본다.

놀랄 일도 아니지만, 주목을 받으면 받을수록 '완벽'해지라는 기대를 한 몸에 받는다. 마치 리더 자격을 갖추려면 결함은 일체 용납되지 않는 듯하다. 사회적 압력은 실수를 더욱 인정하기 힘들게 만든다. 2004년 4월 13일에 열린 기자회견에서 「타임」의 존 디커슨(John Dickerson) 기자는 조지 부시 대통령에게 뜻밖의 질문을 던졌다. "대통령께서는 9·11테러 이전에 어떤 과오를 저질렀는지에 대해서는 회고하셨습니다. 그럼 9·11 이후 각하의 가장 큰 과오가 무엇이며, 그로부터 어떤 교훈을 얻었는지 말씀해주실 수 있습니까?"

부시 대통령이 보인 반응은 단지 정치적 성향뿐 아니라 나약함을 감추려는 인간적 경향까지 드러냈다.

"이런 질문은 미리 서면으로 제출하는 편이 좋았을 것 같군요. 미리 대비할 수 있게 말이죠. 존, 미래의 역사가들은 지금을 돌이켜보면서, 이런, 이때 대통령은 이걸 이렇게 저렇게 했어야 하는데 하면서 혀를 찰 게 틀림없습니다. 잘 알겠지만, 그러니까, 답변을 찾아야 한다는 스트레스가 심하긴 해도, 분명 이 기자회견장 한가운데서 그럴듯한 그 답이 불쑥 떠오를 수도 있겠지만, 아직까진 아니군요."

그러고 나서 부시 대통령은 스스로가 올바르게 해냈다고 믿는 일들 — 아프가니스탄에서 이라크까지 — 을 들며 그 근거를 설명했다. "바라건대 내가 아무런 과오도 범하지 않았다는 식으로 받아들이지 않았으면 좋겠습니다. 나도 분명 잘못한 일들이 있다고 생각하니까 말이죠. 단지 즉석에서 그런 질문을 받으니, 딱 꼬집어 말하는 데 민첩하지 못했던 점을 양해하기 바랍니다."

그로부터 한 달 후에 부시 대통령은 민첩했다. 백악관 출입기자들과의 만찬에서 잊지 못할 바로 그 질문을 어떻게 생각하느냐는 질문을 받고 솔직히 인정한 것이다. "나를 곤경에 빠뜨린 매우 탁월한 질문이었습니다. 돌이켜볼 때 실제로 내가 저지른 가장 큰 실수는 바로 하필 존 디커슨 기자를 호명했다는 겁니다." 아마 부시 대통령이 '예.' 또는 '아니오.'로 답했다면 체면을 구겼을 것이다. '예.'라고 했다면 그의 정적들과 언론에게 무기를 쥐어주는 셈이 되고, '아니오.'라고 했다면 거만하게 비쳤을 것이다. 다음과 같은 고백을 듣는다는 것은 얼마나 신선한 일인가?

존, 그건 답하기 쉽지 않은 질문이오. 국민에게나 아내에게나 과오를 인정하기란 마찬가지로 힘든 일입니다. 그건 우리 모두가 갖는 취약한 인간적 성향이라고 생각합니다. 설상가상으로 정치가는 과오를 인정하는 것이 나약함의 신호가 되고 남들에게 그 과오를 비난하고 증폭시킬 기회를 주는 자리입니다. 그럼에도 불구하고 나는 과오를 저질렀습니다. 예를 들어 〔빈칸은 독자의 상상에 맡김〕하는 것이 국가안보에 최선의 이익이 된다고 확신했죠. 그렇지만 그 누구도 통제할 수 없는 변수들 때문에, 내 생각대로만 되지는 않았습니다. 지금 와서 더 나은 정보를 바탕으로 돌이켜보니, 다른 식으로 했어야 한다는 생각이 듭니다.

이왕 이렇게 말했으니, 본인은 미국 국민들에게 내가 범한 과오들, 또한 아직 범하진 않았지만 앞으로 범할 것이 분명한 과오들까지 용서해달라고 부탁하겠습니다. 나는 내가 완벽하다는 환상에 빠져 있지 않습니다. 이 자리에 모인 여러분도 나에 대해 그런 환상에 빠져 있다고 생각하지 않습니다. 대통령직이란 결코 과오에서 자유로운 자리가 아닙니다. 앞선 마흔두 명의 전임 대통령들도 과오에서 벗어나는 건 불가능했으니까요. 역사에서 배우지 못하는 자들은 똑같은 과오를 반복할 수밖에 없고, 그건 내게도, 여러분에게도, 모든 미국 시민에게도 적용됩니다. 나는 내가 더 잘할 수 있다는 것을 압니다. 솔직한 질문 고맙습니다.

부시 대통령은 정당정치 논리에 묶여 뻔뻔함으로 고수할 수도 있던 논의를 솔직하고 겸손하게 변환시킬 기회를 하마터면 놓칠 뻔했다. 그의 전임자들은 분명 이와 똑같은 변환의 기회를 맞았지만 번번이 거절했다. 미국에서 오직 마흔세 명만이 백악관 기자실의 연단에서 이런 질문을 받았지만, 방관자로서 충고를 하거나 비난을 퍼붓는 일은 쉽다. 요컨대, 방어적 자세는 도피적으로 보이기 십상이며, 비난이나 질문의 진실성이나 성실성 또는 피드백의 성격 등과는 무관하게 오로지 비난의 빌미를 제공할 따름이다.

무사(불)태평

피드백에 저항하는 또 하나의 이유는 우리 자신에 대한 긍정적 이미지를 지키고 싶어하고, 또 그럴 필요가 있기 때문이다. 정확하고 건강한 자기 이미지(self-image)는 인생에서 추구하는 본질이자 긍정적인 기여를 위한 전제 조건이다. 긍정적 이미지에 반대되는 그 무엇도 정체성에 대한 위협으로 여겨질 수 있다. 실제로도 피드백에 적대적인 주장이 있다. 즉 피드백이 부정적일 때는 현실이라는 쓴 약이 보약으로 작용하지 않는다는 주장이다.

캘리포니아대학의 셜리 테일러(Shelly Taylor)와 남감리교대학(SMU)의 조나단 브라운(Jonathan Brown)이 실시한 연구에 따르면, 스스로에 대해 긍정적일수록 ─ 비록 우리의 인식이 현실과 일치하지 않는다 해도 ─ 좀더 행복하고, 근면하고, 호의적이고, 결연하다고 한다. 어느 누가 자신의 장밋빛 유리잔을 부숴버릴지도 모를 피드백을 바라겠는가? 또한 피드백을 받을 때, 그것 없이 더 행복하다면 간단히 무시해버리면 안 된단 말인가? 정답은 이러한 발견이 불완전하다는 것이다. 결국 실제로는 좀더 행복하거나 근면하거나 생산적이 되지 않는다. 웨이크포레스트대학 심리학과의 마크 리어리(Mark Leary) 교수는 수년간의 연구 끝에 과도하게 긍정적인 자아관(self-view)의 위험성을 밝혔다.

자신의 성격, 능력, 또는 다른 속성들에 과도하게 긍정적인 관점을 고수하는 것은 대부분 실패를 불러오는 비결이다. 인생의 성공은 일반적으로 자신의 능력과 관심 및 성향을 적절한 상황과 일, 그리고 관계와 부합시키는 데서 비롯된다. 자신의 실제적인 정체성을 오인하는 한, 나쁜 결정을 내리기 십상이다. 스스로를 부정확하게 인식했다는 이유만으로 자기에게 맞지 않는 일이나 관계 또는 생활 속에 살고 있는 사람들이 얼마나 많은가? 자기만족적인 환상으로 자신의 결점과 약점에 눈먼 사람들은 자신을 개선하려고 노력할 가망이 없다.

누군가에게서 피드백을 듣는 것이 고통스럽다면, 그 대안―그것을 무시하는 것―은 상황을 더욱 악화시킨다. 방어적인 자세를 취한다 해서 진실을 가리지는 못한다. 대신 발전을 가로막는 환상을 보호할 뿐이다. 무명의 철학자는 이렇게 말했다. "우리는 자신의 노예 상태가 우리의 자유인 양 옹호한다." 자유는 현실의 견제를 기꺼이 받아들임과 동시에 긍정적인 자아관을 유지함으로써 얻을 수 있다. 피드백이 항상 정확한 것은 아니다. 피드백으로 받는 자료는 피드백 제공자의 편향된 시각을 통해 걸러지며, 이는 받는 입장에서도 마찬가지다. 그러나 상대방이 자신에게 말하는 것은 상대방의 인식 그 자체일 뿐 아니라 그들의 현실이라는 점을 염두에 두어야 한다. 그러므로 성공적으로 함께 일하고 싶다면 우리는 상대방의 현실을 반드시 이해해야 한다. 자신의 불완전함에 관해 듣는다는 것이 일종의 즐거움이라는 말은 아니다. 다만 피드백에 저항한다면 스스로의 결함을 감수하고 사는 수밖에 없다는 뜻이다. 그 결함들 중에서도 방어적 자세를 뒷받침하는 논리는 반드시 점검해야 한다. 그러면 피드백에 개방적인 자세를 견지하는 데 보탬이 될지 모른다. 그 논리는 사실 그다지 논리적이지 않기 때문이다.

논리적으로 비논리적인

방어적 자세를 뒷받침하는 논리는 앞뒤가 안 맞는다. 정말 틀렸다면, 나쁜 아이디어나 입장을 진심으로 방어하려 하겠는가? 반대로 옳을 경우, 방어적 자세는 주장하는 입장의 힘을 증대시키겠는가, 아니면 감소시키겠는가? 방어적 자세 때문에 상대방이 더 나은 방법을 편들면서 자기 입장을 포기할 가능성은 증대할까, 감소할까? 방어적 자세는 양측이 서로에게 경청하도록 촉진할까? 약점을 방어하거나 부정하는 것은 주장을 보다 강하게 만들까? 방어적 자세에는 그것을 뒷받침하는 이론적 근거가 부족한 반면, 감정적 근거는 수두룩하다. 두려움은 방어성의 벽돌을 한데 합쳐 성벽을 만드는 회반죽이다. 우리가 두려워하는 것들은 다음과 같다.

- 우리는 단박에 알아챌 만큼 똑똑하지 않다.
- 변화한다면 우리가 가진 것이나 정체성을 잃을 위기에 처한다.

- 잘못됐다고 인정하면 체면이 깎일 것이다.

- 세계는 변하지만, 우리는 변화를 바라지 않는다. 따라서 오래도록 우리 입장을 견지할 수 있다면 세계가 우리에게 맞출 것이라는 환상 아래, '구세계(old world)'를 지킨다.

- 과거는 우리 생각과 달랐고, 미래는 우리 기대와 다르게 변할 것이다.

- 피드백은 바로 우리 자신이나 마찬가지다.

피드백을 받을 때마다 방어적 자세를 취한다면, 더 이상 의견을 들을 수 없을 것이다. 심지어 그 의견이야말로 자신의 가장 큰 관심사일 때조차도 말이다. 도리어 상대방은 구경꾼이 되려 할 테고 그로 인해 장차 자기는 따끔한 맛을 보게 될 것이다. 아놀드 글래스고(Arnold Glasgow)의 경구를 상기하자. "당신은 세상을 차단할 수 없다. 당신이 스스로를 감금하지 않는 한." 세상을 차단하기 위해 즐겨 사용하는 수단 중 하나는 '스피닝●'으로 불리는 것이다.

스핀닥터

정치 토론이 한창인 각 후보자 캠프는 후보자의 발언 내용을 분석하고, 대중이 어떤 반응을 보일지 저울질하며, 필요하다면 발언 내용을 정정 및 조작하는 조직원들로 북적인다. 토론

스핀닥터(spin doctor)
정부 수반이나 각료들
의 측근에서 일반 국민
을 대상으로 정부의 입
장과 정책 따위를 설명
하거나 설득하는 일을
전문으로 하는 사람.

이 끝나자마자 각 진영은 승리를 간절하고도 열성적으로 주장하면서, 자기네 후보가 대중이 원하는 바로 그 메시지를 전달했다고 전문가들에게 장담한다. 토론 후에 나오는 의견들이 항상 정확한 평가는 아니며 보통은 신중하게 다듬어진 스피닝이다. 즉 한 후보의 논점은 아주 정확한 데 반해 상대편은 틀렸거나 초점에서 벗어난 것처럼 보이게 한다는 얘기다. 여기에 능통한 사람들은 스핀닥터•라 불린다. 만약 정치 토론 후의 미사여구들을 검토해 본다면, 각자 자기 측 후보는 단 한 번도 토론에서 진 적이 없는 것처럼 보일 것이다.

스피닝이란 원래 사람들이 신속하게 이해할 수 있도록 메시지를 명백하고 정확하게 다듬는 기술이었다. 이제 스피닝은 진실을 일방적인 해석으로 조작하고, 지나칠 만큼 자주 약점을 강점으로, 오류를 사실로 둔갑시키는 능력이 되었다. 다음은 카트리나 재해에 관한 미 하원조사위가 제출한 최종 보고서의 한 구절이다. "재해 대응에는 전혀 중요하지 않은 이슈들 때문에, 예컨대 비난 떠넘기기 게임에서 승리하는 것과 홍보전을 수행하는 데 열중한 나머지 귀중한 시간을 허비했다." 요컨대 방어적 스피닝은 역효과를 가져온다.

스피닝은 정치인, 언론인, 의회조사위 등의 전유물이 아니다. 그곳이 대통령 집무실이건, 「포춘」 선정 500대 기업의 중역실이건 회의실이건, 거실이건 아무 상관없다. 우리 모두는 자기편 입맛에 맞게 스토리를 다듬어 자신을 긍정적으로 보이게끔 하는 데

익숙하다. 자기편 입맛에 맞는 스토리 자체는 별 문제가 아니지만, 방어적 스피닝의 바퀴에 붙어 편견과 착오를 유도하는 큼지막한 바퀴살 네 개가 문제다.

- 과장 : 정보를 실제보다 중대한 것으로 부풀린다.
- 축소 : 확실한 정보를 걸러내고, 최소화하고, 제거한다.
- 조작 : 정보를 뒤틀고 재형성한다.
- 위조 : 실제로는 아무 근거도 없는 정보를 지어낸다.

방어적 자세를 고수할 때는 스피닝 전술을 이용해 좋은 정보를 억누르고 자기 목적을 앞세우려는 방향으로 이끈다. 애석하게도 방어적 자세는 말에서 항상 드러나는 것이 아니다.

그가 말하다, 그녀가 말하다

단지 누군가가 도전하거나 피드백을 할 때에만 방어적이 되는 것은 아니다. 예전에 있었던 의견 교환 때문에 간단한 대화에서도 방어적이 될 수 있다. 그렇다고 해서 방어적 자세가 외견상 명백히 드러나는 것도 아니다. 다음 선보인 회의 장면을 보자. 옳은 말들만 오가지만, 방어적 자세는 정보를 나누고 받아들이는 방식을 겉돌게 한다.

대화 내용	진짜 속내
멜리사 : 본 제안을 경청하기 위해 시간을 내주신 모든 분께 감사드려요. 우리가 이 아이디어에 진짜 자신감이 없었더라면, 여러분께 재고해달라고 요청하지도 않았을 거예요.	멜리사 : 어차피 시간 낭비야. 예전에 이 아이디어를 애기했을 때, 크레이그는 내 의견을 완전 뭉개버렸어. 그는 예산 승인 위원회에 올 자격조치 없어. 그렇게 꽉 막힌 마인드라면 우리 기업에서 혁신이란 혁신은 씨가 말라버릴걸.
크레이그 : 그래요. 시간을 들일 가치가 있는 사업 건에 대해서라면 우린 언제라도 재검토할 태세가 되어 있습니다.	크레이그 : 멜리사가 처음 프레젠테이션했을 때부터 저 전략에 동의하지 않았잖아. 그걸 왜 또 들고 나온 거야?
멜리사 : 좋은 말씀이네요. 제가 보기에는 사업 환경이 작년에 비해 변화했고, 우리 전략은 앞으로 시장에서 일어나게 될 변화에 좀더 잘 대처할 수 있다고 생각하거든요.	멜리사 : 초대장이 아니라 아예 도전장을 내미시는군 그래. 크레이그는 워낙 도가 지나칠 정도의 증거를 들이대라고 하니 누군들 그 선을 넘을 수 있겠냔 말씀이야.
크레이그 : 열심히 귀 기울이고 있습니다. 어떤 변화가 보인다는 말이죠?	크레이그 : 아무리 많은 변화를 들이댄다 해도 저 전략은 호소력이 없어. 그녀 자신이 낸 아이디어니까 포기하지 못하는 거라고.
멜리사 : 우리가 진입을 제안하는 신규 시장부터 시작해보죠. 그런 다음에 기존 시장의 목표에 대해서 우리가 연구한 것과 결합해보겠습니다.	멜리사 : 귀 기울이고 있다고? 그저 정치적 안전을 위해서 관심 있다는 시늉만 내고 있잖아. 진심으로 경청하진 않아. 크레이그는 벌써 마음을 굳혔어.
크레이그 : (말을 끊으며) 우선 우리의 기존 시장에 중점을 두	크레이그 : 이미 발을 담근 기존 시장에서도 얻어터지고 있는 통

어야 한다고 생각하지 않는 이유는 뭐죠?

멜리사 : 글쎄요. 우선 제 논리부터 설명하면 안 될까요?

에 웬 신규 시장 타령이람? 저 팀은 만만해 보이는 방편을 찾고 있는 거야. 그 생각에 푹 빠져서는 자기네가 뭘 하고 있는지도 모르는군. 정말 개념이 없구만.

멜리사 : 완전 꼴통이네. 도무지 자기만의 틀에서 벗어날 줄 모르는군.

이 대화가 앞으로 얼마나 더 시소를 타며 진행될지 상상해보라. 아무도 다른 편에 귀 기울이지 않는다. 자기 머릿속에 들어앉은 스핀닥터를 통해 온갖 것을 걸러내는 탓이다. 표면적으로는 개방적이고 예의 바른 말들을 사용하지만, 내부의 장벽은 정직하고 개방된 대화가 불가능할 지경까지 끊임없이 훼방을 놓는다. 마음을 굳게 닫은 사람들끼리 충돌할 때 그 결과는 불 보듯 뻔하다.

스피닝의 기만적인 매력은 설득력이 있다. 예를 들어 우리는 기업 전략을 바꿀 필요가 있는 어느 기업의 CEO에게 자문을 해준 적이 있다. 세계 전역에 걸쳐 수십만의 개인 고객들을 확보한 그 기업은 실험에 필요한 현금이 넉넉지 않은 터라 전략에 하나라도 변화가 생기는 것은 중대한 의미를 함축했다. 이어지는 대화는 이 기업의 CEO와 우리가 한 해 동안 나눈 대화의 축약판이다. 그는 우리가 만난 사람들 중에서 최고의 스핀닥터였다.

우리 : 시장 조사를 마치셨다고요?

CEO : 예.

우리 : 어디서요?

CEO : LA하고 보스턴에서요.

우리 : 좋습니다. 다른 곳은요?

CEO : 딴 데는 안 했습니다.

우리 : 좋습니다. LA와 보스턴에서 얼마나 많은 고객들을 대상으로 조사를 하셨나요?

CEO : 열둘이요.

우리 : 열둘이요?

CEO : 열둘 맞습니다.

우리 : 어떤 종류의 시장 조사였나요?

CEO : 포커스 그룹 조사요.

우리 : 포커스 그룹 조사를 실시한 사람은요?

CEO : 접니다.

우리 : 직접이요?

CEO : 예.

우리 : 그럼, 고객들이 모두 새 전략을 좋아하던가요?

CEO : 예. … 결국은 다들 새 전략에 동의했습니다.

우리 : '결국은'이라니 무슨 말씀이죠?

CEO : 말하자면 그중 두 명은 즉시 좋다고 했는데, 딴 사람들에게는 작업이 다소 필요했다는 말이죠. 그들도 마침내 입장을 바꿨소.

우리 : 그러니까 전 세계 수십만 명의 고객에 관련된 기업 전체의
전략을 바꾸려는 근거가 개인적인 생각과 LA와 보스턴에 있는
열두 명의 의견이란 말인가요?
CEO : 그렇소.
우리 : 아, 예.(컨설팅 비용이나 지급하시죠!)

그 CEO는 부지불식간에 자신이 우선적으로 원하는 것을 얻기
위해 스피닝하고 있었다. 그는 '시장 조사'를 본래 의미에서 크게
벗어날 정도로 과장했고, 정보뿐 아니라 동의하지 않은 사람들까
지도 걸러냈으며, 데이터는 들어오는 족족 변형했고, 존재하지 않
는 정보를 위조했다. 그의 스피닝은 기업문화에 침투하기 시작했
고, 우리는 그곳에서 객관성과 개방성이 속절없이 사라지는 모습
을 목격했다. 마케팅 구루(guru) 알 리스(Al Ries)는 말했다.
"CEO가 과거에 내린 결정이 잘못됐다고 암시하는 건 금기사항
에 해당해요. CEO는 강력한 에고의 소유자가 아니고는 오를 만
한 자리가 아니죠. 게다가 강력한 에고를 지닌 사람들은 결코 자
신이 실수를 저질렀다고 인정하는 법이 없습니다. 그럴진대 그들
의 예전 전략이 글러먹었다고 기업을 납득시키지 않고서 어떻게
새 전략을 펼 수 있냐고요? 우선 그들의 예전 전략은 '당시에는
적절했다.'고 말해야 합니다. 그렇지만 지금은 시대가 변했고, 따
라서 전략 또한 바뀌어야 한다는 식으로 말해야겠죠. 스스로가 단
한 번이라도 실수를 저질렀다고 말하는 CEO는 본 적이 없어요."

개인인 리더가 방어성에 이끌리는 경향이 있을 때, 그 방어성은
방어적인 기업 문화를 만든다.

'맥'을 놓친 맥도날드

한때 맥도날드를 뒤덮었던 방어성의 천막을 살펴볼 차례
다. 2001년, 맥도날드는 분기별 수익이 하향일로를 걷던 여러 해
를 마감하고 인력 감축과 서비스 지역 공고화에 힘쓴다는 중대 재
건 계획을 발표했다. 「비즈니스위크」에 실린 데이비드 레온하트
(David Leonhardt)의 기사는 실망스런 실적을 보인 지난 10년의
양상을 언급했다. 이를테면 경쟁사들에 비해 한참 뒤떨어진 선호
도, 의견을 달리하는 가맹점들, 하락하는 수익률, 주식시장에서의
저조한 실적,─특히 세계에서 여섯 번째로 인지도가 높은 브랜드
로서는─ 해고 사태 및 심화되는 경쟁 등이다. 본사의 대응은? 회
장 겸 CEO 마이클 퀸란(Michael Quinlan)은 변화가 필요하냐는
질문에 이렇게 답했다. "우리가 변화해야 하냐고요? 아니, 그럴
필요 없소. 우린 세상에서 가장 성공적인 브랜드를 가지고 있소이
다." 난공불락이라는 환영(幻影)과 집단적 합리화는 총명하고 근
면하며 헌신적인 사람들, 이를테면 "실수를 다소 저질렀다."고 인
정한 CEO 같은 인물에게까지 스몄다. 맥도날드 문화의 방어성을
드러낸 또 다른 신호들도 있었다.

레온하트는 이렇게 썼다. "맥도날드의 실적이 악화되면서, 최고경영진은 서로를 비난하기 일쑤다. 그들은 비우호적인 가맹점들을 공개적으로 비난한 다음, 갈기갈기 분할한다. 부정적인 언론 보도는 기자들의 잘못된 인식 탓으로 돌린다. 지속적으로 비판적 견해를 보이던 월스트리트의 한 애널리스트 - 현재 JP모건에 있는 데이먼 브런디지(Damon Brundage) - 는 최근에 열린 격년 브리핑에 출입이 금지되었다."

외부인들은 적이라는 고정관념에 얽매여 있던 맥도날드의 마케팅 수석 브래드 볼(Brad A. Ball) 상무는 기업의 브랜드 문제에 관해 언론에 이렇게 언급했다. "맥도날드에서 변화가 필요한 한 가지를 내게 꼽으라고 한다면, 지난 몇 년간 넘쳐났던 오해와 잘못된 인식을 정정하는 거요." 방어적 자세는 자기 자신이 아니라 타인을 변화시키는 데 중점을 둔다. 결국 경영진이 물갈이되면서 맥도날드를 에워싸던 안개는 걷혔고, 신선한 아이디어와 개방적 정신이 설 자리가 생겼다.

닛산자동차의 CEO 카를로스 곤(Carlos Ghosn)

1999년 경영위기에 직면한 닛산자동차의 최고운영책임자(COO)로 발령받은 그는 과감한 비용 절감 조치로 회사를 흑자로 돌려놓으며 닛산차의 성공적인 재건을 이뤄냈다.

기어를 고속으로 바꾸다

비일비재하게 목격되는 방어적 자세와는 뚜렷한 대조를 보이는 사례로 카를로스 곤●이 있다. 그는 프랑스 기업(르노) 소속의 레바논계 브라질인으로, 일본으로 건너가 전통적인 일본 자동차기업 닛산 – 바꾸려 하는 자와 그 대상 모두가 방어적 자세를 취하기에 완벽한 조건인 – 의 실적을 호전시키는 데 성공했다. 1999년 당시 닛산은 220억 달러의 부채를 안고 있었다. 납품업체 단가를 높게 지급했고, 신제품 개발은 지지부진했으며, 10년간 흑자를 기록한 적은 고작 1년뿐이었다. 다임러크라이슬러와 포드 모두 닛산 인수를 고려하다가 결국 발을 뺐다. 그때 르노가 전면에 나서서 지배 지분을 인수한 다음, 곤에게 개혁을 이끌도록 부탁했다. 곤은 말했다. "이 기업은 패배자의 모습 그대로였습니다. 최종 입찰자 입장에 서보면, 큰 변화를 만들지 않으면 미래 따위는 없다는 걸 알게 될 겁니다."

오늘날 닛산은 정상적인 궤도에 올랐다. 현재 닛산은 매년 360만 대를 판매하며(3년간 100만 대에 비하면 대단한 발전이다), 5년간 매출증가율은 도요타와 비슷하며 이윤 폭과 자기자본이익률(ROE)은 「포춘」이 선정한 가장 존경받는 기업들에 필적한다. 이러한 실적 개선의 공은 곤의 선명한 전략, 시장 주도적 디자인, 끈질긴 실적 평가, 비용 절감 수완 및 다기능 팀제(cross-functional team) 접근방식 등에 돌아가기 쉽다. 그러나 곤이 거둔 성공보다 놀라운 것은 곤의 수행 방식과, 무엇보다도 그가 그렇게 할 수 있었던 노하우다. 곤이 닛산을 '고치기' 위해서 르노에서 데려온 팀원에게 충고한 내용을 훑어보면, 개방성과 더불어 타인에게서 수동적 자세를 불러일으키지 않으려는 곤의 태도를 엿볼 수 있다.

"여러분은 선교사가 아닙니다. 여러분은 일본을 바꾸려고 여기 온 게 아닙니다. 닛산의 남녀 직원들과 더불어 닛산을 바로잡으려고 온 겁니다. 우리가 그들과 동화되어야지, 그들이 우리에게 적응하게 해서는 안 됩니다."

다음은 곤의 측근 관리자가 한 말이다. "〔곤의〕 아이디어는 가시적이거나 비가시적인 벽들을 허물자는 것이었습니다. 총체적 기업이 집단과 패거리별로 나뉘어 각자 자기들끼리 통하는 언어와 자기들만의 가치 및 이해관계를 나누게 하는 벽들 말이죠. 사람들이 서로 의논하고, 서로에게 경청하고, 지식을 교환하도록 강제하는 거였죠. 그게 그들이 지닌 힘의 본질입니다."

수동적 자세를 떨쳐낼 수 있다면, 힘을 얻게 된다. 그 힘이란 타인에게 영향을 받을 수 있는 힘이자, 타인에게 영향을 줄 수 있는 힘이기도 하다. 카를로스 곤은 닛산에 오자마자 최대한 많은 사람의 말을 들었다. 사람들은 그에게 조언했다. 일본에서는 공장을 폐쇄할 수도… 너무 앞서 나가서도… 인원을 감축해서도… 또는… 할 수 없다는 등의 조언에 그는 귀를 기울였다. "나는 신중히 경청했습니다. 비록 내 자신의 신념에 완전히 상반되는 의견이라 해도 말이죠. 그건 내가 결정을 내릴 때 어떤 의견도 빠뜨리지 않기 위함이었죠. 나를 비판하는 사람들에게 말했습니다. '유창한 연설을 잣대로 나를 평가하지 마라. 내가 거둔 성과로 나를 평가해라. 얼마든지 시니컬해도 좋다. 얼마든지 냉정해도 좋다. 수익과 부채와 시장점유율과 차들의 매력을 보라. 그 다음에 나를 평가하라.'고 말이죠."

남들이 무슨 말을 하든 그는 물러서거나 저항하는 대신 과감히 다가가 경청했다. 비록 듣기 싫은 소리일지라도 말이다. 그것을 이해하기 위해 동의할 필요는 없었지만, 영향을 받을 필요는 분명히 있었다. 또한 그것이 이 모든 변화를 만들어낸 것이다. 곤의 접근 방식은 아이디어들이 냉수기(watercooler), 즉 아이디어들이 거의 언제나 증발되는 곳에서 닛산 중역실로 도달하도록 길을 터주었으며, 중역진은 기업에 적대적이 아니라 기업을 위해서 일할 수 있었다.

헌신과 열정을 억누르는 심리적 방어기제

- 아이디어를 방어하는 것 자체는 문제가 없다. 최선의 아이디어가 이기도록 보장할 의사가 있다면, 분야와 주장을 막론하고 논쟁의 힘을 테스트하면서 어떤 입장이라도 취할 수 있다. 그러나 어느 입장을 방어하는 것과 방어적인 자세에는 차이가 있다.

- 에고의 힘이 급등할 경우, 의도는 정직하게 논지를 방어하는 데서 자기주장을 배타적으로 증명하는 쪽으로 바뀐다. 논리상의 결함이나 부정확성에는 아랑곳 않고, 남의 의견에 영향받기를 거부한다. 자기가 '옳다'는 것을 기정사실화하려고 지독하게 애쓰면서 변명거리를 찾고 남을 헐뜯는다. 당장 논의되는 것과 하등의 관련이 없는 내용까지 들먹이면서 말이다.

- 심지어 사과마저 방어적일 수 있다.

- 피드백에 저항하는 이유는 자신에 대한 긍정적 이미지를 지키고 싶어하고, 또 그럴 필요가 있기 때문이다. 긍정적 이미지에 반대되는 그 무엇도 정체성에 대한 위협으로 여겨질 수 있다.

- 방어적 자세를 뒷받침하는 논리는 앞뒤가 안 맞는다. 정말 틀렸다면, 나쁜 아이디어나 입장을 진심으로 방어하려 하겠는가? 반대로 옳을 경우 방어적 자세는 주장하는 입장의 힘을 증대시키겠는가, 아니면 감소시키겠는가?

- 방어적 스피닝의 바퀴에는 편견과 착오를 유도하는 큼지막한 바퀴살 네 개가 붙어 있다. (1) 과장 : 정보를 실제보다 중대한 것으로 부풀린다. (2) 축소 : 확실한 정보를 걸러내고, 최소화하고, 제거한다. (3) 조작 : 정보를 뒤틀고 재형성한다. (4) 위조 : 실제로 아무 근거도 없는 정보를 지어낸다.

제 5 장

과잉자아와 우수성은 엄연히 다르다

그 여자 분이 제가 하나님처럼 행세한다고 하시던데, 뭘 모르
고 하시는 말씀입니다. 고로 내 친히 이 여인에게 가로되…….

– 우디 앨런*

*우디 앨런(Woody Allen) : 미국 코미디언 겸 영화감독.

특출함 과시하기는 비교 일삼기 및 방어적 자세 취하기
와 더불어 에고가 기업의 순이익을 잠식하고 있다는 조기 경보 신
호다. 특출함을 과시하는 것은 받아들이는 쪽에서는 알아채기 쉬
운 반면, 정작 과시하는 쪽에서는 쉽게 알아차리지 못한다. 예를
들어 나(데이비드 마컴)는 사회생활 초기에 한 신문사 디자인팀을
관리하고 있었는데, 두 동료가 다음과 같은 대화를 나누는 것을
본 적이 있다.

샘 : 사라, 이 디자인에 대해서 조금 피드백해줄까?

사라 : 음 … (주저함) 예, 좋아요.

샘 : 허풍 떠는 건 아냐. 내 창의성과 능력은 우리 부서의 어느 누
구보다도 낫다고 자부하거든. 이 방면에 꽤 연륜이 쌓이다보니

좋은 디자인을 가려내는 안목이 받쳐준다고나 할까. 내가 보기엔 이 디자인이 조잡하고 지루하고 또⋯ 너무 구태의연해.

사라 : 왜 그렇게 말하는 거죠? 내 딴엔 열심히 한 작업이고, 내 눈엔 괜찮아 보인단 말이에요.

샘 : 허 참, 초짜들에게 중요한 건 디자인을 얼마나 열심히 하느냐가 아니라고. 사라가 해놓은 게 설령 창의적이라손 치더라도 말이지, 독자들에게 파고들어야 할 주된 메시지에도 혼선을 주고 있어. 시각적 요소들의 균형이 잘 안 맞아서 오히려 주의를 분산시켜. 부연하자면, 사라는 이 디자인이 신문이라는 지면에 들어간다는 걸 기억해야 해. 신문 지면에는 이 디자인 바로 옆쪽, 위쪽, 아니면 맞은쪽에 다른 광고들이나 기사들이 있단 말이지. 목표는 독자들에게 '양보'가 아니라 '정지' 표지판을 제공하는 거라고. 내가 사라였다면 이걸 여기로 옮기고…….

사라 : (끼어들며) 모든 사람에게 의견을 낼 권리가 있죠. 이건 벌써 고객들에게 보여줬고, 다들 좋아했답니다. 의견은 고맙지만요, 전 이대로 가는 게 좋을 것 같네요.

그날 오후, 사라가 내게 말했다. "샘은 좋은 아이디어를 가지고 있고 그의 경험도 존중하긴 하지만, 날 얕잡아보는 투로 말하는 건 견디기 힘들어요. 마치 자기는 그런 실수를 전혀 저지르지 않는다고 생각하는데, 그건 아니거든요. 게다가 마치 나 같은 '소시민'을 도와주려고 바쁜 시간을 내준 걸 고맙게 생각하고 머리를 조아리라는 식이에요."

다음 날에는 예상대로 샘이 내게 불평을 늘어놓았다. "디자인 개선을 위해 내가 제안을 해줄 때마다 왜들 그리 방어적인지 황당하단 말씀이야. 사람들은 도대체 왜 더 노련한 누군가에게 귀 기울이지 않는 걸까? 난 단지 도와주려고 애쓸 뿐인데 말이지."

우리가 얼마나 똑똑한지 알아보고 인정하며 거기에 압도당한 사람일수록, 우리에게 점점 귀를 기울이지 않게 된다. 설령 우리가 더 나은 아이디어를 지녔다 해도 말이다.

우리는 남들이 더 이상 귀 기울이지 않을 경우 우리 아이디어에 대한 그들의 관심을 접게 하면서 스스로를 소외시킬 뿐 아니라, 아이디어를 향상시키는 그들의 특출함으로부터도 스스로를 소외시킨다. 이로써 우리는 견문뿐 아니라 영향력까지도 줄어든다. 과시를 통해 얻을 수 있다고 기대한 것과는 정반대의 결과가 되는 셈이다. 과시가 근본적으로 역설인 이유가 바로 여기에 있다. 대화를 주도하거나, 아는 것이 얼마나 많은지 보여줄 유리한 거점을 확보하거나, 현혹될 만한 이름을 팔고 다니거나, 강렬한 인상을 남기려고 미사여구를 구사하거나, 자기선전을 위해 잘난 체하거나, 남들이 하는 말에 피상적으로만 관심을 보이는 등 과시를 더 하면 할수록, 특출함은 덜 드러난다. 또한 특출해질 가능성도 줄어든다. 특출하다거나 재능을 이용하는 것 자체는 전혀 문제가 없다. 아무리 특출하다 해도 이용하지 못한다면, 대체 무슨 가치가 있단 말인가? 그러나 특출함을 자기만족을 위해 이용할 때는 의견 제시의 한도를 넘어 자기과시로 치닫게 마련이다.

자넨 정말 똑똑하긴 하지만…

우리 대부분은 특출함을 추구하면서 똑똑한 사람들을 주위에 두고 싶어하면서도 한 가지 조건을 단다. 조건은 바로 그들이 특출한 의견을 제시할 때 우리가 받아들일 수 있는 방식으로 했으면 좋겠다는 것이다. 의견 제시의 한도를 넘어 자기과시로 태도가 바뀌면, 가장 똑똑한 사람들도 무시를 당한다. 심지어 그들이 가장 필요할 때조차도 마찬가지다. 예를 들어 당신이 대단한 성과를 내야 한다는 압박에 시달리면서 프로젝트 팀을 꾸릴 때, 수재는 꿈도 못 꾸지만 인간성 좋은 사람을 뽑겠는가, 아니면 특출하긴 하나 꼴사나운 사람을 뽑겠는가? 정치적으로 올바른 대답은 "과시하기 좋아하는 사람을 뽑자. 사람은 별로일지 몰라도, 특출한 능력을 찾기 어려우니까." 정도일 것이다. 반박하기 어려운 주장처럼 들린다.

그러나 막상 선택을 내려야 할 결정적 순간이 다가오면, 대부분 정반대로 행동한다. 하버드대학의 티지아나 카시아로(Tiziana Casciaro)와 듀크대학의 미겔 소사 로보(Miguel Sousa Lobo)가 1만 건 이상의 실제 직장 관계를 연구한 결과에 따르면, 말로는 '특출' 하되 거만한 사람을 선택하겠다고 했지만 실제로는 그들 자신이 좋아하는 사람을 뽑았다. 과시하는 사람이 배제되는 이유 중 하나는 상대방에게 느껴지는 지적 거만함의 이력 때문이다. 분리는 "차별하는 자에게 그릇된 우월감을 부여하고, 차별받는 자에게는 그릇된 열등감을 부여한다."고 마틴 루터 킹 목사는 말했다.

남들이 인식한 우리의 특출함은 그들로부터 우리를 분리하면서, 일방적인 마음가짐을 유도한다. 다른 모두는 학생이고, 선생이라는 것이다. 우리가 선생으로서 느끼는 충동은 시종일관 대화를 주도하면서 가능한 한 무대에 더 자주 등장하려는 것이다. 학생들은 대화 참여에 배제되지 않지만, 능동적으로 받아들여지지도 않는다. 대화하는 모습을 유심히 관찰해보면, 자기과시에 몰두하는 사람은 남들이 마지못해 듣고 있는 것과 그들이 관심을 보이는 것을 거의 구별하지 못한다는 사실을 확인할 수 있을 것이다. 대화는 독백이 되고, 초점 없는 눈빛은 자기 말에 몰두하고 경청하는 시선으로 해석되고 만다. 시종일관 갈피를 못 잡는 선생인 셈이다. 피터 드러커가 말했다. "지적 거만은 '무능을 조장하는 무지'를 일으키기 십상이다."

정체성의 위기

과시의 여파는 줄곧 확장되어 개인의 경력뿐 아니라 기업 문화까지도 무능하게 만든다. 2003년 봄, 유력 일간지인 「뉴욕

**세스 누킨
(Seth Mnookin)**
뉴스위크의 미디어분석
칼럼니스트.

**「뉴욕타임스」의 전 편
집국장 하웰 레인스
(Howell Raines)**
내부 보고서는 그가 부
장 등 중간 관리자의 의
견을 듣지 않고 독주하
면서 자신 중심의 중앙
집권 체제를 굳혔으며
사내 커뮤니케이션을
무력화했다고 밝혔다.

타임스」가 고발당했다. 「뉴욕타임스」의 제이슨 블레어(Jayson Blair) 기자는 몇 십 건의 기사를 위조 및 표절했다는 수사 결과가 드러난 뒤 사임했다. 그러나 블레어는 빙산의 일각에 불과했다. 저널리스트 세스 누킨*이 「뉴욕타임스」의 내부 문화를 심층적으로 관찰해 설득력 있게 재구성한 사건 전말에 따르면, 블레어의 기만행위만큼이나 비난받아 마땅한 문제들이 수면 아래 가라앉아 있었다고 한다.

빙산처럼 숨어 있는 문제의 원인은 「뉴욕타임스」의 CEO 하웰 레인스*였다. 레인스는 병적으로 에고를 중시하면서 남들을 밀쳐 내고 최고 자리까지 오른 인물이다. 그는 편집국장에 오르기가 무섭게 생각을 달리하는 사람들은 그 누구라도 자기 시야를 가로막는 먹구름으로 취급했다. 누킨의 설명을 읽어보자. "레인스는 자기의 권위적 성격을 신봉했고, 자기 변덕과 편향에 치우쳐서 신문을 편집하기 시작했다. 이 과정에서 그는 자기를 따르지 않는 사람들을 면박하고 소외시켰다."

레인스의 자기중심적 스타일에 맞춰가면서 「뉴욕타임스」 문화는 쇠퇴했다. 직원들은 불행해졌고, 의욕이 꺾였으며, 「뉴욕타임스」의 사명에 대한 감정적 괴리감을 점점 더 느끼게 되었다. 이에 그 괴리감은 업무 과정 및 직장생활의 질에서 구체화되었다. 핵심 편집자들은 의견 교환을 포기했다. 우려 사항이나 아이디어와 문제가 있더라도 비공개를 전제로 의논하거나 아예 입에 올리지도 않았다. 「뉴욕타임스」의 논설위원 겸 칼럼니스트였던 로저 윌킨스(Roger

Wilkins)는 말한다. "모두가 포위 공격을 당하고 있다고 느꼈어요. 협조하고 동료의 뒤를 봐주려는 본능이 사그라졌죠. 북유럽 신화의 토르(Thor) 신이 하늘에서 벼락을 내릴 때, 인간인 우리가 가장 행복한 순간은 나 아닌 딴 사람이 그 벼락을 맞을 때니까요."

레인스는 출중한 재능에도 불구하고 20개월이라는 짧은 재임 기간 동안 자기중심적 과시로 혼돈을 일으켰고, 고급 정론지의 평판을 얼룩지게 했으며, 그처럼 영향력 있는 언론사를 맡을 수 있음을 입증했던 그간의 개인적 노고와 기여마저 마치 없던 일처럼 망쳐버렸다. 또 한 번 누킨의 글을 읽어보자. "〔레인스는〕 다른 숱한 인재들처럼 최고 자리에 오르기까지의 과정을 에고 및 맹목적 결단력으로 규정하도록 방치하는 치명적 과오를 저질렀다. 그는 자기의 정체성을 자신이 이끄는 기업의 정체성과 혼동했다. 결국 이 입지전적인 인물은 모든 스토리의 중심에 자기가 서야 직성이 풀리는 성격 탓에 끝장난 것이다." 「뉴욕타임스」 문제의 자초지종은 한 사람의 자기과시가 남들에게 영향을 미치는 방식을 완벽하게 보여준다. 그러나 자기과시가 순전한 개인적 문제는 아니다.

자기과시의 문화적 신호

2003년 2월 1일, 지구 귀환을 위해 대기권에 진입하던 우주왕복선 컬럼비아호가 공중에서 폭발했다. 이 재앙은 7인의

승무원 전원의 목숨을 앗아갔다. 컬럼비아호 사건 진상위원회는
미 항공우주국(NASA)의 문화 자체가 '이 사건과 깊은 관련이 있
는 거품덩어리'라고 조사 결과를 보고•했다. 보고서에는 이렇게
기록되어 있다.

숱한 진상 조사들이 충분히 진척되지 않는다. 사건의 기술적 원
인을 파악한 다음 '운전자 과실'이라는 하나의 변수에 연결시키
는 탓이다. 이를테면 볼트 넣는 것을 빠뜨린 라인 노동자, 압력을
잘못 계산한 엔지니어, 그릇된 의사결정을 내린 관리자 등의 과
실이다. 그러나 이것이 총체적 이슈인 경우는 드물다. 인과적 연
결고리를 기술 결함과 개인 과실에 국한해 판단할 때, 앞으로 일
어날 유사한 사건에 대비하는 예방 조처 또한 전형적으로 제한된
다. 가령 기술적 문제를 교정하거나 책임자를 교체 또는 유임하
는 정도로 그친다. 이렇게 실행되는 교정조치는 또 다른 실수, 즉
문제가 해결되었다는 믿음을 유도한다.

NASA는 왕복우주선 챌린저호 사건이 발생하고 17년이 지난 후
에도, '완벽한 장소'이자 '인류가 선택된 목표를 성취하기 위해 창
조한 최고의 조직'이라는 믿음 때문에 무능을 조장하는 무지를 일
으켰다. '완벽한 장소'는 예일대학 게리 브루어(Garry Brewer) 교
수의 저작에서 진상위원회가 따온 표현이다. NASA 같은 문화에
서 경청하는 능력, 특히 이견을 경청하는 능력은 '기관포에 맞먹는

충격'를 요구한다. 지적 거만과 자신감의 경계선은 매우 가느랗다.

**랄프 소크먼
(Ralph Sockman)**
1889~1970. 미국 감리교 목사로 수많은 베스트셀러를 출간한 바 있으며, 34년간 라디오 방송 설교를 실시하여 현대 대중매체 전도의 원형을 이루었다.

특출함의 반감기

새로운 직장에서 새 고용주와 일하게 될 때, 또는 현재 직장에서 새로운 역할을 맡았을 때는 학습곡선이라는 것이 존재한다. 이 곡선이 있기 때문에 가령 6주나 6개월 이후에 보일 법한 적합하고 제값을 톡톡히 하는 모습을 지금 당장 선보일 가능성은 거의 없다. 또한 아무도 우리한테 그런 모습을 기대하지는 않는다. 그들이 진정 기대하는 것은 우리가 가능한 한 빨리 학습곡선 궤도에 들어서는 모습이다. 〈그림5-1〉에 보이는 상자는 축적된 지식·경험·경쟁력을 나타낸다. 상자의 크기는 개인에 따라 다르지만, 곡선은 상자 크기와 상관없이 그 상자 안 내용물의 적합도를 나타낸다. 학습곡선에서 차지하는 위치가 높아질수록, 기업에 없어서는 안 될 존재가 되고, 노동시장에서의 몸값도 올라간다. 그러나 학습곡선의 꼭대기에 머물거나 꼭대기를 향해 전진하려면 갖추어야 할 요건이 있는데, 학습할 수 있도록 상자 뚜껑을 항상 열어두어야 한다는 것이다.

"지식의 섬이 커질수록 경이로움의 해안선은 길어진다." 랄프 소크먼•의 말이다. 소크먼의 생각에도 일리가 있지만, 우리는 유능함의 환상에 사로잡히기 쉽다. 에고가 균형을 상실할 때 지식의 축적과 학습의 개방성 간의 관계는 역전된다. 알면 알수록 더욱 자신감에 찬다는 뜻이다. 자기 지식에 대한 자신감이 더 이상 배울 것이 없다는 지경까지 커진다면 배우는 데 개방적일 수 없다. 거기가 위험 지점이다. 지식의 상자 뚜껑이 닫히면서 적합성을 잃기 시작하는 지점인 것이다. 뚜껑이 닫히면서, 새로운 아이디어를 얻기는 힘들어지고 결함 있는 아이디어를 떨치기는 힘겨워지며, 학습곡선에서 아래쪽으로 미끄러진다. 뚜껑이 더 일찍 닫힐수록 추락 속도도 빨라진다.

학습곡선 아래쪽으로 미끄러진다는 증거는 말투에서 드러난다. "당신이 나만큼 여기에 있어보면 알겠지만……."이라든가 "내 경험이 말해주리라는 걸 알지만……."이라고 운운할 때다. 이런 말

〈그림 5-1〉 **지식 상자와 학습곡선**

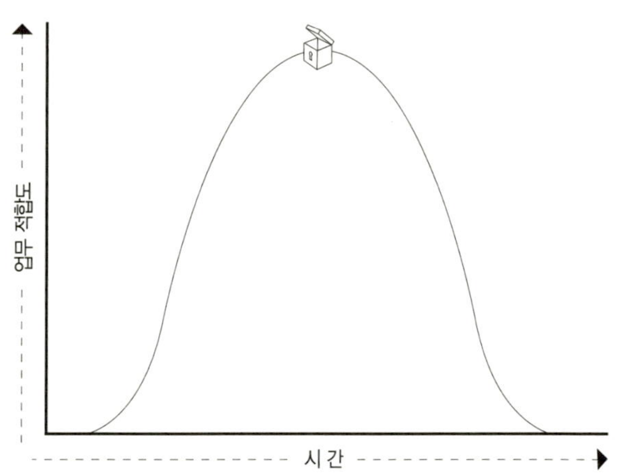

투가 바로 적합성이 떨어지고 있다는 증거다. 상자가 일단 닫히고 나면, 학습곡선의 반대쪽 바닥까지 미끄러진다. 즉 경력 말년에 이르러 거의 초보 수준의 적합성을 보인다는 말이다. 철학자 에릭 호퍼(Eric Hoffer)는 말했다. "변화의 시기에 학습하는 자는 온 세상을 차지하겠지만, 학습된 자는 자신이 구비한 지식이 이제 더 이상 존재하지 않는 세계에나 멋들어지게 대처할 수 있음을 뒤늦게 깨달을 것이다." 여기에 미래학자 앨빈 토플러의 말을 덧붙이자. "21세기의 문맹은 읽고 쓸 줄 모르는 이들이 아니라, 학습할 줄도, 학습한 것을 망각할 줄도(unlearn), 재학습할 줄도 모르는 이들이 될 것이다." 지식과 적합성을 키우고자 할 때 리더로서 갖춰야 할 교양의 첫 단계는 학습이다.

비적합성(irrelevance)의 미끄러운 경사를 피하고 싶다면, 과학자들이 동위원소를 보는 방식으로 지식을 생각해볼 일이다. 동위원소에 적용되는 특성 중 하나가 반감기(半減期)라는 현상이다. 동위원소의 반감기란 동위원소 원자 수가 절반으로 붕괴되는 데 걸리는 시간을 말한다. 그런데 동위원소는 자연적 붕괴를 거치면서 단지 힘이 떨어지는 데 그치지 않는다. 그 자체의 원래 정체성까지도 실제로 **상실**하는 것이다. 예를 들어, 산소-17은 붕괴되면 처음에 질소-17로 바뀌고, 다음으로는 플루오르-17로 바뀐다. 지식은 이와 거의 동일한 방식으로 반감기를 겪는다. 즉 실제로 애초의 적합성을 잃을 수 있다는 말이다. "레지던트 실습을 마치고 난 의사들끼리의 정보 교환이 매우 꾸준히 감퇴한다는 좋은 증거가 있다." 미시간 의대의 교수이자 인지심리학자인 래리 그루펜(Larry Gruppen)의 말이다. 그러한 감퇴는 비단 의학 분야에 국한되지 않는다.

네 덕분, 내 덕분, 우리 덕분

자기 전문 지식의 상자를 열어두는 것은 매우 중요하다. 더구나 그것만으로는 충분치 않다. 한 조직에서는 어떤 개인이라도 특출함의 섬이 아니며, 발전하려면 지식 상자 하나로는 불충분하다. 우려스럽게도 사람들은 '외톨이 천재'라는 메시지에 쉽게 솔깃해 한다. 성공의 영예를 한 몸에 받는 '그 사람'을 다룬 글이 너무 많다. 그런 사람은 마치 함께 일하는 다른 이들과 격리된 것처럼 치부된다. 어셈블리 라인*을 발명한 공을 누구에게 돌려야 할까? 헨리 포드. 비행을 가능하게 한 사람은? 라이트 형제. 전화는? 알렉산더 그레이엄 벨. 세상에서 가장 행복한 곳을 만들어준 데 대해 감사해야 할 사람은? 월트 디즈니. 우리를 패셔너블하게 만들어준 사람은? 리즈 클레이본(Liz Claiborne). 냉장고와 전구와 제트기 엔진을 한꺼번에 파는 기업의 경영인은? 잭 웰치. 여자들을 핑크빛 차에 태운 사람은? 메리 케이*. 창문을 낸 사람은? 빌 게이츠*. 목록을 한도 없이 이어간다 해도, 줄줄이 답을 댄다는 것이 그리 놀랄 일은 아니다. 그러나 모든 공이 한 사람에게 돌아갈 때 무대 뒤편에서 실제로 벌어지는 일을 보는 우리 시야는 비뚤어진다. 문제는 외톨이 천재들이 과연 얼마나 '외톨이'였느냐 하는 것이다.

연구에 따르면, 특출함은 일반적으로 한 사람의 단독 비행(flying solo)에서 비롯되지 않는다. 위 목록에서 한 가지 사례를 들어보자. 헨리 포드가 어셈블리 라인을 발명했다고 했다. 하지만 확인해보라. 그것은 본래 포드의 아이디어가 아니었다. 1799년에 발명가 엘리 휘트니(Eli Whitney)는 제조 작업에 혁신적 접근 방식을 취했다. 그는 부품들로 조립품을 만드는 데 노동과 공학적 허용 오차를 분리한다는 아이디어를 이용했다. 그것은 순전히 정치경제학자 애덤 스미스로부터 빌린 아이디어였다. 다음으로 1901년에 랜섬 엘리 올즈(Ransom Eli Olds)가 최초로 어셈블리 라인의 특허를 따냈고, 자기 소유의 올즈 자동차기업에서 가동했다.

올즈는 미국 최초의 대량생산체제를 갖춘 자동차 제조업체였다. 그러나 어셈블리 라인 개념은 헨리 포드의 부하 엔지니어들에 의해 완성되었다. 어떻게 성공했을까? 그것은 시행착오를 통한 진화 덕분이었지, 단일한 사건이나 아이디어 또는 개인 덕분이 아니었다. 더 중요한 사실은 일차적으로 공장장 피터 마틴(Peter E. Martin)과 그의 심복 찰스 소렌슨(Charles E. Sorenson)과 도안·공구 담당자 해럴드 윌리스(C. Harold Willis), 최초 라인 감독자 클래런스 에이버리(Clarence W. Avery)와 찰스 루이스(Charles Lewis) 등의 **집단적 노력**이 있었다는 것이다. 그들의 이 개선 중에서도 특히 두드러진 점은, 컨베이어벨트를 추가하고 어셈블리 라인을 **둘러싼** 후 공장을 지었다는 점이다. 이런 개선들에 힘입어 포드는 1916년에 모델T 자동차를 70만 대 이상 양산했다. 증대된 효율성 덕분에 가격을 절반으로 낮출 수 있게 된 포드는 1916년에 대당 가격을 360달러로 내렸다. 1924년경에 가격은 290달러까지 떨어졌다. "백지장도 맞들면 낫다."는 옛말이 틀린 게 아니다.

다양성: 정치적 올바름일 뿐인가 필수요소인가?

한갓 백지장도 혼자 들기보다는 둘이 맞드는 편이 낫다는 것은 상식이지만, 연구를 통해 둘보다는 여럿이 낫다는 사실이 객관적으로 밝혀졌다. 하지만 협력은 설파되는 만큼 실천에 옮겨지지 않는다. 그 원인은 지적 능력을 최대한 활용하는 방법에 관한 오해에서 비롯된다고 볼 수 있는데, 몇몇 질문들에 답해보면 이 오해가 자연히 드러날 것이다. 다음과 같은 시나리오를 상정해보자. 큰 문제에 부닥쳤다. 이 일을 그르치면 당신은 해고되고, 제대로 해낸다면 승진할 것이다. X년(숫자는 스스로 정하라) 동안 쌓은 경험만을 토대로 해도 분명 당신은 혼자 이 문제를 해결할 수 있다. 그러나 과연 그렇게 할까, 아니면 —위험성이 워낙 크니까— 단지 신중을 기하기 위해 집단의 지적 능력을 활용하는 쪽을 택할 것인가? 딴 사람들을 어떤 식으로 포함시킬 작정인가? 무작위로 팀을 구성하는 편이 좋을까, 아니면 손수 팀원들을 엄선하는 편이 좋을까? 당신이 인사를 담당한다면, 주로 인사관리 타입을 모을 것인가? 당신이 영업 쪽을 담당한다면, 실적이 우수한 영업직원을 끌어들이겠는가? 당신 경력에 득이 될 최선의 방책은 무엇일까?

미시간대학의 정치학자이자 경제학자인 스코트 페이지(Scott Page) 교수는 이런 질문들 중 일부에 답을 내렸는데, 그 답은 일반 통념과 사뭇 다르다. 페이지 교수의 실험에서 참가자 집단들은 복잡한 문제를 해결하는 같은 도전 과제를 받았다. 격리되어 혼자서 문제를 풀었을 때, 예상대로 일부 참가자들은 문제를 훌륭히 해결한 반면 나머지는 그리 신통치 않았다. 그러나 다음 단계 연구에서는 뻔히 예견되던 결과가 나오지 않았다. 페이지 교수는 문제해결력이 우수한 이들과 신통치 않은 이들을 묶어 팀을 구성했다. 집단에서 '가장 약한 고리(weakest link)'는 문제를 해결하는 집단적 능력에 어떤 영향을 미칠까? 신통치 않은 이들 때문에 우수한 이들의 능력도 저하될까? 결과적으로 문제해결력이 우수한 개인들보다 다 함께 혼합된 팀이 거의 매번 더 잘해냈다. 한데 어디 보자, 당신이 **오로지** 문제해결력이 가장 탁월한 이들로만 팀을 꾸린다면 어떨까? 그렇게 한다면 최선의 성과를 올리지 않을까? 실제로는 그렇지 않다.

문제해결력이 우수한 '제일 똑똑한' 개인들로 한 팀을 꾸린 경우라도, 우수한 이들과 신통찮은 이들로 구성된 팀만큼 좋은 성과를 올리지 못했다. 달리 말해 기업의 불완전해 보이는 기존 인력이야말로 정확히 필요한 인재들인 것이다. 페이지 교수의 글을 인용하겠다. "더불어 일할 때는 직면한 난제 해결이나 혁신 및 새로운 기회 포착 등에 필요한 지식을 소유한다. 각자가 보유한 사고방식, 인지 도구, 시각 등에서 비롯되는 개인적 차이는 개인의 재능과 성취를 높이 평가하는 사회의 주된 흐름과는 거리가 멀다. 집단적 능력은 각 개인의 IQ 점수만큼이나 집단적 차이들에 의해 좌우된다. 이러한 논리는 실력 중시의 풍조를 포기해야 함을 의미할까? '우리 아이는 닐 암스트롱 중학교 우등생입니다.'라고 써 붙인 자동차 범퍼 스티커를 차에서 떼어내야 한다는 소리인가? 상위권 대학에서는 학생들을 무작위로 배정해야 한단 말인가? 물론 아니다. 능력은 분명히 중요하다. 그렇지만 여기에는 함정이 있고, 다양성 또한 예외는 아니다. 개인은 각자의 능력 안에서 제한된다. 인간의 두뇌는 단지 숱한 뉴런과 축색돌기들로 구성되어 있을 따름이다. 남들과 더불어 일할 때는 그런 제약에 구애받지 않는다."

다양성은 교묘한 자기과시 때문에 이따금 사라지곤 한다. 이런 교묘한 자기과시는 조직에서 진급이나 자리 문제가 있을 때 불거질 수 있다. 자타가 공인하는 분위기에 힘입어 자기에게 유리한 시선으로 사물을 바라보려는 유혹이 생기는 것이다. 우리는 무의식적으로 "이걸 모르고 있었거나 스스로 풀어내지 못하면 결국 그 자리를 차지하지 못할 거야."라고 생각할지도 모른다. 이 경우 우리의 행동방식은 타인의 시각에서 보려는 방식에서 한참 벗어나게 된다.

힘과 시각을 주제로 일련의 연구를 실시한 연구자들은 힘을 가진 사람들과 사물을 다양한 시각에서 볼 줄 아는 능력 사이의 연결고리를 찾고자 했다. 한 연구에서 그들은 참가자들에게 E자를 자기 이마에 그려보라고 부탁했다. 연구자들이 세운 가설에 따르면, 자기본위적인 방식으로 E자를 쓰는 경우는 세상을 자기 시각으로 보는 사람이다. 이에 반해 남들이 쉽게 알아볼 수 있도록 E자를 쓴다면, 그가 타인의 시각을 고려한다는 지표다. 「사이언스 데일리(Science Daily)」에 실린 연구 결과는 "힘 있는 집단에서 자기본위적인 방식으로 E자를 쓸 가능성은 힘이 덜한 집단에 비해 세 배 정도 높은" 것으로 나타났다. "연구자들은 힘이 개인들로 하여금 자기 자신에게 유리한 지점에 지나치게 집착하도록 유도하며, 그로 말미암아 타인의 시각을 무시하고 감정을 정확하게 해석하는 능력까지 감소시킨다는 것을 발견했다."

노스웨스턴대학의 애덤 갈린스키(Adam Galinsky) 교수는 다음과 같이 논평했다. "이 연구는 비즈니스에서 정치에 이르기까지 광범위한 분야에 걸쳐 시사점을 제시한다. 분립된(따라서 권력과 권한 등의 힘이 줄어든) 정치 체제를 통치하는 대통령들이 통일된 체제를 통치하는 대통령들보다 대안적 관점을 흔쾌히 고려하는 심리(학)적 경향을 보이기 쉽다."

제임스 서로위키(James Surowiecki)는 저서 『대중의 지혜』●에서 집단 지성과 다양한 시각이라는 아이디어를 심층적으로 받아들인다. 그는 수십 건의 연구를 언급하면서 다수가 소수보다 똑똑하다는 것을 증명한다. 주식시장의 피 말리는 실적 경쟁부터 오스카상 수상자에 대한 선정까지 최선의 결정을 내리는 주체는 외톨

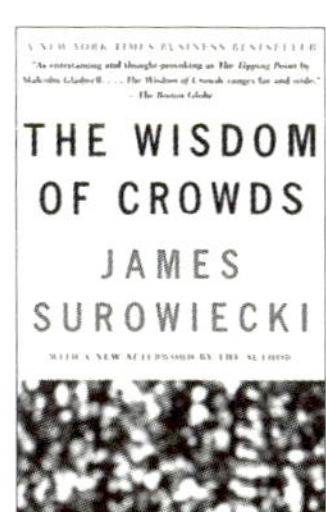

『대중의 지혜(*Wisdom of Crowds*)』 영문판 표지

서로위키는 이 책에서 문제해결 방안을 찾거나 혁신을 추진하거나 현명한 의사결정을 내려야 할 때, 특히 미래를 예측할 때 소수 엘리트보다 평범한 대중이 더 현명할 때가 있음을 역설한다.

이 천재가 아니라 집단의 지적 능력이다. 서로위키는 철두철미하게 독립적으로 사고하는 한, 그리고 대중의 집단적 지혜에 귀 기울이는 한, 의사결정을 내리는 데 어떤 수단을 동원하는지는 그다지 중요하지 않다고 지적한다. 달리 말하자면, 다양한 시각으로 현상을 탐구하는 발견 주도적 과정(discovery-driven process)은 ─ 한 개인의 아이디어 주도적 과정에 비해 ─ 최선의 의사결정을 내릴 수 있는 가능성을 50퍼센트가량 높인다.

집단적 탁월함이 천재적 개인을 이긴다는 법칙에도 당연히 예외는 있다. 그러나 드물다. 집단 창작 각본으로 연극을 올린다면, 토니상 수상은 고사하고 브로드웨이 진출도 언감생심이다. 주옥 같은 시를 창작하려면 홀로 하는 편이 낫다. 그러나 컴퓨터 바이러스를 퇴치하는 일이라면 외톨이 천재보다 백신 팀에게 맡기고, 심각한 질병 문제는 의학 팀에게 맡기고 싶을 것이다. 정부는 국민에 의한 국민의 정부이기를 바랄 것이다. 그러나 비즈니스에서 한 사람이 모든 사람을 능가하는 경우에 그 사람이 나가버리거나 업무 적합성을 잃어버리면 어떻게 될까? 그런 기업문화는 혁신을 위한 어떠한 집단적 역사도, 관행도, 능력도 결여된다. 탁월함의 가능성은 상호 유기적인 업무 프로세스를 통해 향상된다.

진정한 탁월함의 산술 계산에서는 (당신의 독립적 노력) 하나에 어떤 숫자를 (당신이) 곱해도 애초의 숫자(당신 스스로의)와 같아질 뿐이다. 이 방정식에서 성공 가능성을 높이려면 천재일우의 특출함이 필요하다. 썩 훌륭한 전략은 아닌 것이다. 위대한 아이디어가 뛰어난 소수의 머릿속에서 계속 샘솟겠지만, 현명한 아이디어를 탁월하게 실행하는 일은 거의 대부분 우리의 손길을 기다린다. 똑똑함은 집단이 다양한 한 특출함에 기여한다. 반면 똑똑한 이들이 가득한 곳에서 가장 똑똑한 사람이 되려고 애쓰는 것은 특출함에 기여하지 못한다.

사실 조직의 성공은 외톨이 천재들의 겉모습 뒤에 있는 수십 명이 책임진다. 애플의 실적을 특집으로 다룬 「포춘」의 표지에는 스티브 잡스의 사진이 등장했지만, 안쪽에는 여섯 명의 인물들이 잡스 옆에 나란히 – 뒤나 앞이 아니라 – 앉아 있는 사진이 실렸다. 특집 기사는 그들을 '두뇌 트러스트(brain trust)'라고 지칭했다. 잡스 옆에 나란히 앉은 모두는 잡스 옆에 나란히 앉을 자격이 충분한 사람들이다. 그들은 잡스의 위나 아래, 주변에서가 아니라 일터라는 집합적 공간에서 진정한 천재성을 발휘한다.

| Key point 5 |
과잉자아와 우수성은 엄연히 다르다

- 특출함을 과시하는 것은 받아들이는 쪽에서는 알아채기 쉬운 반면, 정작 과시하는 쪽에서는 쉽게 알아차리지 못한다.

- 우리가 얼마나 똑똑한지 알아보고 인정하며 거기에 압도당한 사람일수록 우리에게 점점 귀를 기울이지 않게 된다. 설령 우리가 더 나은 아이디어를 지녔다 해도 말이다.

- 과시는 근본적으로 역설이다. 과시를 더 하면 할수록, 특출함은 덜 드러난다. 또한 특출해질 가능성도 줄어든다.

- 의견 제시의 한도를 넘어 자기과시로 태도가 바뀌면, 가장 똑똑한 사람도 무시를 당한다. 심지어 그들이 가장 필요할 때조차도 마찬가지다.

- 에고가 균형을 상실할 때 지식의 축적과 학습의 개방성 간의 관계는 역전된다. 알면 알수록 더욱 자신감에 찬다는 뜻이다. 자기 지식에 대한 자신감으로 더 이상 배울 것이 없다고 생각하면 배우는 데 개방적이지 않게 된다. 그것은 위험 지점이다. 지식의 상자 뚜껑이 닫히면서 적합성을 잃기 시작하는 지점이다.

- 연구에 따르면, 특출함은 일반적으로 한 사람의 단독 비행에서 비롯되지 않는다. 다양한 시각으로 현상을 탐구하는 발견 주도적 과정은 한 개인의 아이디어 주도적 과정에 비해 최선의 의사결정을 내릴 수 있는 가능성을 50퍼센트가량 높인다.

제 6 장

인정에의 욕구가 크다고 광대가 될 필요는 없다

아무도 말해주지 않은 비밀을 알려주겠다. 인생은 중학교다. 당신이 들어서려는 세상은 중학생들, 이른바 '중딩들'의 십대다운 옹졸함, 도토리 키 재기식의 라이벌의식, 열세 살짜리 불안감, 열네 살짜리 허장성세로 그득하다.

– 톰 브로코*

*톰 브로커(Tom Brokaw) : NBC 뉴스의 유명 앵커.

만약 중학교 시절로 되돌아갈 기회가 생긴다면, 그럴 마음이 있는가? 선선한 9월의 어느 아침 7시 26분, 필자들은 노란색 스쿨버스에 올라탔다. 중학교 시절로 되돌아가본 것이다. 비록 오랜 세월이 흘렀지만, 옛 기억이 새록새록 떠올랐다. 무언가에 온 정신을 집중하던 때가 기억나는가? 또래 경쟁과 편 가르기가 횡행하고, 따돌림을 당하지 않고 무리에 끼려고 온 정신을 집중하던 때가 기억나는가? 중학교는 여전히 그런 곳이다. 토를 달거나 질문하거나 움직일 때마다 즉시 또래들 눈치를 살펴야 할 것 같은 기분이 든다. 어떤 녀석들은 관심을 끌려고 애쓰는 반면, 어떻게 해서든 관심을 피하려드는 녀석들도 있다. 이들 양극단의 공통점은 지속적으로 인정을 받는다는 것이다. 때로는 서로를 헐뜯거나 인정하지 않는다. 다수에게 인기를 끌거나 자기보다 더 인정받는 듯 보이는 것이 배 아프기 때문이다.

중학교는 고도의 눈치 보기 기술에 입문하는 최초의 관문이다. 다른 애들은 어떻게 생각할까? 난 뭐라고 말하지? 다른 애들이 뭐라고 말했더라? 그 말이 대체 무슨 뜻일까? 뭐라고 대답하지? 어떻게 해야 하나? 뭘 입을까? 다른 애들은 뭘 입고 있지? 누가 누구하고 어울려 다니는 거야? 이런 걱정들은 부분적으로 엄청난 호르몬 분비에 기인한다. 게다가 모든 태도나 행태에 문제가 있는 것도 아니다. 하지만 걱정거리들은 사방에 널렸다.

이까짓 것 문제없어!

학창 시절에 대한 우리의 관찰을 뒷받침하는 공식 연구도 있다. 미국과 아일랜드에서 300명의 청소년들을 대상으로 친구들에게 깊은 인상을 남기기 위해 불필요한 위험을 감수하는 정도를 알아보는 설문을 실시했다. 25퍼센트는 위험을 무릅쓰고 자동차를 운전한 적이 있다고 인정했다. 남학생 중 3분의 1은 단지 강한 인상을 남기려고 멍청한 곡예 따위를 해보았다고 응답했다. 또래들의 인정을 받으려는 강력한 욕구는 극도로 남의 이목을 의식하도록 조종한다. 남의 이목을 의식하는 아이일수록, 일을 잘해내기가 힘들어진다. 비디오 게임을 할 때 그들을 누군가 지켜본다고 말하면, 점수가 25퍼센트나 떨어진다.

　부모 된 우리는, 인정받고자 하는 욕구가 자식들을 얼마나 사로잡는지 익히 보아왔다. 집에 오기 무섭게 아이들 중 하나가 "아빠, 이리 와보세요. 내가 옆 굴리기를 얼마나 잘하는지 한번 보라고요!"라고 말할 때가 한두 번이 아니었다. 아이들은 부모가 봐주지 않으면 자기가 새로 터득한 재주가 금세 없어지기라도 하는 양 아주 안달이다. 장기 자랑에 대한 남들의 생각과 반응에 지나치게 신경 쓰는 아이들은 정작 자기가 잘했는지 못했는지 자체에는 큰 관심이 없다. 근처 중학교에서 옛 추억을 즐겁게 더듬다보니 어느덧 그 자체로도 이야깃거리가 많은 점심시간 직전이었다. 남에게 인정받으려는 욕구로 시달리던 시절을 통과했다니, 얼마나 안심이 되던지.

　문제는 우리가 그때를 완전히 통과하지 않았다는 사실이다.

　에고를 제대로 다스리지 못할 때, 우리는 남의 인정을 필요로 하는 중학생 시절에서 성장하지 못한 채로 몸만 '어른'이 된다. 한 연구에 따르면, 성인 남성의 30퍼센트가 친구들에게 강한 인상을 주려고 지나치게 무거운 물건을 들어 올린 적이 있다고 말했다. 27퍼센트의 여성은 친구들에게 좋은 인상을 남기려고 무리하게 운동을 한 적이 있다고 했다. 남들과 함께 달릴 때는 몸에 무리가 될 만큼 빠르고 오래 내달리기 십상이다. 이처럼 인정받고자 하는 욕구, 즉 어릴 적 우리로 하여금 무리하게 운동하도록 유도했던 욕구는 형편없는 의사 결정과 허약한 기업문화를 불러온다.

‘중딩’ 비즈니스

UC버클리 하스경영대학원의 제니 채트맨(Jenny Chatman) 교수는 미 북서부 지역의 취업준비생 120명을 대상으로 연구를 실시했다. 기업 인사 담당자가 좋아하는 식으로, 예컨대 “귀사는 팀 지향적인 것으로 평판이 높은데, 팀이야말로 제가 진정 소중히 여기는 가치입니다.”라고 말한 학생들은 실력이 엇비슷하거나 약간 나았을 뿐임에도 과묵한 학생들보다 취업률이 두 배나 높았다. 그러나 면접관들에게 솔깃한 말을 들려줌으로써 일자리를 얻을지는 모르지만, 또한 그 때문에 엉뚱한 일자리를 잡게 될지도 모른다. 칭찬에 영향을 받는 면접관이라면, 엉뚱한 직원을 채용할 가능성이 높다. 인정을 하는 쪽이건 받는 쪽이건, 남들의 인정에 너무 목말라 있다면, 불성실한 논평이나 거짓 정보에 끌리기 쉽다. 또한 진정으로 바라 마지않는 인정을 얻을 수 있겠다 싶으면 어떤 말이건 해대기 십상이며, 역설적이게도 그 때문에 거부당할 가능성도 커진다.

1980년대 초반 우리의 절친한 한 친구는 보스턴에 위치한 소규모 컴퓨터 소프트웨어 기업의 공동 경영자였다. 푸드로커(Food Locker) 사가 이 기업에 대규모 소프트웨어 공급 건에 제안서를 제출해달라고 요청했다. 놀랍게도 친구의 기업은 쟁쟁한 경쟁자들을 제치고 최종 후보 2개사 중 하나로 뽑혀 최종 프레젠테이션을 앞두게 되었다. 마지막 남은 경쟁사는 IBM이었다. 프레젠테이선 날 아침이 왔고, 친구의 기업은 푸드로커의 집행위원회에게 그들이 구상한 최선의 사업안을 제시했다. 프레젠테이션이 끝나자 푸드로커의 CEO가 질문했다.

"기업이 얼마나 큽니까?"

내놓고 말은 안 했지만, 기업 규모는 우리 친구에게 가장 큰 걱정거리였다. 특히 이미 프레젠테이션을 마친 IBM과 비교하면 초라하기 그지없는 규모였다. 사업을 무난히 다루지 못할 만큼 왜소하게 보이면 이번 건은 틀림없이 물 건너갈 것 같았다. 이때 친구 기업의 다른 공동 경영자가 말을 늘어놓기 시작했다. 그들 기업이 총체적으로 쌓은 경험이 어느 정도인지, 그때껏 상대해온 고객사들이 얼마나 많은지, 성공적으로 완수한 일부 프로젝트들의 규모가 얼마나 컸는지, 그리고 그 고객들이 결과에 얼마나 만족했는지 등을 설명했다. 그는 그들 기업이 크다는 — 적어도 충분히 크다는 — 메시지를 전달할 만한 온갖 정보를 마지막 한 방울까지 짜냈다. 우리 친구가 "그의 말을 듣는 나도 홀릴 정도였다니까. 우리 기업이 정말 큰 것처럼 들리더군."

이렇게 고객 기업 CEO의 인정을 얻으려고 애쓴 다음, 자신들을 인정해주기를 기다렸다. 바라던 대로였다. 그 CEO는 그들 기업이 거둔 성공을 축하해주었다. 그런 뒤에 말을 이었다. "한편으론 실망스런 일입니다. 바로 전에 우리는 귀사처럼 크고 노련한 기업과 일했습니다만, 어찌나 둔감하던지 우리에게 필요한 걸 제때 처리해주지 않더군요. 사정의 심각성을 고려해볼 때 그런 식의 반응은 더 이상 견딜 수가 없습니다. 이번 구매 건에서는 작지만 책임질 줄 알고, 창업 정신을 잊지 않는 기업과 함께할 필요가 있습니다. 다른 데를 찾아보겠지만, 프레젠테이션 참여해주시고 우리 프로젝트에 관심을 가져주신 데 감사드립니다."

인정받으려는 노력이 설사 통한다 해도, 스스로를 실물 이상으로 돋보이게 해서 인정을 받는 데 도사린 위험이 없는 것은 아니다.

'이빨'이 어쩜 이렇게 멋지세요

일부에게는 인정해주는 것이 그에게 인정을 받는 길이기도 하다. 칭찬받기 위해 누군가에게 '알랑방귀 뀌는' 사람을 본 적이 있는가? 상사가 그 속내를 꿰뚫어보지 못한다는 것이 그저 신기할 따름이다. 「비즈니스 2.0」의 킴 지라드(Kim Girad)는 가짜 칭찬의 요령을 다룬 기사를 썼다. 그중에서 쉽게 활용할 수 있는 대사 몇 마디를 소개한다.

"당신 제안은 엄청 흥미롭군요. 정말 독창적인 아이디어예요." (과장은 현실적으로 구사해야 한다.)

"지난주 회의에서 하신 말씀하고 비슷하네요. 브랜드가 전부다라고 하셨잖아요." (상사는 자기가 한 말이 인용되면 좋아한다.)

"멋지시네요. 존 다이어트(Zone diet)가 정말 효과적인가봐요." (진지하게 들리게끔 개인화된 찬사를 구사한다.)

"알았어요. 멋진 생각입니다. 그렇게 하죠. 오늘 밤 당장 하란 말씀 맞죠?" (열심히 듣고 있음을 보여준다.)

핵심 아이디어 또는 슬로건을 그대로 읊조린다. 상사가 즐겨 쓰는 구절들을 회의나 보고서, 메모 등을 활용해 상사의 메시지를 알아듣고, 상사의 의견을 존중하며, 해당 업무에서 상사가 바라는 것을 확실히 파악했음을 여실히 보여준다. 그렇게 하는 데 연습 따위는 필요치 않다. 뻔뻔스럽기만 하면 된다.

상사의 관심사를 꿰고 있어라. 상사의 책상이 멍청해 보이는 자식들로 뒤덮여 있는 데는 다 이유가 있다. 자식들이 어떻게 지내는지 물어보라. 상사가 테니스를 좋아하는가? 퇴근 후에 시합을 제안해보라. 점심식사를 권하는 것은 최소한의 기본이다. 상사에 관해 얘기하라. 당신이 아니라.

위에 나온 생각들이 딱히 틀렸다고 보기는 어렵다. 상사들을 띄우려는 의도가 순수하다면 말이다. 그러나 거짓말로 제안하는 것처럼 보일지도 모른다. 단지 거짓말처럼 보이지 않게 거짓말을 하라는 것처럼. 진심을 가장하라는 것처럼. 그런 책략은 당신과 함께 일하는, 인정에 목마른 누군가를 기만하려는 것에 불과하다. 그런 식의 비즈니스 방식은 지양해야 한다. 문제는 이렇다. 만약 누군가의 리더가 사사로이 인정받기를 갈구한다면, 과연 아랫사람들이 해줄 평가는 어느 정도며, 기업이 받을 평가는 어느 정도일까? 기분 좋은 말만 듣고 싶어하는 사람이 얼마나 현실적으로 의사결정을 내릴 수 있을까?

원만한 태도가 원만하지 못할 때

솔직하게 나서기보다 평판에 신경을 쓰다보면, 거짓된 대화가 오가면서 현실은 어디론가 숨어버린다. 파리 9대학의 이사벨 로이어(Isabelle Royer) 교수는 조직의 프로젝트 성공을 주제로 연구했다. 새로운 프로젝트 태반이 실패한다는 것을 알게 된 로이어 교수는 미심쩍은 아이디어가 제안될 때 당당히 반대하지 않는 이유가 무엇인지 궁금했다. 실패 확률이 아주 높고 비용도 많이 드는데 말이다. 「하버드 비즈니스 리뷰」에 기고한 논문에서 로이어 교수는 이렇게 썼다. "엑시트 챔피언●은 두려움을 몰라야 한다. 자기 평판을 걸고 프로젝트팀의 동료 의식에서 배제되어도 좋다는 각오를 해야 한다."

나쁜 프로젝트가 언제나 실패하지 않는 이유는 우리가 그 프로젝트의 문제점을 인식하기 때문이며, 간혹 실패하는 이유는 동료

의식이나 평판 때문에 솔직성을 포기하기 때문이다. 속마음을 꺼내지 못하게 조장하는 문화는 조직의 시간과 자금 및 인재를 희생시킨다. 우리는 1,123명의 사업가들에게 그들 기업이 거리낌 없이 의견을 개진하고 인정받지 못할까봐 노심초사하지 않는 기업문화를 얼마나 잘 조성하는지에 대해 1~10점의 점수로 매겨달라고 부탁했다. 그들이 자기 기업에 매긴 점수는 다음과 같다.

- 우려 사항이 있을 경우 회의가 끝난 후 '남들'에게 말하기보다는 회의석상에서 직접 말을 꺼낸다. (5.4점)
- 조직에서 '힘 있는' 자리에 있는 다른 사람에게 위협받지 않는다. (5.9점)
- 자신의 평판에 미칠 부정적 영향에도 아랑곳하지 않고 솔직한 생각과 감정을 나눈다. (5.9점)

10점에는 못 미쳐도 중간쯤 되는 점수이니 그리 나쁘지 않다고 여길지도 모르겠다. 한 번 더 생각해보자. 절친한 친구가 당신에게 이성을 소개해주겠다고 나선 경우를 상상해보라. 당신은 약간 망설이다가 친구에게 상대편의 외모, 성격, 유머 감각, 지적 능력, 배경, 관심사 등을 종합해서 1~10의 점수로 평가해 달라고 부탁한다. 만약 그 친구가 "음… 글쎄, 한 6점."이라고 답한다면, 선뜻 만나고 싶은 마음이 들겠는가? 기업도 마찬가지다. 6점짜리 기업이라면, 직원들이 신나게 출근해서 업무에 전념할 수 있겠는지 생각해보라.

우리가 왜 이러는 걸까

우리 대부분은 에고에 문제가 있는 사람을 봤을 때 그 에고가 너무 비대하다고 생각한다. 인정받으려고 애쓰는 것은 에고가 왜소하다는 조기 경보 신호일 수 있으며, 비대한 에고와 마찬가지로 무익하다. 인정받으려고 애쓰는 자세를 흔히 에고를 미흡하게 다스렸다는 신호로 생각하지 않지만, 이야말로 가장 흔한 신호일지 모른다. 인정받으려고 애쓰는 것을 두드러진 신호로 받아들이지 못하는 이유는 진정한 인정이 워낙 값진 것이기 때문이다. 그렇다면 그토록 의미 있는 것이 어째서 조기 경보 신호란 말인가? 하지만 그렇지 않다, 당신의 생각이 바뀔 때까지는.

모든 사람은 자신이 중요하다는, 다시 말해 자기가 뭔가 가치 있다는 것을 알 필요가 있다. 물론 모든 사람은 중요한 존재다. 우리는 사랑과 존중을 필요로 한다. 태어나자마자 그것을 기대하고, 그러는 과정에서 다른 사람들이 말과 행동에 기초해 우리를 인정해준다는 것을 학습한다. 주변 사람들은 우리가 처음 노래를 부를 때, 처음 알파벳 글자를 말할 때, 걸음마를 뗄 때, 반응을 보인다. 우리는 그들의 반응을 인정 또는 거부, 승인 또는 불승인(시인 또는 부인, 호감 또는 반감), 좋고 나쁨으로 해석한다. 이런 반응들은 몸에 익히거나 익히지 말아야 할 신념과 행동을 우리에게 학습시킨다. 불행히도 그릇된 방향의 해석도 있다는 것이 문제다.

인정을 추구하는 데서 벗어나지 못한다면, 우리는 타인의 반응이 우리가 인정받을 만한지 아닌지에 대해 승인하는 것이라고 믿는다. 우리는 자신의 행동과 자기 자신, 즉 사랑과 존중을 받을 자격이 있는 본질적으로 소중한 인간 존재인 자신을 구분하지 않는다. 더욱 인정받기 위해 자신에게 긍정적인 이미지를 투영하려고 애쓴다. 진정한 자신의 모습이 아닌 남들에게 비칠 인상을 긍정적으로 보이려 한다는 말이다. 존 파월*은 말했다. "내가 누군지 말하면 당신은 그런 나를 좋아하지 않을지도 모르지만, 그건 내가 가진 전부입니다." 거부, 애정의 결핍, 인정의 상실 등을 두려워한다면 진정성이나 자신감을 주변 사람들의 인정으로 대신하려는 것이다.

존 파월(John Powell)
가톨릭 신부로서 『생명을 주는 비전(A Life-Giving Vision)』 등의 자기계발 서적으로 유명하다.

자존심과 인정

존중과 인정을 받으려는 것과, 거기에 절박하게 일시적으로나마 매달리는 것은 큰 차이가 있다. 왜소한 에고가 자신에 대한 건전함을 앗아갈 때는 타인에게서 인정받는 것을 일차적 동기로 삼게 되며, 어떻게든 인정받기 위해 온 정신을 쏟게 된다. 그럴 경우 인정을 받으려고 애쓰게 되는데, 타인의 승인이 에고의 부족함을 채워주리라고 믿기 때문이다. 그러나 그렇게 받는 인정은 영양가가 전혀 없다. 자신의 말이나 생각, 소유물과 행동 등에 대한 남들의 반응들에 일일이 과민하게 신경 쓰는 것은, 자기 감정의 통제권을 타인에게 넘기는 셈이다.

　타인이 자신감의 방향을 좌우할 때, 그들이 지지할 것 같은 쪽으로 생각과 행동을 구체화한다. 아첨꾼이 되어 속마음을 꺼내지 않는 것이다. 그때 사람들은 우리의 좋은 아이디어를 들어준다. 애석하게도 우리가 지닌 최선의 아이디어가 아니긴 하지만 말이다. 역설적인 것은 사람들이 우리의 최선의 생각을 듣지 않을 때, 우리가 받아 마땅한 인정을 해줄 가능성이 낮다는 것이다. 우리는 마음 깊숙이 최선의 의견을 냈어야 한다고 생각하지만, 나중에 가서야 후회하기 십상이다. 그런 실망감이 자신감을 갉아먹고 우리의 에고는 더욱더 쇠약해진다.

　인정받으려는 욕망이 건강할 경우에는 사랑과 존중을 여전히 중요하게 여기지만, 그것만을 유일한 목표로 삼지는 않는다. 자긍심 또는 진정성을 훼손하지 못하게 하면서도 인정을 바랄 수 있다. 인정받고 존중받으려는 욕망이 균형을 이룰 때, 자신의 정체성과 자신의 행동 사이에 놓인 경계선을 분명히 구별할 수 있다. 지난번 회의에서 원하는 만큼 창의적이지는 않았을지 몰라도, 우리는 여전히 자신의 창의성을 소중히 여길 수 있다. 참기 힘든 하루를 보냈다 해서 패배한 것은 아니기 때문이다. 신통찮은 의견을 냈을 수도 있지만, 한번쯤 그러지 않는 사람이 어디 있단 말인가? 우리에게는 멋진 의견을 수천 개 정도 만들어낼 능력이 여전히 있다. 역설적인 것은, 이상적인 에고(自我像)의 유지와 타인의 지지에서 자유로울수록 진정한 인정과 진짜 자신감이 찾아온다는 사실이다.

에고노믹스의 세 원칙

지금까지 에고의 힘 때문에 우리가 대가를 치르고 있음을 가리키는 조기 경보 신호 네 가지를 알아보았다. (1) 비교 일삼기, (2) 방어적 자세 취하기, (3) 특출함 과시하기, (4) 인정받으려고 애쓰기가 그것이다. 점심 시간이나 퇴근길에 직장에 관해 불평할 때, 그중에서 얼마나 많은 불평이 이들 네 가지 신호의 결과인지 가늠해보라. 우리는 불만의 원인을 미흡한 의사소통이나 다른 성격의 충돌 또는 형편없는 사고력 탓으로 돌린다. 그러나 그 모든 것의 밑바닥에 에고가 있으며, 미숙한 에고 관리의 조기 경보 신호들은 단지 피하려고 애쓴다고 사라지는 것이 아니다. 그것들이 차지한 공간을 뭔가로 대신 채우지 않으면, 그 신호들은 잽싸게 되돌아온다.

에고노믹스의 세 원칙은 조기 경보 신호들을 쫓아낼 뿐 아니라, 그 빈자리를 대신 채운다. 그 원칙은 겸손, 호기심, 진실성이다. 제1장에서 언급했듯, 이 세 원칙들이 우리에게 요구하는 것은 단지 다르게 행동할 뿐 아니라 다르게 되어야 한다는 것이다. 지금까지보다 더 낮게 이끌고 일하려는 의도를 간직한 채 첫 번째 원칙인 겸손을 탐구해보자.

| **Key point 6** |

인정에의 욕구가 크다고 광대가 될 필요는 없다

- 에고를 제대로 다스리지 못할 때, 우리는 남의 인정을 필요로 하는 중학생 시절에서 성장하지 못한 채로 '어른'이 된다.

- 인정을 하는 쪽이건 받는 쪽이건 남들의 인정에 너무 목말라 있다면, 불성실한 논평이나 거짓 정보에 끌리기 쉽다. 또한 진정으로 바라 마지않는 인정을 얻을 수 있겠다 싶으면 어떤 말이든 해대기 십상이며, 역설적이게도 거부당할 가능성을 키운다.

- 만약 누군가의 리더가 사사로이 인정받기를 갈구한다면, 과연 아랫사람들이 해줄 평가는 어느 정도며, 기업이 받을 평가는 어느 정도일까? 기분 좋은 말만 듣고 싶어하는 사람이 얼마나 현실적으로 의사결정을 내릴 수 있을까?

- 솔직하게 나서기보다 평판에 신경을 쓰다보면, 거짓된 대화가 오가면서 현실은 어디론가 숨어버린다. 그런 머뭇거림은 기업에서 '한심한' 프로젝트들을 제때 신속하게 중지시키지 못하는 주된 원인이다.

- 대부분의 사람들은 어떤 사람이 에고에 문제가 있을 때 그 사람의 에고가 너무 비대하다고 생각한다. 인정받으려고 애쓰는 것은 우리의 에고가 왜소하다는 조기 경보 신호일 수 있으며, 비대한 에고와 마찬가지로 무익하다.

- 타인이 자신감의 방향을 좌우할 때, 우리는 그들이 지지할 것 같은 쪽으로 생각과 행동을 구체화한다. 아첨꾼이 되어 속마음을 꺼내지 않는 것이다. 그때 사람들은 우리의 좋은 아이디어를 들어준다. 애석하게도 우리가 지닌 최선의 아이디어가 아니긴 하지만 말이다.

제 7 장

엄격함으로 작용하는 겸손의 미덕

진정한 겸손은 자기 자신을 지나치게 과대평가하거나 과소평
가하지 않게 하는 지적 자존심이다. 겸손은 우리의 가능성에
얼마나 우리가 미치지 못하는지를 일깨운다.

– 랠프 소크먼

제1장에서 우리는 에고의 경제적 영향력 때문에 비즈니스의 최우선 과제는 에고의 힘을 다스리는 것이라고 했다. 에고의 통제권을 쥐는 것이 최우선 과제라면, 겸손은 그렇게 하기 위한 으뜸가는 규율이다. 우리 모두에게는 에고의 연속체(continuum)가 있다. 이 연속체의 한 끝에서 우리 에고는 왜소하다. 그 반대편 끝에서 우리 에고는 비대하다. 겸손은 이 양극단의 평형점이다. 겸손 특유의 세 가지 속성은 우리로 하여금 평형점에 머물게 한다.

1. 나보다 우리 먼저(발전에 헌신하기)
2. 나는 특출하고, 특출하지 않다(이원성)
3. 하나 더(건설적 불만)

이런 세 속성이 에고를 관장할 경우에는 에고 스스로 가져오지 못할 긍정적인 결과를 얻는다. 그 이유를 이해하기 위해 겸손과 겸손이 아닌 것, 그리고 겸손이 작용하는 방식을 탐구해보자.

앞서 언급했듯이, 우리가 에고와 겸손을 조사하면서 답해야 할 질문은 대단히 많다. 에고에는 어떤 속성이 있기에 리더로 하여금 그들 조직을 좋은 기업으로 이끌게 하되, 겸손 없이는 결코 위대한 기업으로 옮겨갈 수 없도록 하는가? 에고는 성공을 위해서 반드시 필요한 그 무엇이지만, 그 에고가 우리가 추구하는 성공을 자주 방해하는 것처럼 보이는 이유는 무엇일까? 에고의 충동을 다스릴 수 있는 버릇으로서 발전시킬 만한 것들이 있는가? 무엇보다도 에고를 꼭 다스려야 하는 걸까? 만약 겸손이 그토록 강력하다면, 그리고 레벨5 리더십에 필수적이라면, 좀더 많은 사람이 겸손하지 않은 까닭은 무엇일까? 우리는 겸허함을 배울 수 있을까? 에고와 겸손이 공존할 수 없다면, 어떤 조치를 취해야 하며 어떤 변화가 요구되는가? 경험으로 보건대 사람들은 그 해답에 목말라 있다. 우리가 조사한 사람들 중 83퍼센트는 그들 조직이 좀더 겸손했으면 좋겠다고 생각했다.

그러나 겸손을 바란다 해도, 겸손에는 호감이 가다가도 썩 내키지 않는 구석이 있다는 점이 미스터리다. 전통적으로, 겸손 또는 겸허함은 그 반대쪽이 보다 잘 알려져 있다. '겸허한'의 정의에는 '거만하거나 교만하지 않은', '계급(신분)이 낮은', '허세 부리지 않는'이라는 의미가 포함된다. 이를 제외한 겸손과 연관된 대부분의 단어는 그다지 분명하거나 매력적이지 못하다. '온건한', '공손한', '예의 바른', '참을성 있는', '삼가는'이라는 호감 가는 단어들은 그다지 내키지 않고 부정적인 뜻으로 포위되어 있다. 특히 '수동적', '걱정 많은(우려하는)', '만족한', '신중한', '겁 많은', '주저하는', '평범한', '조용한', '자기를 내세우지 않는(self-effacing)', '온순한', '단순한', '복종적인', '말투가 상냥한', '소심한', '패기 없는' 등은 호감을 남긴다고는 볼 수 없는 단어들이다.

우리가 워크숍을 이끄는 동안 사람들은 겸손에 대해 마음속 깊이 어떻게 믿고 있는지를 드러내는 질문을 받은 적이 있다. 만약 두 사람이 논쟁하거나 경쟁할 때 한 사람이 자기중심적이고 다른 사람은 겸허하다면, 승자는 누구겠는가? 대다수는 '자기중심적인 사람'이라고 답한다. 왜일까? 겸손은 훌륭한 특성이긴 하지만 약점이 있다는 의심을 받기 때문이다. 겸손함이 승리와 양립할 수 없다면 그 누가 겸손하려 들겠는가? 애초에 이 문제는 우리 스스로도 마음속에서 정리하기 쉽지 않은 부분이었다. 무자비하게 경쟁적인 비즈니스 환경에서 경쟁자로부터 시장점유율을 공격적으로 앗아오는 대가로, 매출과 수익 향상을 추진하는 대가로, 제한된 보상을 지급받기 위해 내부적으로 사람들을 비교하고 등급을 매기는 대가로 돈을 버는데, 대체 겸손이 들어설 자리가 어디 있단 말인가?

겸손은 비즈니스 관련 언론에서 긍정적인 조명을 받을 때조차 명백히 위험이 도사린다는 식으로 언급된다. 예를 들어, '아이거의 강점은 두드러진 겸손'이라는 제목이 붙은 「뉴욕포스트」 기사는

그는 주도면밀한 자세
로 재임 1년이라는 짧은
시간 안에 주주들 간의
불협화음을 가라앉히고
신용을 회복시켰으며,
기업 순익을 18% 이상
늘려 놓았다.

**마이클 '에고' 아이즈너
시대의 영양권**

20년간 디즈니사의
CEO였던 마이클 아이
즈너는 2005년 주주들
과의 갈등 끝에 로버트
[밥] 아이거에게 자리를
넘기고 퇴임했다.

긍정적으로 시작했다가 경고로 끝난다. "디즈니의 CEO 밥 아이거•에게 이는 과찬이 아니다." 피터 로리아(Peter Lauria)의 기사는 다음과 같이 이어진다. "아이거는 스포트라이트를 독차지하지 않으려는 듯 보인다. 그러나 쉰네 살의 CEO는 그 대가로 자리를 잃을 수도 있다. 아이거는 스티브 잡스를 사내에서 개인으로는 가장 큰 지분의 이사진으로 받아들이는 과감한 결단을 내렸지만, 이 조치는 마이클 '에고' 아이즈너 시대의 영향권•에서 미키마우스의 고향 디즈니가 벗어났음을 새삼 증명했을 뿐 아니라, 언제든 아이거의 권위에 도전할 수 있는 지위에 잡스를 올려놓은 셈이다." 아이거의 겸손에 보내던 찬사는 이내 실직 위험에 대한 암울한 경고로 대체됐다.

만약 겸손이 우리를 위험에 빠뜨린다면, 겸손이 기업보다는 교회에나 어울린다고 생각하는 것도 무리는 아니다. 놀랄 일도 아니지만, 우리가 개최하는 리더십 강습회에서 겸손을 수양하는 데 의식적으로 집중하는 사람들은—적어도 처음에는—많지 않다. 겸손을 주제로 말을 꺼내면, 참가자들은 '어디 한 번 해보시지.'라는 투로 팔짱을 끼고 표정을 찌푸리곤 한다. 비즈니스는 결코 이타적인 노력이 아닌데, 겸손은 얼핏 이타적으로 보이기 때문이다. 워크숍에 참가한 어느 경영자는 이렇게 말했다. "나는 평생 동안 에고를 껴안으라고 배웠습니다. 기억나는 그 순간부터 부모님은 그런 생각을 주입시켰죠. 나는—내가 아는 거의 모든 사람으로부터—그게 성공 공식이고, 지도 방식이며, 경쟁자를 무찌르는 방식이라고 배웠습니다."

누군가가 물었다. "그럼 왜 그걸 포기하려 합니까? 당신은 젊고, 기업의 대표인 데다, 재정적으로도 성공했잖아요. 당신이 지금껏 배운 것은 유리하게 작용하는 것 같은데요?" 오랜 침묵 끝에 그 CEO가 말했다. "여기에 앉아 있는 세 시간 동안 제 에고가 균형을 잃었다는 걸 깨달았습니다. 마음속으로 내가 처했던 다양한 상황들을 재빨리 돌이켜보았죠. 그때마다 에고 때문에 내가 치른 대가를 생각하니 끔찍하더군요. 지금껏 성취한 모든 것에도 불구하고, 에고는 나를 도운 만큼이나 다치게도 했습니다. 사실 어떻게 보면 나야말로 나 자신에게 가장 악몽 같은 경쟁자일 겁니다. 내게 겸손이 부족했던 탓이지요."

그는 지금껏 이뤄온 성공에도 불구하고, 자신이 에고를 다스린 것이 아니라 오히려 반대였다는 사실을 깨달은 것이다. 이 때문에 그는 자기 힘을 완전히 활용하지 못했다. 그가 겸손했다면 균형을 되찾았을 가능성이 크다.

겸손의 평형점

겸손이란 무엇인가? 이번 장 서두의 인용문이 가장 명확한 정의를 내리고 있는데, 이를 약간만 수정해보자. 겸손이란 자기 자신을 지나치게 과대평가하거나 과소평가하지 않게 하는 지적 자존심이다. 겸손은 우리의 가능성에 우리가 얼마나 미치지 못하는지를 일깨우는 동시에 그 가능성에 얼마나 도달했는가를 일깨운다. 겸손의 정의를 염두에 두고 에고와 겸손의 관계를 탐구해보자. 보통은 과도한 에고의 반대말이 겸손이라고 여기겠지만, 사실은 왜소한 에고도 비대한 에고만큼이나 위험하고 비생산적이다.

겸손의 세 가지 속성은 오직 평형점에서 존재하며, 그 중앙에 있을 때 재능을 올곧게 간직할 수 있다. 그러나 평형점에서 벗어나려는 타고난 성향 때문에 중앙에서 약간씩 오른쪽 또는 왼쪽으로 움직이게 되는데, 이때 겸손을 잃는다. 이로써 강점은 모조품, 즉 교묘한 약점으로 탈바꿈한다. 에고의 스펙트럼이 자석이라고 상상해보자. 자석은 양쪽 끝의 자력, 즉 끌어당기는 힘이 가장 강하다. 에고라는 자석의 중앙 부분에서는 양쪽 끝의 자력이 거의 영향을 끼치지 않는다. 하지만 극 쪽으로 다가갈수록 자력은 더 크게 영향을 미침으로써 왔던 길로 되돌아가기가 더욱 힘들어진다. 중앙에서 오래 떨어져 있을수록 중앙을 벗어난 위치가 편해지기 마련이다. 신속히 회복하지 않는다면 자기중심적 습관을 키워나갈 가능성이 더욱 높아진다.

에고는 급작스럽게 두 극을 향해 우리를 끌어당겨 하룻밤 사이에 병적 자기중독자(egomaniac)로 만든다거나, 우리가 법 위에 선 존재라고 믿도록 유도하지는 않는다. 그러나 중앙에서 멀어져 있는 습관을 들인 우리는 서서히 다른 것들을 초월했다고 정말로 믿기 시작한다. 질책, 잘못된 행동, 질문에 대답하기, 자기 정당성

〈그림 7-1〉 **겸손의 평형점**

을 증명할 필요, 나쁜 아이디어, 딴 사람의 지도를 따르는 것 등을
초월했다고 믿는 것이다. 지속적으로 중심에서 벗어나 있으면 서
서히 극단으로 치닫는다.

전반적 기업문화나 팀이 중심에서 벗어나 있는 상황이 한 사람
만의 책임인 경우는 드물며, 최소한 한 명 이상이 승인하고 나머
지 사람들이 줄곧 동의하지 않고서는 그런 불균형이 시작되지 않
는 법이다. 그래서 에고의 조기 경보 신호 네 가지가 그토록 값진
것이다. 이 신호들이 우리가 중심에서 벗어났는지, 따라서 재능을
잃고 있는지를 알려주기 때문이다. 그렇지만 지속적으로건 순간
적으로건 중심에서 벗어날 경우 극단으로 끌어당기는 에고의 충
동은 워낙 강력하므로, 오로지 겸손만이 우리를 제자리로 돌려세
울 수 있다.

말기적 특유성

필자들의 친구인 잔 프린스(Jahn Prince)는 카리스마 있고 창의적인 데다 성공한 인물이다. 그 또한 에고 때문에 에고의 연속체 한쪽 끝에 꼼짝없이 고정된 적이 있다. 잔은 처음부터 사업체를 성공적으로 이끌었고, 성공에 따른 모든 것 – 멋진 집, 별장, 몇 척의 보트, 여러 대의 차, 장난감 등 – 을 즐겼다. "나는 경쟁력이 있었고 우주의 중심이었지."라고 그는 말을 꺼냈다. "신이 있는지 없는지는 몰라도, 하나 있다고 치면, 난 그 신마저도 내 경쟁자로 생각했을 걸세." 하지만 그의 믿음과는 상관없이, 그리고 그가 거둔 성취에도 불구하고 신은 그에 대해 계획을 마련했던 것 같다. 저널리스트 스쿠프 잭슨은 "신에게 가장 힘든 일은, 신 자신이 엄청난 재능을 부여한 자에 대해 그들 자신이 항상 부족하다는 것을 느끼게 할, 다시 말해 그들 영혼을 형성하는 것들을 빼앗는 것이다."

공교롭게도 잔의 영혼은 1979년에 형성되었다. 1979년 12월 30일, 잔의 회사는 잿더미가 됐다. 40일 후에는 화재로 집을 잃었고, 다행히 창문을 부수고 구출했지만 하마터면 두 살배기 딸아이를 잃을 뻔했다. 인생이 자기에게 벼락을 내릴 때마다 잔은 단호히 버텼고 잃었던 것을 회복했다. 몇 달 동안 하루 열여덟 시간을 쉬지 않고 일하면서 자기 집과 사업을 직접 재건했다. 그러나 그 자신에게 필요한 재건은 아니었다. 거의 20년 동안 잔은 알코올중독자였다. 비록 실제로 그는 11년 동안 술을 한 번도 입에 안 댔지만, 자신은 여전히 중독자라고 고백할 것이다.

어느 날 엄청나게 과음을 한 잔은 선택을 내려야 했다. 병이 자기를 죽이도록 내버려 둘 것인지, 아니면 도움을 청할 것인지의 기로에 섰던 것이다. 그는 도움을 구했다. 잔은 지금 알코올중독으로 고통받는 사람들에게 상담을 해준다. 알코올중독자 갱생회(Alcoholics Anonymous, AA)를 통해 배운 회복 과정에서 겸손이 중심임을 알게 된 후, 우리는 잔에게 겸손이 어떤 역할을 했는지 물어보았다. "우선 알코올중독이 얼마나 교활하고 강력한 질병인지 이해해야 하네. 게다가 끈질기기까지 하지. 그놈은 중독자들을 뒤쫓는 것밖에 몰라. 알코올중독을 극복하기 위해 취해야 하는 첫 단계는 자기 자신이 무력하며 도움이 절실하다는 걸 인정할 정도로 겸손해야 한다는 거지. 하지만 내 증세는 '말기적으로 특유'했어. 말하자면 그렇게 술을 퍼마시고도 나는 술에 영향을 받지 않는 독특한 자격을 부여받았다고 생각했다네. 난 사업에도 성공했고 그 덕분에 온갖 걸 누리고 살았지. 난 육교 밑에 사는 노숙자가 아니었잖아. 스스로에게 '내가 알코올중독자라면, 이렇게 성공하진 못했겠지.'라고 되뇌곤 했다네."

잔이 진작 도움을 구하지 않은 이유는 스스로 문제가 있다고 생각하지 않았기 때문이다. "내가 비록 성공하긴 했지만, 내 진정한 잠재력은 볼모로 잡혀 있던 셈이야. 나는 조니워커 병을 통해서 인생을 보고 있었으니까. 알코올중독은 감지하기 쉽지 않은 놈이

야. 심장에 문제가 생겨 병원에 갔을 때 의사가 수술이 필요하다
고 하면 '아니오, 수술 따윈 필요 없소.'라고 하진 않겠지. 하지만
알코올중독이라면 그런 진단마저 무시하기 일쑤지. 중독자들은
거기에 반박할 근거를 갖고 있다고 생각하지만, 실제로는 전혀 그
렇지 않아."

친구들은 술을 끊은 지 그토록 오래 되었음에도 지금도 AA 모
임에 나가는 이유를 묻곤 한다. 그의 대답은 이렇다. "알코올중독
은 절대 사라지지 않아. 자네들의 에고는 이제 다 됐고, 너 스스로
도 할 수 있으며, 다 끝난 거라고 계속 속삭이지. 하지만 겸손은
결코 그렇지 않다는 것을 상기시킨다네."

잔과 대화를 나누는 동안 에고와 겸손의 관계에 대한 우리 연구
와 궤를 같이하는 중대한 교훈을 얻을 수 있었다. 그중에서도 '말
기적인 특유성'이라는 생각을 빼놓을 수 없다. 말기적 특유성이란
지금의 방식 그대로 행동할 특유한 자격이 있다고, 다시 말해 우
리 행동 또는 태도가 파괴적이라면 우리가 지금처럼 성공했을 리
없다고 생각하는 것이다. 그런 믿음은 우리에게, 그리고 우리 주
변에서 일어나는 일에 눈을 멀게 만든다. 이로 말미암아 우리는
더 나빠지지 않을지는 몰라도, 더 나아지지도 않는다. 겸손으로부
터 더 멀어질 때, 에고는 이제 끝났다는 잘못된 메시지를 전달한
다. 반대로 겸손은 결코 아직은 끝나지 않았음을 상기시켜준다.
아직 끝나지 않았고 따라서 계속해서 개선할 수 있음을 끊임없이
인식하게 하는 겸손 특유의 세 가지 속성이 있다.

1. 나보다 우리 먼저(발전에 헌신하기)

2. 나는 특출하고, 특출하지 않다(이원성)

3. 하나만 더(건설적 불만)

겸손의 가장 심층적 수준은 이들 세 속성의 교차점에 존재한다. 에고노믹스에서 '나보다 우리 먼저'는 모든 행위의 일차적 의도를 확립하므로, 우선 이것부터 탐구하도록 하자.

나보다 우리 먼저(발전에 헌신하기)

겸손의 핵심 포부는 발전에 현저하게 헌신하는 것이다. 비즈니스에서 이러한 헌신은 기업의 발전으로 풀이된다. 헌신의 대상은 우리가 진행하는 프로젝트, 눈앞의 고객, 우리가 속한 시장 등으로 다양하다. 이러한 헌신을 위해서는 중점을 둘 순서를 정해야 한다. 헌신은 순차적 집중을 요구하는데, 기업이 먼저고 나는 나중이다. 발전에 대한 헌신이 개인적 요구들을 배제하지는 않는다. 다만 중점을 둘 우선순위를 정할 뿐이다.

일견 발전에 대한 헌신이란 괜찮기는 하나 순진무구한 ─ 대부분에게는 현재 사업을 영위하는 방식이 아니므로 ─ 생각처럼 보일지도 모른다. 러트거스 뉴저지주립대학과 코네티컷대학에서 공동으로 실시한 여론조사에 따르면, 58퍼센트의 노동자들은 대부

〈그림 7-2〉 **겸손 특유의 첫 번째 속성(나보다 우리 먼저)**

분의 최고경영진이 기업보다는 자기의 사사로운 이익을 우선시한다고 생각했다. 또한 67퍼센트는 자신의 상사들이 기업에 최대 이익을 가져다줄 의지가 없다고 믿었다. 이런 수치를 변화시킬 유일한 현실적 방법은 기업의 욕구를 최우선시함으로써 우리 자신과 우리 기업을 더 낫게 만들 수 있다고 믿는 것이다. 그리고 누군가가 비즈니스에 보다 사심 없이 접근하는 것을 높이 산다면, 다음처럼 역설적인 질문을 던질 필요가 있다. 그게 나와 무슨 상관이란 말인가? 진실은 자신의 욕구를 우선시하지 않을수록, 욕구가 충족될 가능성이 높아진다는 것이다. 이 견해를 탐구해보자.

당신이 IBM(또는 어떤 기업이든 상관없다)의 영업직원이라고 잠시만 상상해보자. 높은 실적을 요구하는 문화이니 당연히 압박이 심하다. 다른 영업직원들과 마찬가지로 당신에게도 월별 할당량이 정해져 있다. 목표의 달성은 커미션, 진급, 평판, 학비, 결혼, 집값, 은퇴 비용 등 많은 것에 영향을 끼친다. 그런 압박 속에서 당신은 몇 십만 달러짜리 프로젝트의 영업 프레젠테이션을 앞두고 있다. 무엇보다 목표 달성과 커미션이라는 자신의 욕구를 염두에 두고 프레젠테이션을 한다면 거래 성사 가능성이 얼마나 될까? 답하자면 가능성이 낮다는 것이다. 하지만 왜?

고객들이 '내가 우선'이라는 당신의 의도를 눈치 채는 순간부터, 그 의도는 양측의 상호작용을 오염시킨다. 당신은 제품 사양을 과대선전하거나, 기술적인 설명을 얼렁뚱땅 처리하거나, 이해한다는 표시를 동의 또는 열광으로 오인하거나, 이견을 적당히 무마하거나, 거래 성사를 위해 마음이 앞선 나머지 너무 거칠게 밀어붙일지도 모른다. 당신 의도를 감지한 고객들은 당신의 말에 의심을 품고 일단 방어막부터 두르며, 반대의 경우라면 허락했을 정보 또는 사람들에 대한 접근도 막으려 한다. 이로써 당신에 대한 고객들의 신뢰는 줄어들고, 당신은 거래에 실패하고, 당신 기업은 상당한 매출액을 놓치는 것이다. 실제는 당신이 제안한 제품이 경쟁자들 것보다 훌륭할 수도 있는데, 이때 고객은 최적의 솔루션을 획득할 경제적 이득을 놓친 셈이다. 모두가 지는 게임이다.

목표 달성이 중요한 영업일수록 당신의 목표 수치는 잊고 고객들의 목표 수치를 충족시키도록 돕는 것이 중요하다. 즉 나와 내 기업의 발전이 중요할수록 그 발전에 대한 집중을 보류하고 우선적으로 고객의 발전에 헌신하는 것이 중요하다는 뜻이다. 역설적인 것은 자기 스스로의 욕구를 보류하는 만큼 고객의 욕구를 충족시킬 가능성이 더 커진다는 점이다. 그럴 경우 기업의 발전도 앞당길 수 있을뿐더러 스스로의 욕구를 충족할 가능성도 커진다.

이기려다 지는 경우

내·외부 고객 중 어느 쪽의 욕구(니즈)를 충족시킬 것인가의 문제도 누구의 욕구에 집중할 것인가 하는 것과 동일한 순서가 적용된다. 만약 발전이 진정으로 중대한 동기라면, 프로젝트나 아이디어에 쏟는 개인적 열정과 헌신이 '기업보다 나 먼저'의 관점을 향해 표류하지 않도록 해야 한다. 그렇다고 팀의 개별적 욕구를 위해 맹렬히 싸우지 말라는 뜻은 아니다. 단지 자신의 영역뿐 아니라 비즈니스를 위해 무엇이 최선인가 하는 기준에 따라야 한다는 말이다. 「포춘」 선정 100대 기업의 어느 사장이 간부진에게 '나보다 우리 먼저'라는 생각에 집중하자는 취지로 보낸 이메일을 살펴보자.

수신 : 간부진

제목 : 생각할 거리

[제품명]의 기획 프로세스가 전개되면서, 나는 우리의 장기적 목표에 파괴적일 수 있는 어떤 행동들을 직접 보거나 들었습니다. 요

컨대 모두가 현실적으로 재정 문제에 어려움을 느끼지만, 대부분의 사내 그룹이 우리 회사가 성취해야 할 과업 중에서 큰 부분을 차지하려고 로비를 펼치고 있습니다. 로비는 이메일 형식을 빌리거나 기획회의에서 펼쳐지기도 하고, 때로 시안 작성 단계 등을 거쳐 이루어집니다. 내가 내린 유일한 결론은 이렇습니다. 즉 내가 지금껏 그들에게, 실천 불가능한 과업에 참가하는 것이 더 많은 자원을 얻는 방법이라고 믿게 하는 환경을 조장해왔다는 겁니다.

물론 시안 작성이나 구상은 권장할 필요가 있습니다. 내 말을 그런 활동에 반대하는 것으로 해석하지 말았으면 좋겠습니다. 여러분은 리더이므로, 시안 또는 구상을 트레이드오프•를 통해 투자가 아깝지 않은 프로젝트로 전환할 수 있게끔 각자의 팀을 이끌어주었으면 합니다. 가끔은 좋은 아이디어가 한 영역에 둘 이상 공존하기도 하는데, 이때는 선택을 강요받게 됩니다. 애석하게도 굉장한 아이디어조차 문턱을 넘지 못할 때가 있습니다. 거기에 맞추려고 나머지 일들의 우선순위를 재조정하려면 오히려 출혈이 큰 경우가 있습니다. 종종 더 많이 일하라느니 더 적게 일하라느니 요청도 받게 될 겁니다. 결국 우리는 비즈니스에 합당한 일을 해야 합니다. 비록 우리 기업의 최고 정예들이 개별적으로 꾸는 꿈이 성취되지 못하는 한이 있더라도 말입니다.

나는 여러분 모두가 "X를 하는 것이 Y보다 중요해. 비록 나는 Y를 맡고 있지만, 우리 쪽에 투입할 자원을 줄이고 X에 집중하도록 자원을 옮겨야 해."라고 말하는 것을 듣고 싶습니다. 그런데 불행히도 요즘 나는 이런 말을 더 많이 듣습니다. "나는 어느 누구보다도 Y를 잘 알지, … Y는 가장 중요한 일은 아닐지 몰라도 썩 괜찮고 우리 팀에 동기도 부여할 테니까, 난 이걸 위해 싸울 각오도 되어 있어."

우리 모두 할 일이 많습니다. 감사합니다.

그가 전달하려는 메시지는? 비즈니스가 우선이라는 것이다.

어디 한번 혼자 살아남아보라고

그러나 이 기업이 궁지에 몰렸고 감원이 임박했다고 생각해보자. CEO의 '비즈니스 우선' 요청은 제한된 일자리를 위해 경쟁하는 사람들에게 비현실적이지 않을까? 그들은 사장의 이메일을 무시한 채 '적자생존' 접근방식을 취해야 하지 않을까? 전형적인 반응은 그럴 테지만, 완전히 틀린 접근 방식이다. 시기가 좋을 때 기업은 직원들의 헌신을 필요로 하고 직원들은 자기 일자리를 지키고 싶어한다. 하지만 기업이나 종업원은 어려운 시기에 변화를 필요로 할까? 정답은 '아니오.'다.

어려운 시기에 **양쪽** 모두가 필요로 하는 것은 같다. 기업은 더 큰 기여를 요구하고, 직원들은 좀더 확실한 고용 보장을 원한다. '나보다 우리 먼저'라는 태도가 좋은 시기에 효과적이라면, 나쁜 시기에도 그만큼 효과적이다. 적자생존 심리의 역설은 생존 압력이 거세질수록 겸손을 내던지고 '우리보다 나 먼저'라는 태도를 취하고 싶은 유혹도 커진다는 점이다. 그런 태도는 자기 아이디어에 대해 방어적이고, 동료를 경쟁자로 치부하며, '너희는 나 없이는 못 살아.' 투의 특출함을 과시하는 데 시간을 들이고, 자신을 퇴출 명단에 올릴 수 있는 사람에게 인정받으려고 애쓰도록 한다. 에고가 통제권을 장악할 때, 우리의 실적은 감소된다. 당연히 실적이 감소되면 퇴출명단에 한층 더 가까워진다. 만약 에고가 강점들을 최소화한다면, 우리는 최선의 상태에서의 기여도가 아니라 에고의 모조품들이 허락한 만큼의 기여도에 따라 평가받게 된다. 우리가 자기 생존에 집중하면 할수록 생존 가능성도 따라서 줄어든다. '나보다 우리 먼저'는 방정식의 양쪽 항 모두에게 가장 단도직입적인 전략일뿐더러 생존을 위한 인센티브이기도 하다.

「포춘」의 제리 우심(Jerry Useem)은 이렇게 말했다. "경제학자들은 성공이 결국에는 개인의 동기가 된다는 가설을 오랫동안 유지해왔다. 자기 자신의 이득에 부합한다면 협조하고, 그렇지 않다면 협조하지 않겠다는 (마치 사자 무리 같은) 태도가 그것이다. 그런데 행동심리학자 린다 캐포라엘(Linnda Caporael)이 이끄는 연구팀은 '사람들은 어떠한 동기 없이도 협조하려 할까?'라는 질문을 생각했다. 놀라지 마시라. 정답은 '그렇다.'이다. 조건만 올바르다면 말이다. 참가자들은 동기로 '집단 복지'를 자주 언급했다. 경제학자들에게는 충격적인 일이다. 그러나 성공적인 팀의 일원들에게는 전혀 충격적인 일이 아니다. 노동자들의 관심사란 순전히 용병의 그것과 같다고 간주하는 사장들에게는 결국 한 무리의 용병들만 남을 것이다."

'나보다 우리 먼저'의 에고노믹스

발전을 위한 헌신은 경제적 현실에 근거한다는 점을 기억해두는 것이 중요하다. 무릇 기업이란 이익을 남기려고 투자하고 리스크를 감수하지만, 그에 상응해 자체 욕구를 고려한다. 예를 들어 피고용자가 실수를 저질러서 기업에 금전적 손실을 안긴다면, 기업은 그 비용을 감수한다. 피고용자의 호주머니에서 직접 돈을 꺼내 비용을 치르지는 않는다. 그러므로 비즈니스가 우선하는 것이다. 하지만 그러한 현실에도 불구하고, 기업이 피고용자의 욕구를 배제하고 오직 자체적인 발전에만 관심을 갖는다는 것은 이치에 닿지 않는다.

마찬가지로 피고용자 입장에서도 기업에 손해를 끼치면서 개인 발전을 추구하는 것은 효과적이지 않다. 기업은 자기 욕구에 편승해 90대 10 정도에 이르기까지 균형을 왜곡하면 안 되고, 개인 기여자들은 그 균형이 50대 50이 되지 않도록 분명히 해야 한다. 어느 쪽이든 그 비율을 잘못 계산할 때는 기업문화에 미치는 결과를 잘못 판단하는 것이다. 불공평하다고 인식한 직원들은 뒤로 물러

서게 되며 '내 할 일 하기'라는 명목으로, 그리고 제 봉급 챙기기에 급급해 발전을 위한 헌신은 증발해버린다. 일터에서 벌어지는 모든 파업이 불평불만 때문에 촉발되는 것은 아니다.

발전을 위한 헌신이란 당신이 언제나 모든 사람의 욕구를 충족시킬 수 있다는 뜻이 아니라, 결정을 내리기 전에 그들을 성실하게 배려할 수 있다는 것이다. 그런 배려는 주관적이므로, 오직 당신만이 그들을 뒷받침할 동기를 판단할 수 있다. 우리가 제안하는 초점의 경로가 어느 쪽에서건 이기주의를 일소하거나 사심 없는 태도를 보장하지는 않지만, 최소한 우리와 나 사이의 올바른 균형을 찾아낼 기회는 제공한다.

소저너 트루스
(Sojourner Truth, 1797~1883)

'19세기 미국 흑인 여성으로 가장 주목할 만한 여성'이라 불리는 그녀는 노예였다. 부모가 흑인 노예라는 이유로 노예가 돼야만 했던 그는 노예제도 폐지와 흑인 여성들 참정권 문제를 가지고 평생을 고투했다.

트루스(Truth)의 진실한 순간

발전을 위한 헌신은 종종 자기 자신보다 원대한 대의를 위해 희생할 것을 요구한다. 그 희생으로 말미암아 즉각적이거나 명백한 이득이 돌아오지 않는다 해도 말이다. 우리가 연구한 가장 용기 있고 헌신적인 인물들 중에서 그러한 희생을 여실히 보여준 한 여성이 있다. 그녀의 이름은 이사벨라 바움프리(Isabella Baumfree)다(훗날 소저너 트루스•로 개명했다). 그녀는 노예 신분에서 벗어난 미국 흑인 여성으로, 노예제 폐지와 여권 신장의 강력한 옹호자였다. 1851년, 트루스는 '여권 전국회의(National Women's Rights

Convention)'에서 연설해달라는 요청을 받았다. 그녀는 매우 강력한 자유의 대변자였으므로, 적들은 그녀가 총회에서 연설하지 못하도록 모욕하고 수치를 주려고 술수를 썼다. 관리들은 그녀를 여자 화장실로 끌고 가 가슴을 드리내고 여자임을 증명하라고 강요했다.

바로 그 순간, 트루스는 선택을 내려야 했다. 그 자리를 피함으로써 부정의가 그녀의 목소리를 억압하게 할 수도 있고, 수치스러운 시련에 동의하고 목소리를 해방시킬 수도 있었다. 그녀는 옷을 벗으면서 말했다. "내가 하는 이 짓은 당신네 수치지, 내 수치는 아닙니다." 겸손(humility)에 찬 리더에게 모욕(humiliation)이란 없으며, 오로지 목적과 발전만 있을 따름이다. 모욕이란 겸손을 결여한 이들이 가장 느끼기 쉬운 감정이다. 다시 옷을 입고 총회에 참석한 그녀는 '나는 여자가 아닌가요?(Ain't I a Woman?)'라는 연설을 했다. 다음은 이 연설의 발췌문이다.

저기 저 남자가 말하길 여자들은 마차에 오를 때 도움이 필요하고, 도랑을 건널 땐 안아 올려줘야 하고, 어디서든 제일 좋은 자리에 앉아야 한다고 합디다. 그 누구도 내가 마차에 오르거나 진창길을 건널 때 도와주지 않았고, 아무도 제일 좋은 자리를 내주지 않았어요! 나는 여자가 아닌가요? 날 보세요! 내 팔을 보세요! 난 밭 갈고 씨 뿌리며 곡식을 헛간으로 날랐는데, 어떤 남자도 날 앞서지 못했어요. 그러니 나는 여자가 아닌가요? 나는 남

자만큼 일하면서 - 먹을 게 있을 때는 - 남자만큼 먹었고, 채찍
도 견뎌냈어요. 그러니 난 여자가 아닌가요?

난 열세 명의 아이를 낳았고, 그 아이들 대부분이 노예로 팔려가
는 모습을 지켜보았어요. 그리고 어미의 슬픔으로 울부짖는 내
목소리를 들으신 분은 오직 예수뿐이었습니다. 그러니 난 여자가
아닌가요? 그런데 그들은 머릿속에 든 그걸 갖고 걸고넘어지네
요. 그들이 이걸 뭐라고 부르는지 아나요? 〔청중 한 명이 '지적
능력'이라고 속삭인다.〕 맞아요, 여러분. 그 지적 능력이란 게 여
권이나 '깜둥이'의 권리하고 무슨 상관일까요? 내 컵은 한 파인
트(0.47리터)밖에 못 담는데 당신 컵은 쿼트(2파인트)를 담을
수 있다고 하면, 절반밖에 안 되는 내 조그만 컵이 가득 차는 게
배가 아플 정도로 당신은 인색한가요?

트루스의 메시지는 당대로서 혁명적이었다. 그녀가 거만했다면
화장실로 걸어가지 않았을 테고 에고가 결여되었다면 연설할 생
각도 품지 못했을 테지만, 그녀의 겸손함은 거만함과 에고 결여
사이의 균형을 섬세히 잡아주었다. 수많은 청중 앞에서 연설하기
에는 자기 능력이 부족하다고 생각했음에도 불구하고, 그녀는 중
앙 무대에서 그녀가 하려는 말이 들을 만한 가치가 있고 변화를
가져오리라 확신했다. 그녀는 겸손의 평형점 중앙에 머물렀으며,
덕분에 그녀는 여성 운동에 심대한 영향을 줄 수 있었던 것이다.

〈그림 7-2〉 **겸손 특유의 두 번째 속성(나는 특출하고, 특출하지 않다)**

나는 특출하고, 특출하지 않다(이원성)

겸손이 만들어내는 진정한 자신감 덕분에 우리는 과감한 동시에 온순할 수 있다. 우리는 다른 사람의 반대 의견을 들으면서도 열정적으로 주장을 펼칠 때만큼이나 편안할 수 있다. 겸손은 한때 다른 사람의 리드를 쉽게 따르게 하고, 다음번에는 그만큼이나 쉽게 자신이 리드할 수 있게 한다. 이와 같은 이원성(duality)은 겸손의 특유한 두 번째 속성이다.

이원성은 반대의 경우라면 서로 충돌할 수 있는 강점들을 보완함으로써 일차원적인 강점이 되지 않도록 한다. 예를 들어 강한 열정과 맹렬한 결단력을 강점으로 갖춘 사람이 있다고 하자. 얼핏 이런 특징들은 온순함이나 유연성과는 모순되는 것처럼 보인다. 이렇게 인식되는 모순이야말로 그릇된 이분법이다.

많은 리더는 자기가 가진 일부 자질들이 자신이 얻고 싶어하는 다른 자질들과 모순된다고 믿는다. 스탠퍼드대학 로더릭 크레이머(Roderick Kramer) 박사는 힘과 리더십을 주제로 한 워크숍을 진행하는 동안, 참가자들이 더 갖고 싶어하는 리더십 자질에 대해 질문했다. 리더들은 "자기의 성공이 이미 증명되었음에도 불구하고, 이 리더들은 자기네 피고용인들이 자신들을 어떻게 생각하는지 염려하고 자기 자신이 너무 원만하다고 생각했습니다." 크레이머 박사의 말이다. 바꿔 말해 그들은 더 거칠어지고 싶어한 것이다. 한 CEO는 "적들을 내려다보면 그들이 감히 올려다볼 엄두도 내지 못할 칼리 피오리나 같은 능력이 있으면 좋겠습니다."라고 말했다. 우리는 이원성을 인식하지 못할 때 이것 아니면 저것이라 믿어버린다. 즉 터프하거나(그리고 사람들을 내려다볼 줄 알거나) 친절하거나(그리고 너무 부드럽거나) 양자택일해야 한다고 말이다.

그러나 겸손은 이분법적이지 않으며 이원적일 뿐이다. 그러므로 겸손의 능력은 나는 대단한 존재(something)이면서도 아무것도 아닌 존재(nothing)라고 말할 줄 아는 것이다. 나는 완성되었으며, 동시에 미완의 존재이기도 하다. 유능하고도 어중간하다. 특별하면서도 어느 누구보다 나을 바 없다. 비범하고도 평범하다. 유명하면서도 무명이다. 존경받을 자격이 있고, 어느 누구보다 존경받을 자격이 없기도 하다. 스콧 피츠제럴드•는 말했다. "일류 지성의

잣대는 두 가지 상반된 아이디어를 동시에 마음속에 품는 능력이
며, 그 능력이 제 기능을 하도록 유지하는 능력이다."
　겸손의 자신감에 차고 이원적인 속성을 기꺼이 받아들일 때 에
고의 조기 경보 신호들이 근절된다. 비교는 힘을 잃는다. 뭔가 의
미심장한 어떤 존재가 되려고 노력할 수 있는 동시에, 자신이 가
장 대단한 존재일지 모른다는 망상에 시달리지 않을 수 있기 때문
이다. 겸손에 접근하면 인정받으려 애쓰지 않는다. 사랑받는 동시
에 미움을 사는 일이 마음 편하기 때문이다. 자기과시도 생각 속
에 자리 잡지 못한다. 자신의 특출함을 인정하되 그 탁월함이 지
구상에서, 심지어 사무실 내에서 유일한 것도 아님을 이해하는 사
람들은 자기과시에 빠지지 않기 때문이다. 방어적 자세는 우리의
경영 스타일에 침투할 수 없다. 우리가 맞을 때도 많지만 틀릴 때
도 많다는 사실을 기꺼이 인정한다면 말이다.
　이원성은 정체성을 없애는 것이 아니라, 단지 기존 특성들의 균
형을 잡고 고양시킬 따름이다. 이원성은 우리 자신이 아닌 대단한
존재가 되라고 강요하지 않는다. 겸손은 평이한 성격을 설계하는
건축가가 아니라, 좀더 강한 성격을 설계하는 엔지니어다.

겸손은 무슨 색일까?

성격적 특성과 특징을 다룬 『컬러 코드(*The Color Code*)』

의 저자 테일러 하트먼(Taylor Hartman) 박사는 하마터면 책을 끝내지 못할 뻔했다. 1986년 2월 14일 아내 진과 함께 밸런타인 데이 외식을 하고 나서 차를 몰고 집으로 가던 길에 정면충돌 사고를 당한 것이다. 사고 후유증으로 하트먼 박사는 심각한 기억상실증에 시달렸다. 환자 이름들을 도무지 기억해내지 못할 정도였다. 일시적으로 에고 정체성을 상실했고, 아내와 식구들까지 낯설게 느껴졌다. "일생 처음으로 누군가, 진정 특별하고 살아 있는 누군가가 된다는 게 얼마나 부러운 일인지 깨달은 거죠. 나는 에고 정체성이 절실히 필요했어요. 내 성격이 없으니 절박하고 당혹스러웠죠." 시간이 지나면서 하트먼 박사는 자신의 성격과 기억과 에고 정체성을 되찾았다. 회복기 동안 그는 자신의 가족과 친구들 간의 성격 차이를 보다 깊게 이해하기 시작했다. 그들 모두가 그의 인생에 특별한 가치와 식견을 전해주었다는 사실도 깨달았다.

고통에서 벗어나 건강을 되찾는 과정이 하트먼 박사에게는 성격 이론에 대한 혁신적인 저술에 전념하게끔 다시 불꽃을 일으킨 셈이었다. 그의 연구는 그야말로 획기적이었다. 하트먼 박사는 우리가 저마다 지문처럼 유일하고 유전적인 특정의 성격유형과 더불어 태어나며, 우리의 핵심 동기가 행동양식을 조종한다고 주장한다. 성격과 함께 각 성격유형에 연관된 전형적 행동 양식들은 그 특질이 변할 수 있는 반면, 정체성과 핵심 동기는 결코 변하지 않는다. 하트먼 박사는 말한다. "당신의 성격은 마치 부모처럼 당신을 지켜본다. 인생을 헤쳐나가는 동안 길을 표시해줄 명쾌한 성

〈그림 7-4〉 **성격유형을 구분하는 핵심 동기**

빨간색-힘 생산성을 중요시하며 존경받기를 원함	**파란색-친밀감** 관계를 중요시하며 좋은 사람이 되기를 원함
노란색-재미 인생에 완전히 몰두하는 것을 중요시하며 좋은 사람으로 보이기를 원함	**흰색-평화** 독립성을 중요시하며 기분 좋게 느끼고 존경받기를 원함

격적 특성이 없는 사람들은 헤매게 마련이다." 그는 성격의 네 가지 범주를 빨간색, 파란색, 노란색, 흰색으로 분류한다. 〈그림7-4〉는 핵심 동기와 각 동기들에 대한 짤막한 설명을 보여준다.

그런데 만약 굳이 투표를 해야 한다면, 겸손을 가장 쉽게 습득할 만한 성격유형은 무엇이라고 생각하는가? 이 질문을 필자들의 리더십 강습회에 참가한 이들에게 던져보면, 흰색이라는 대답이 가장 많이 나온다. 여유롭게 2위를 차지하는 파란색에 비해 노란색은 거의 표를 받지 못하고, 빨간색은 한 표도 얻지 못한다. 1차 투표가 끝난 뒤 우리가 잠자코 있으면, 몇 초 이내에 참가자들 사이에 토론이 벌어진다. 결국 모든 참가자가 끌어내는 보편적인 합의 내용은 다음과 같다. "겸손은 아무도 쉽게 습득하지 못한다." 참가자들이 옳다. 필자들의 경험에 따르면, 겸손을 수용하는 능력과 성격유형의 상관관계는 거의 없거나 아예 없다. 겸손의 이원성이란 파란색 성격유형이 자신의 핵심 성격을 흰색으로 바꾸거나, 노란색 유형이 파란색으로 바뀌거나, 붉은색이 자기 색을 잃는 것 따위하고는 아무런 관계가 없다. 겸손은 균질성 또는 동질성이 아니라, 상반된 것의 공존이다.

성격에 관한 올바른 사실은 조기 경보 신호들이 특정 성격유형에 연결된다는 점이다. 빨간색은 자기과시, 파란색은 방어적 자세, 노란색은 비교 일삼기, 그리고 흰색은 인정받으려고 애쓰는 자세에 각각 연결될 수 있다. 그러나 성격과 겸손의 개발은 어느 누구에게도 쉽지 않은 일이다. 이원성을 위해 자기의 정체성을 포기할 이유는 전혀 없다. 진정 필요한 것은 적응이다.

아슬아슬한 줄타기

겸손의 이원성은 각자의 성격을 희생시키지 않고도 '적대적' 특성이 공존할 수 있도록 한다. 그 점이 바로 우리가 이원성을 필요로 하는 까닭이다. 강점들을 한 방향으로만 개발하지 않도록 자유롭게 해주는 것이 바로 이원성이다. 재능은 공존에 힘입어 올곧게 유지된다. 즉 각 특성들을 남용하지도 억제하지도 않는 것이다

강점	이원성의 나머지 부분
야망적임	사심 없음
확신에 참	개방적임
카리스마적임	실제적임
경쟁적임	협조적임
결단력 있음	수용적임
결연함	탄력적임
직선적임	사교적임
대담함	신중함
독립적임	포용적임
열성적임	느긋한
의욕적임	끈기 있는

만약 한쪽 특성이라도 다른 쪽 특성을 배제하면, 나머지 특성의 부재와 더불어 바로 그 특성마저 약해진다. 위 목록에서 맨 위에 있는 두 특성, '야망적임'과 '사심 없음'을 예로 들어보자. 야망에 과도하게 의존한 채로 토론에 임할 경우에는 자신의 주장을 관철하기 위해 다른 아이디어 또는 사람들을 밀어내게 된다. 자신의 주장에 열정을 싣겠다는 생각에 '언제나', '결코', '모든 사람' 또는 '어느 누구도' 등의 도가 지나친 어휘를 구사하는데, 이때 동료들에게 전달되는 메시지는 다음과 같다. '이건 연설이지 대화가 아니야.' 반면, 사심 없음이란 덕목에 과도하게 기댈 경우에는 어

휘를 신중히 선택해 쓸데없는 풍파를 일으키지 않기를 바라며, 토
론 과정에서 자기 주장이 한편으로 기울지 않도록 조심한다. 예의
를 차리는 동안 열정은 사라져버리고, 경의를 표하며 공손하게 굴
면서 자신감을 잃는다.

미완성 비즈니스

모든 사람은 미완성의 존재이며, 한 쌍으로 균형을 이루
는 특성 중 적어도 하나를 갖지 않는다. 그러므로 우리는 각자 해
야 일이 있다. 일부에게 그 일은 대수롭지 않은 리모델링에 지나
지 않을 테지만, 다른 이들에게는 거의 해체 작업처럼 보일지도
모른다. 어느 경우든 해야 할 일의 범위는 우리가 이원성에게 허
락한 역할에 좌우된다. 스탠퍼드대학의 크레이머 박사는 말한다.
"리더십을 주제로 한 인습적인 책들은 리더들을 신화적이고 영웅
적인 인물로 보여주곤 합니다. 학생들은 자신의 리더들이 완벽하
고 어떠한 개인적 결점도 없기를 바라죠. 학생들이 깨닫지 못하는
사실이 있어요. 가끔은 누군가를 불완전하게 만드는 바로 그 자질
들이야말로 성공하고자 하는 그들의 엄청난 충동과 더불어, 편협
한 한 영역에서 성취를 이루려는 그들의 집중력을 설명해줄 수 있
다는 사실 말이죠. 스티브 잡스가 좋은 예입니다. 그는 창의적인
천재이지만, 누군가를 소외시키고 그들을 조직에서 쫓아내는 비

상한 능력 또한 갖고 있으니까요.”

그러나 창의적 천재가 사람들을 소외시키고 몰아내는 것이 왜 문제가 되는 걸까? 문제는 창의적 천재가 아니라, 천재에게 없는 그 무엇이다. 누군가의 묘사에 따르면, 경력 초창기에 잡스는 “성격의 힘을 빌려 지배하는 인물이었고, 딴 사람들의 아이디어를 조롱하고 자기 관점에 반대되는 의견은 들으려 하지 않으며 고약한 성질을 부리는 버릇때문에 숱한 적들을 만들었다.” 그렇다 해도 부모님 차고에서 애플을 창업한 지 10년도 안 된 서른 살의 나이에 기업을 20억 달러짜리 조직으로 키워낸 천재적 인물에게 굳이 포용력이나 상호 존중 따위의 특성을 덧붙여야 한다고 주장할 만한 근거는 무엇인가? 이유인즉 그 시점까지의 성취는 잡스가 할 수 있는 일에 비해 편협한 견해에 불과하기 때문이다. 우리가 특성을 개발하는 과정에서 지나치게 편협해지면 성취의 범위가 한정된다. 주지하다시피 잡스는, 겸손했다면 자신의 창의적 천재성에 균형을 맞추고 그리하여 성취의 폭을 넓힐 수도 있었다는 교훈을 나중에야 배웠다. 잡스는 스탠퍼드대학 2005년도 졸업 연설을 통해 겸손에서 배운 교훈을 피력했다.

> 그러나 이듬해 저는 [1985년에 애플에서] 해고당했습니다. 자기가 세운 기업에서 해고당하면 기분이 어떻겠습니까? 당시 애플이 점점 성장하면서, 저와 함께 기업을 경영할 만큼 매우 유능하다고 생각한 누군가[당시 펩시 사장이던 존 스컬리]를 공동경영

자로 고용했습니다. 처음 1년 정도는 잘 돌아갔습니다. 그런데 언젠가부터 미래에 대한 우리의 비전은 서로 어긋나기 시작했고, 결국 우리 둘의 사이도 틀어졌습니다. 이때 기업 경영진은 제가 아니라 그자를 편들더군요. 저는 나이 서른에 쫓겨나야 했습니다. 그것도 아주 공공연하게 말이죠. 저는 인생의 초점을 잃어버렸고, 뭐라 말하기 힘든 참담한 심정이었습니다. 몇 개월 동안 아무 일도 손에 잡히지 않았습니다. 선배 창업가 세대를 실망시켰다는 송구스런 마음이 들었습니다. 달리기 계주에서 바통을 놓친 선수 같은 심정이었죠. 데이비드 패커드〔HP의 공동 창업자〕와 밥 노이스•를 만나 일을 이렇게까지 망친 것을 사죄하려 했습니다. 저는 그야말로 '공공의 실패작'으로 전락했고, 실리콘밸리에서 도망칠 생각도 한 적이 있습니다.

겸손에서 우선 배우지 않는다면 상황의 변화, 이를테면 주가 '하락' 등을 통해 한 수 배우게 되는 경우가 비일비재하다. 잡스는 자기 경력에서 불거진 상황의 변화에 놀랐고 그 이유를 납득할 수 없었다. "가끔 인생이 당신 이마에 벽돌을 던질 때가 있는 법이죠."

애플에서 쫓겨난 잡스는 컴퓨터 기업을 세워 다음 벤처사업을 시작했는데, 적절하게도 기업 이름을 넥스트(NeXT)라고 붙였다. 하지만 넥스트는 애플 같은 성공 신화를 전혀 이룩하지 못했다. 7년 뒤에 잡스는 공장문을 닫고 절반의 종업원을 해고한 다음, 기업의 방향을 소프트웨어 개발 쪽으로 전환했다. 1995년에 이르러서야 넥스트는 흑자를 냈다. 같은 해 12월, 애플은 이 기업을 4억 달러에 인수했다. 바로 그해에 잡스는 영화계의 거물 조지 루카스로부터 고군분투하던 컴퓨터 애니메이션 스튜디오 픽사(Pixar)를 사들였다. 픽사 시대로 접어들면서 잡스의 성공 스토리는 한층 밝아졌다. 1988년에 픽사는 단편 컴퓨터 애니메이션 〈틴 토이(Tin Toy)〉로 오스카 트로피를 거머쥐었고, 1991년에는 월트디즈니와 세 편의 애니메이션을 제작하기로 계약하고 블록버스터 애니메이션 〈토이 스토리(Toy Story)〉 제작에 착수했다.

그러나 이들 가운데 어떤 사건도 잡스의 성공 스토리에서 가장 흥미로운 부분은 아니다. 1997년 당시 잡스가 낭떠러지로 추락하던 애플에서 이른바 '임시(interim)' CEO●를 맡았을 때, 사실 식상한 우려먹기가 아닌가 하는 우려도 있었다. 잡스가 최초로 취한 조치는 그 자신이 넥스트에서 개발한 운영체제, 즉 애플이 2년 전에 그에게서 구매한 바로 그 운영체제를 폐기한 일이었다. 예전의 스티브 잡스와는 어울리지 않는 조치였다. 넥스트의 전직 재무 담당 최고책임자(CFO) 수전 켈리 반스(Susan Kelly Barnes)는 "그는 매년 원숙하고 성숙해졌다."고 증언한다. 잡스에게 일어난 변화를 눈치 챈 사람은 반스뿐 아니었다. 커크 비츠(Kirk Beetz)가 쓴 전기도 도무지 변신이라고밖에 묘사할 수 없는 스티브 잡스의 변화를 보여준다.

잡스는 여전히 애플에 대한 자신의 비전만이 유일하게 옳다고 확신하기는 했지만, 경영 스타일은 1985년에 비해 철저하게 변화했다. 어깨에 힘을 빼고 훨씬 열린 마음으로 아이디어들을 받아들이는 것으로 보였다. 실제로 그는 딴 사람들의 아이디어를 즐기는 듯했다. 아마도 픽사에서 했던 작업 덕분에 애플에서 창의적인 사람들과 더불어 일하는 능력이 향상되었는지도 모른다. 그는 기업의 모든 핵심 지위에 일류 간부들을 현명하게 중용했고, 그들을 몰아내기는커녕 붙잡아두었다. 마치 작심한 것처럼 종업원들이 일하고 싶어하도록, 또 그들 자신이 세상을 향상시킬 사명을 지닌 위대한 문화의 일원이라는 자부심을 느끼도록 애플의 기업문화를 변모시켰다. 더욱이 잡스는 예전의 끼를 유감없이 발휘해 전자기기를 만지작거리는 재미를 새삼 되찾아주었다.

이원성의 역설은 불완전함을 인정할 때 더욱 강해진다는 것이다. 잡스도 여기에 동의하는 듯하다. "나는 내가 애플에서 해고당하지 않았더라면 이 모든 일[넥스트, 픽사, 애플로의 복귀, 아이팟, 아이튠즈] 중에서 어느 것도 일어나지 않았으리라고 굳게 믿어요. 지독히 쓴 약이었지만, 환자에게 꼭 필요한 약이었던 거죠."

이원성이란 우리가 유식하고도 무식하고, 강하면서 약하며, 옳고도 그르고, 유능한 동시에 불완전한 존재임을 인정하는 것이다. 이제는 앞서 언급한 바 있는 겸손이란 단어를 에워싼 그다지 매력적이지 않은 일부 특성들을 살펴보자. 복종적, 온순한, 조용한, 단순한, 조심스런, 말투가 상냥한, 자기를 내세우지 않는, 수동적인 등이다. 이원성으로 말미암아 이들 특성 중 대부분은 고립되지 않을 때 비로소 강점을 지닌 것으로 드러난다. 가끔은 독립적인 자세보다 복종적인 자세를 갖는 것이 더 많은 내면의 힘을 요구한다. 이원성은 온순함과 과감함, 중용과 특출함, 에고 망각과 자신감 등의 모든 특성에 존재한다. 이원성은 겸손의 특유한 속성으로, 그 덕분에 우리는 스스로가 미완성되었다는 적절한 의식을 갖게 되며, 그리하여 겸손의 마지막 속성인 '하나만 더(건설적 불만)'에 다다르는 문턱까지 이른다.

하나만 더 (건설적 불만)

'나보다 우리 먼저(발전을 위한 헌신)'와 '나는 특출하고, 특출하지 않다(이원성)'에 더해, 마지막으로 겸손의 특유한 속성은 '하나만 더(건설적 불만)'이다. 록 밴드 U2의 보노(Bono)와 래리 멀렌(Larry Mullen)은 '하나만 더' 속성의 본질을 요약한다. 보노는 U2의 리더 싱어로서 그래미상을 14번 수상했고 15장의 앨범을 제작해 1억 3,000만 장을 판매했다. 보노는 자신이 가장 좋아하는 곡이나 앨범을 묻는 질문에 "그건 아직 쓰지 않았다."고 답했다. U2를 처음 만든 드러머 래리 멀렌은 이렇게 덧붙인다. "밴드로서 우리는 언제나 만족할 줄 몰라요. 이 정도로 웬만큼 했다고 볼 수도 있겠지만, 아직 가장 훌륭한 곡은 분명 아직 못 만들었습니다. U2만큼이나 열심히 노력하지만 이만한 성공을 거두지 못한 현역 밴드들이 있어요. 우린 그게 불편해요. 우리는 스스로를 증명해야 해

〈그림 7-4〉 **겸손 특유의 세 번째 속성(하나만 더)**

JD파워(J. D. Power) 자동차 품질 조사에 주력하는 시장조사 전문 기관.

요." 이러한 완벽성의 추구와 자기 증명이 '하나만 더'의 힘이다.

건설적 불만은 발전을 위한 헌신과 함께 작용한다. 사실 겸손은 온전히 발전에 바쳐진다. 그런데 발전에 관한 한 도요타야말로 건설적 불만의 모범이라 할 수 있다. 실은 '도요타'가 아니라 도요타 사람들이 그 주역이다. 그들은 자신들의 기업을 세계에서 가장 큰 자동차 제조사로 키워가는 노정에 서 있다. 실제로 여러분이 이 책을 읽을 즈음이면 도요타가 이미 고지를 점령했으리라고 추정된다. 도요타는 혁명적인 하이브리드 자동차 프리우스로 3년 연속 '올해의 국제 엔진 상(International Engine of the Year)'을 수상했다. JD 파워•의 '파이브 스타(Five Star)'나 「모터 트렌드(Motor Trend)」 선정 '올해의 차' 등까지 합치면, 도요타가 받은 상장과 트로피 목록은 끝 모르고 늘어날 것이다. 찰스 피시먼(Charles

Fishman)은 도요타의 '만족에 대한 불만족'을 다룬 「패스트 컴퍼니」 기사를 통해, 켄터키 주 조지타운에 위치한 도요타 공장이 최근 개선한 자동차 도장(塗裝) 공정 사례에 관해 썼다. 조지타운 공장의 기존 도장 공정은 경쟁력 기준을 '위반하지는' 않았지만, 완벽하지 않았다. 바로 그 불완전하다는 사실만으로도 동기는 충분했다.

피시먼은 그들이 노즐, 페인트 용기(카트리지), 페인트 분사 방식 변경, 여러 공정 등의 도장 업무를 어떻게 개선했는지를 설명한다. "이전에 열 시간이 걸리던 자동차 도장 공정이 현재는 여덟 시간밖에 소요되지 않는다. 도장 공장은 예전에 비해 25퍼센트나 적은 수의 차들을 붙들고 있다. 페인트 낭비는? 제로에 가깝다. 예전에 100갤런(379리터)씩 들던 페인트가 이제는 70갤런(265리터)이면 충분하다." 하지만 요점은 세부적인 특정 개선 사항이 아니다. "〔개선은〕 제도적인 집념으로 도요타에 뿌리 깊게 자리 잡았으며, 자사의 모든 노동자에게 이러한 인식을 불어넣고, 예전에 성취한 그 무엇에도 결코 만족하지 않는 자세를 널리 퍼뜨리는 데 일조한다. 조지타운 공장 사람들이 일을 보는 방식을 다른 모든 곳에 비교해보는 것은 흥미로운 일이다. 월마트의 계산대 줄은 왜 결코 줄어들지 않을까? 해가 거듭돼도 휴대전화 기업들의 고객 서비스가 좀체 개선되지 않는 까닭은? 온갖 소프트웨어를 업그레이드해봐도 내 PC는 점점 더 다루기 힘들어지는 이유는? 마치 도요타 사람들만 특별한 4차원 안경으로 세상을 바라보는 듯하다. 나머지 우리는 2차원에 붙들려 있는데 말이다."

건설적 불만에 따라 움직일 경우는 자신이 '완성되었다.'고 생각하면서 종착지를 바라보지 않을 것이다. 대신 최종 결과만큼이나 그 결과에 도달하는 과정을 소중히 여긴다. 도요타의 자동차 도장 부서의 기술 담당 부장 채드 버크너(Chad Buckner)는 말한다. "우리 모두는 우리가 성취한 것을 매우 자랑스럽게 여깁니다. 하지만 멈춰서는 안 됩니다. 거기서 멈춰서는 안 돼요. 만족할 만한 이유는 아무것도 없습니다." 그의 동료 존 슈크(John Shook)는 말한다. "문제가 안정기(plateau)를 찾는 게 아니라 과정 그 자체임을 깨닫고 나면 긴장을 풀어도 됩니다. 과업을 이행하고 그 과업을 향상시키는 것이 하나의 동일한 일이 되니까요." 도요타가 깨달은 것은 단지 카이젠•을 위한 프로세스의 보유와과 카이젠의 태도를 갖춘 문화의 보유가 다르다는 사실이다.

도요타 스토리는 매우 큰 기업 장치 내부에서 만들어진 작은 변화를 보여주는 본보기다. 중대한 변화들이 항상 비전의 형태로 우리를 불시에 습격하거나, 우리를 사로잡거나, 모든 이를 감전시키지는 않는다. 도요타의 도장 공정 개선 사례를 한 장의 스냅사진으로만 본다면, 그다지 혁명적이지 않을 것이다. 그러나 연속사진으로 볼 경우, 작고 점증적인 변화들이 시간이 흐르면서 큰 차이를 만들어냈음을 알게 된다. 그렇다고 건설적 불만이 작고 거의 눈에 띄지 않는 차이들에 관한 것이라는 뜻은 아니다. 가끔 변화 **자체**가 혁명이기는 하나, 대개의 경우 그렇지 않다는 말이다. 게다가 변화들이 큰지 작은지의 문제는 요지에서 벗어난다. 요지는 기회를 분석하고 중대한 변화를 추구하려는 태도와 그 원동력이다. 그 이유를 탐구하기 위해 잠시 짐 콜린스의 『좋은 기업을 넘어 위대한 기업으로』로 돌아가보자. 콜린스의 연구에는 그 이전 50년 동안의 경영 관련 저술에 나타난 연구와는 다른 중대한 무언가가 있다. 그의 연구는 창업 당일부터 이미 위대했던 기업들에 대한 탐구가 아니다. 그것은 쇄신(transformation)에 대한 연구다. 몇 십 년에 걸쳐 좋은 실적을 쌓는 동안 위대함에 이르는 전환기를 일군 기업에 관한 연구인 것이다. 그 전환 과정에서 '좋은 기업을 넘어 위대한 기업'이 된 대부분의 기업은 변화해야 한다는 절박한 딜레마에 의해 강요받지 않았다.

시장 조건이 이들 기업을 쇄신시킨 것이 아니다. 사실 콜린스는 위대한 기업들이 도약을 이룬 것은 시장의 '결함' 때문이 아님을 보장해줄 범주들을 만들어놓았다. 각 기업은 스스로 움직여야 했다. 요는 이들 기업의 문화가 겸손에 의지한 것으로 나타났는데, 이는 그들이 변화하기를 원했기 때문이지 변화를 필요로 했기 때문이 아니라는 것이다. 달리 말해 건설적 불만 때문이었다. 어느 정도까지는 "오직 편집광만이 살아남는다."는 인텔의 창업자 앤드루 그로브의 발언이 바로 이 건설적 불만을 극단적으로 표현한 말이라고 볼 수 있다. 조기 경보 신호들을 정확히 인지하는 것이 매우 중요한 까닭이 바로 여기에 있다. 그 신호들로 발전이 멎었음을 알 수 있기 때문이다. 발전을 추구하는 과정에서 건설적 불만은 현재 위치에 안주하지 않도록 하는 동시에 변화를 완강하게 거부하지 않게 한다.

　그러나 그러한 변화에 필요한 과업들을 유심히 살펴보면, 왜 겸손이 그토록 두드러지게 부각되는지 명백해진다. 콜린스는 이른바 '사람 먼저, 이유는 나중(first who, then why)' 전략을 최초로 알아낸 사람이다. 그것은 기업들이 '올바른 사람들을 승차'시키고 그른 사람들을 하차시켜야 함을, 설령 그들이 한 조직으로서 지향하는 이상 또는 과업을 결정하기 전이라 해도 그래야 함을 뜻한다. 일단 버스의 좌석이 채워진 각 기업은 현재 위치나 그들이 가장 잘할 수 있기를 바랐던 것과는 무관하게, 세상에서 가장 잘할 수 있는 것이 무엇인지를 알아내야 했다. 그러나 탑승을 허가하는 것은 '기업'이 아니라 사람들이고, 리더들이었다. 달리 말해 인간이란 존재는 세상에서 자신이 최고가 되고 싶어하는 것과 실제로 될 수 있는 것 사이의 차이를 구별해야 한다. 이는 너무 왜소하거나 비대한 에고로는 쉽사리 인식하지 못하는 결정적 차이인 것이다. 위대함을 추구하는 과정에서 기업의 리더들 앞에 놓인 모든 과업에는 비범한 대화 능력이 요구된다.

겸손의 견인력

　앞서 밝힌 바 있듯, 에고노믹스란 위대한 리더가 아니라 위대한 순간들에 대한 연구다. 그렇지만 시간이 흐르면서 결정적 순간들은 우리 내면에 반사작용(reflex)을 자아내어 겸손의 평형점 중심에 가깝게 유지시키거나 중심에서 멀리 밀어낸다. 필자들은 에고노믹스 연구를 위해 실시한 인터뷰 가운데 특히 짐 틴(Jim Thyen)과 나눈 대화에서 주목할 만한 일련의 반사작용을 관찰했다.

틴은 연매출 12억 달러 규모의 가구·가전제품기업인 킴볼 인터내셔널(Kimball International)의 CEO다. 필자들이 경제적 실적과 그 실적에 기여하는 에고의 역할에 필자들이 중점을 둔다는 점을 감안할 때, 필자들이 5년 동안 저조한 판매 실적을 보인 기업을 소개하는 것이 의외로 느껴질 수도 있다. 외부인의 눈으로 볼 때 킴볼은 분명 좋은 기업에서 위대한 기업으로 도약한 기업으로는 자격 미달이다. 그러나 외부로 나타난 수치가 내부의 이야기를 언제나 잘 드러내는 것은 아니다. 위대한 기업을 향한 쇄신은 흔히 노정의 끝에 가서야 보고된다. 즉 대단한 성과가 드러나고 나서야 그 기업에 갈채가 쏟아지고, 성취한 목표에 매료된 후에야 거기에 도달하기 위해 쏟은 노력과 노고가 드러나기 마련이다. 다음은 그 노고에 관한 이야기다.

킴볼 인터내셔널은 1949년부터 가구 사업을 시작했다. 그때부터 킴볼은 팽창하고 분화했다. 1950년대에는 텔레비전 캐비닛, 1960년대에는 피아노(전성기 때 킴볼은 매일 250대 이상의 피아노와 150대의 오르간을 생산했다), 1970년대에는 사무실용 가구, 1980년대에는 주거·병원용 가구 및 가전제품 등이 2000년 무렵에 이르러 킴볼이 9,000명 이상의 종업원이 일하는 12억 달러 규모의 기업으로 성장하는 데 견인차 역할을 했다. 1988년에 기업 역사상 최초로 「포춘」 500대 기업에 선정된 후, '미국에서 가장 존경받는 기업' 목록에도 두 번이나 포함되었다.

그러나 상황은 변할 운명이었다.

몇 십 년 동안 지속적으로 유지되던 실적 덕분에 킴볼의 모든 직원은 기업에 호의를 가졌다. 좋던 시절에 킴볼은 '뭘 해도 된다(might as well)' 전략으로 일관했다. 그들은 수직으로나 수평으로나 팽창을 거듭했다. 피아노는 단지 그들의 유산이라는 점을 빌미로 계속 투자했고, 시장에서의 고객 욕구가 급박하게 변화할 때 신규 시장에 진입했다. 그런 변화에도 불구하고, 그들은 이 모두를 다 해낼 수 있다고 독백했다. 그러나 그들이 이 모두를 다 했을 때, 정작 도래한 시장 변화에 대처하지 못하도록 그들의 발목을 잡은 주범은 사업 다각화였다. 시장은 변하기 시작했고, 경기침체의 여파가 닥쳤으며, 특정 사업에서 매출이 급락하던 중에 급기야 9·11 테러가 터져 상황을 더 악화시켰다. 킴볼이 참여한 시장의 전체 규모는 120억 달러에서 80억 달러로 줄어들었다.

수년에 걸쳐 킴볼은 서서히 자체적으로 고립되었다. 틴은 이렇게 털어놓았다. "우리는 '냄비 속의 물'이 한 번에 1도씩 뜨거워진다는 사실을 눈치 채지 못했습니다. 우리 기업 본사는 대부분의 주민이 비슷한 경험과 사고방식을 공유하는 마을이나 다름없었습니다. 예를 들어 우리 기업문화에는 자립적 성향이 깊게 배어 있었는데, 이 성향은 자연스레 강한 자존심을 낳았고 결국 서서히 고립주의로 발전해갔죠. 조직원들이 서로 너무나 비슷했던 탓에 시장에 변화가 일어나도 경고 신호를 울리는 사람이 없었습니다. 나는 우리가 아래로 미끄러지고 있는 것 같아 두려웠습니다. 우리는 우리가 세상으로 나아가는 게 아니라, 세상이 우리에게 와야 한다고 믿고 있었던 겁니다."

킴볼은 세상을 기다리고 있었지만, 세상은 꿈쩍도 하지 않았다. 세계화와 인터넷이 고객과 제조사 간의 관계를 역전시켰다. 더 이상 고객의 기대치를 읽어내기가 간단하지 않게 되었다. 소매 경제 구매력은 많은 여타 업체와 마찬가지로 정보가 풍부하고 세련된 여성 소비자들에게로 넘어갔는데, 전형적인 이들 소비자는 점수를 매겨가며 선택하고 자신이 원하는 제품과 그것을 원하는 시기뿐 아니라 지불하고 싶은 가격까지 잘 알았다. 브랜드 가치는 제품에서 경험으로 이동했다.

한편 킴볼의 주거용·병원용 가구 시장에서 외국 제품의 공급은 공격적으로 증가했다. 오락용 (TV) 캐비닛 시장은 급속히 축소되었다. 목재 시장은 국내에서 해외로 이동했으며, 수평적으로는 시장 부문들이 빠르게 집중화되고 까다로워졌다. 수직적으로는 시장들이 다양한 리듬과 수요에 따라 진화하고 있었다. 이러한 온갖 변화에도 불구하고 킴볼은 단일한 비즈니스 모델로 시장에 대응하려고 애썼지만, 실적이 자금 수요를 못 받쳐주는 결과를 초래하고 말았다.

휘몰아치는 변화의 한가운데서 틴은 기업의 회장을 맡아달라는 요청을 받았다. 킴볼 인터내셔널의 45년 역사상 창업주 가문의 일원이 아닌 회장은 단 한 명도 없었다. 틴은 회장직을 맡기 전에 이사진과 개별적으로 대화를 나눴다. 기업이 지금껏 한 가문에 의해 관리·통제·소유되어왔기 때문에 하비크(Habig) 가문이 어떤 결정을 내리느냐에 따라 이전 45년과 향후 45년은 판이하게 달라지리라는 것을 틴은 잘 알고 있었다. 앞일을 내다본 틴은 다음처럼 전략적으로 중요한 질문을 이사진들에게 던졌다. "하나님은 저더러 회장이 되라는 여러분의 요청을 받아들이기에 앞서 중대한 질문을 던지라고 다그치시는 듯합니다. 우리는 이 기업을 가문을 위해서 운영할 것인가요, 아니면 고객들을 위해 운영할 것인가요?"

짐작대로 이사들은 놀라움에 겨운 반응을 보였다. 그러나 틴은 동료들을 신뢰했으며, 그가 던진 질문이 그들을 믿지 못해서가 아니라 토론을 위한 것으로 받아들여지리라 믿었다. 컨설턴트인 필자들의 경험상 어지간한 리더들은 건설적 불만을 품은 질문을 충분히 하지 않을뿐더러, 그런 질문 때문에 진급에 차질이 생긴다면 입도 벙긋하지 않는다. 그러나 틴은 어지간한 리더가 아니었다. "그렇게 당연한 질문을 하는 이유가 뭡니까?" 어느 이사가 되물었다. "우린 항상 고객들을 위해 기업을 운영합니다."

그 대답이 옳다고 해도, 틴은 그가 지칭하는 고객들이 확실히 누구며 그들이 어떻게 느끼고 무엇을 바라는지를 정확히 해두고 싶었다. "세상이 우리에게 오기를 기대하던 호시절은 이제 지났습니다. 우리는 우리 자신을 낮추어 세상으로 나아가야 합니다."

틴은 기업의 운영 원칙에 따라 회장으로서 임기 동안 최선을 다하겠다고 결심한 후로 처음 18개월 동안 비행기를 타고 세계를 돌아다니며 고객뿐 아니라 종업원과 공급자들을 직접 만났다.

틴은 킴볼의 CFO(재무 담당 최고책임자)로서 기업 안팎의 수량적인 지표들을 잘 알고 있었지만, 고객들이 기업을 실제로 어떻게 생각하느냐에 대해서는 거의 몰랐다. "잔혹한 현실은 우리 비즈니스 모델이 죽어가고 있다는 거였습니다. (우리가 중점을 두어온) 서류상으로는 죽지 않았지만, 고객이나 공급자들과의 대화를 통해 제가 내린 결론으로는 분명 죽었습니다." 하지만 이 '죽음'이 모두에게 명백한 것은 아니었다. 시장에서는 경고 신호가 울렸지만, 그들의 실적은 여전히 킴볼에게 **충분히** 긍정적이었다. 킴볼은 수익을 내고 부채가 전혀 없을 뿐 아니라 현금 흐름도 탄탄히 지속되었으며, 자동차 전기제품 부문에서 지배적인 시장점유율을 누렸기 때문이다.

틴은 고객들에게서 직접 들은 시장의 온갖 반응을 토대로 하여 자신의 깨달음과 기업을 올바르게 운영할 방안이라고 결론 내린 것을 애기했다. 그것은 바로 변화해야 한다는 말이었다. 사실 핵심 간부 자리에 앉은 창업자 가문의 일원들에게는 심각한 변화였다. 틴이 제안한 변화에 대해 누군가는 이렇게 응답했다. "나는 그게 기업을 위해 올바른 방향이라고 믿어요. 하지만 난 여행을 떠나고 싶지 않습니다. 쏟아 부을 정력이 없어요. 내가 다른 역할을 맡도록 보직을 이동시키고, 필요한 과업을 할 수 있는 다른 누군가를 물색하는 편이 낫겠습니다."

이는 '나보다 우리 먼저' 원칙에 대한 놀랄 만한 헌신이었다. 이렇게 용감하고 정직한 순간이 지금의 킴볼을 이룩한 누군가로부터 나온 것이다. 영향력도 있고 쉽사리 저항할 수도 있는 인물이었다. 그 반응에 큰 감동을 받은 우리에게 틴은 이렇게 말했다. "당신이 그 입장이었다면, 변화가 필요하다는 말을 유구한 전통을 헐뜯는 사적인 비난으로 받아들이지 않을 수 있겠습니까? 그들은 무려 30년 이상이나 기업을 지배해왔는데 말입니다."

그러나 변화를 위한 진정한 노력이 응당 그러하듯, 이곳의 변화도 꼭대기부터 시작해야 했다. 틴은 바로 그 꼭대기에서 겸손의 평형점 안쪽에 머물기 위해 노력했다. 그는 그렇게 할 수 있다고 진정 자신했음에도 불구하고, 이원성의 정신에서 볼 때 그 자신이 '문제의 일부'라는 점을 인정했다. "회장 자리를 맡고난 후에도 사실 다소 걱정스럽고 스스로에 대한 의구심도 들었습니다. 에고 때문에 우리는 부지불식간에 일련의 여과 장치를 갖게 되는데, 나는 내 여과 장치가 무엇인지 몰랐습니다." 전통과의 결별은, 특히 틴에게 쉽지 않은 일이었다. "한 기업을 변화시켜달라는 요청을 받는 CEO들은 대개 외부에서 옵니다. 짐을 싸고 옷도 갈아입고 다른 지역으로 옮기는 거죠. 하지만 내게는 그런 기회가 없었습니다. 1966년부터 죽 있었으니까요. 모두가 날 알죠."

틴은 회장 역할을 떠맡으면서 동료들에게 두 가지를 요구했다. (1) 그가 무엇을 생각하는지, 또는 뭘 말할지 다 안다고 지레짐작하지 말 것, (2) 그가 변화할 수 있도록 도울 것. 회장으로서의 자기 이미지가 아니라 조직의 발전에 헌신함으로써, 그는 모든 대화와 회의에서 일관되게 솔직했다.

"여러분은 나를 압니다. 여러분은 분명히 내가 말을 꺼내기도 전에 이렇게 말할지 이미 알고 있습니다."

틴은 그 사실을 인정했다.

"그러나 이 자리를 내가 맡는다면, 나는 변해야 합니다. 나는 완벽할 수가 없습니다. 실수를 할 테고 여러분의 도움이 필요할 겁니다. 우리는 같은 동네에 살고, 같은 도로에서 운전하고, 같은 가게에서 쇼핑을 해왔습니다. 무려 30년 동안이나요. 우리는 과거를 존중해야 합니다. 하지만 과거에 얽매여 있다면 버틸 수 없습니다."

다양성의 정신에 입각해 이사회 구성을 조정할 필요가 있었다. 이사회는 너무 천편일률적이었기 때문이다. 이사회는 지금껏 소유주와 감독자나 관리자가 절대 다수였다. "기업에 사외이사는 단 한 명뿐이었습니다. 더구나 솔직히 말해 우리는 그를 진정으로 이사회 안으로 들인 적이 없었죠." 게다가 여성 이사도 없었다. 여기에도 변화가 필요했다. "우리에게는 우리의 재능을 보완해주되 독단적으로 결정하지 않는 사람들이 필요했습니다. 또한 기업이 과거에 있던 곳이 아니라 기업이 지향하는 곳에 맞는 기량을 갖춘 사람들이 필요했습니다."

그 후 몇 년 동안 킴볼의 임원들은 다양한 그룹의 유능한 선임간부(senior executive)와 CEO들로 이사회를 채워갔다. 그중에는 페덱스, 커민스 엔진(Cummins Engine), 퀘이커 오츠(Quaker

Oats), 펩시 등에서 온 인물들도 포함되었다. 이사회에 일어난 또 다른 변화는 창업 가문 출신의 이사진 일부가 다른 역할을 맡는 데 동의한 것이다. 그들은 위원회를 맡아서 킴볼의 고유한 역사를 통해서만 제시할 수 있는 방향에 대한 통찰력을 제공해달라는 청을 받았다. 그뿐만 아니라 그들은 투표권을 행사하지 말아달라는 요청에도 동의했다. 그들은 '역사와 유산을 보존하면서도 미래가 과거에 매여 희생당하지 않도록' 해야 했다. 그들은 자발적으로 아무 보수도 받지 않았다. 기업의 발전이 우선이고 그들 자신은 나중에 돌본다는 심오한 헌신과 더불어 스스로의 겸손을 드러낸 것이다. 그렇게 혹독한 변화 과정에서도 다툼은 전혀 없었다. 비록 격한 말들은 오갔지만 말이다. 그들은 겸손했으므로 갈등을 사적으로 만들거나 사적으로 받아들일 가능성이 적었다. 간혹 반목이 불거지긴 했지만, 겸손은 그 반목을 오래 끌지 않도록 막아주었다.

다양하고 헌신적인 이사진이 제자리를 찾음으로써 킴볼은 확고하되 과감한 변화들을 조금씩 만들어갔다. 2001년에 킴볼은 9,000명의 피고용인 중 대부분을 미국 내에서 고용했다. 그러나 요즘 킴볼에 고용된 8,200명 가운데 미국 내에서 고용된 숫자는 절반에도 못 미친다. 킴볼의 경영진은 이러한 변화를 성공적으로 이끌기 위해 거만하지 않고 겸손하게 경영해야 했다. "피고용인들의 이름과 그들의 가정사를 모르는 중역이 있다면, 자기 사람들에게서 너무 동떨어져 있음을 암시하는 거였죠. 우리는 중역들이 자기 사람들에게 진정으로 관심을 갖도록 권장했습니다. 여기서는

'누구누구 씨'란 게 없어요. 진정한 탈바꿈의 노력은 그런 격식으로 감당할 수 없습니다. 너무 큰 거리감을 만들거든요." 킴볼의 불문율에 따르면, 만약 노동자들이 경영진과 의사소통하기 위해 제삼자의 중재가 필요하다면, 즉 노조가 필요하다면 경영진이 제 할 일을 하지 않고 있다는 뜻이었다.

그런 철학은 피고용인과 경영진 사이의 열린 자세에 기여한다. 작은 마을에서 16곳의 공장을 폐쇄하며, 9개 업종에서 철수하고, 5,000명에 달하는 노동자들을 해고하는 과정에서, 한 건의 소송도 없었고 노사분규도 일어나지 않았다. 대량 해고와 구조조정은 힘겨웠지만, 심지어 더 이상 킴볼에서 일하지 못하는 사람들도 딴 사람들을 기업에 추천했고, 대부분 그동안의 경험을 좋게 애기했다. 국제적으로는 프랑스와 오스트리아에서 철수했지만, 그 나라 정부 입장에서 그들의 평판은 훼손되지 않았다. 킴볼은 폴란드, 중국, 태국에 생산 공장을 짓고 멕시코에 첫선을 보였다.

한편 어쩔 수 없이 철수해야 했던 지역사회를 한 곳도 저버리지 않으려고 노력하면서, 기업 중역들은 지역의 지도자들과 만났다. 그들은 그 도시의 경제적 기반을 다양화하기 위한 경제발전심의회에 현금 기부를 약속하기도 했다. 그 목표는 그간 킴볼이 제공한 고용 및 세수를 복구하는 데 도움을 주고, 그 도시의 고용 기회 및 일인당 소득을 증대시켰다. 이러한 조치는 그리 주목할 만한 정도가 아니었으나, 킴볼의 경쟁사 유치를 현금 기부의 조건으로 달았다는 사실은 의외였다. 인터뷰 도중에 그 전략을 들은 필자들은 허가 찔린 느낌이었다. 우리가 그 이유를 묻자 틴은 비유를 들어 설명했다. "왜냐하면 그 지역사회에도 필요했고(그곳은 우리에게 너무 의존했었죠) 우리에게도 필요한 일이었기 때문입니다(경쟁이 있어야만 우리도 발전할 수 있으니까요). 농구를 예로 들어보면, 어린 동생하고 연습해봤자 실력은 결코 늘지 않습니다. 큰 형하고 연습해야 실력이 는다는 점에서 우리에겐 큰 형들이 더 많이 필요했죠." 겸손은 경쟁을 두려워하지 않는 것이다.

대규모의 신속한 전환이 이뤄지는 동안에도 킴볼은 여전히 흑자를 냈다. 틴이 회장 겸 CEO로 재임한 지난 3년간 킴볼은 단순히 살아남는 데 그치지 않고, 제 궤도로 확실히 복귀했다. 현금 보유고는 사상 최고를 기록 중이고, 부채는 전혀 없다. 킴볼은 10여 개의 업종, 16개 도시, 2개국에서 철수하면서도 수익성을 전혀 떨어뜨리지 않았다. 또한 미래 사업의 조직적 성장률은 업계 평균의 두 배에 육박한다. 킴볼 인터내셔널은 향후 3년간 연평균 20억 달러 매출을 올릴 태세이며, 전자제품 부문의 인수를 통해 2억 5,000만 달러의 매출이 더 추가될 예정이다.

틴은 이러한 회복이 자기 덕분이 아니라고 말한다. "우리가 거둔 성공은 저 혼자 일궈낸 것이 아닙니다. 한 번도 그런 적이 없어요. 우리의 성취뿐 아니라 앞으로의 성취 또한 모두가 공적을 인정받아 마땅해요. 더구나 나는 이제 CEO지만 단순한 '리더'가 아닙니다. 나는 '추종자'이기도 하죠. 우리 모두는 추종자예요. 우리는 태어나면서부터 줄곧 추종자입니다. 이끄는 데도 겸손이 필요

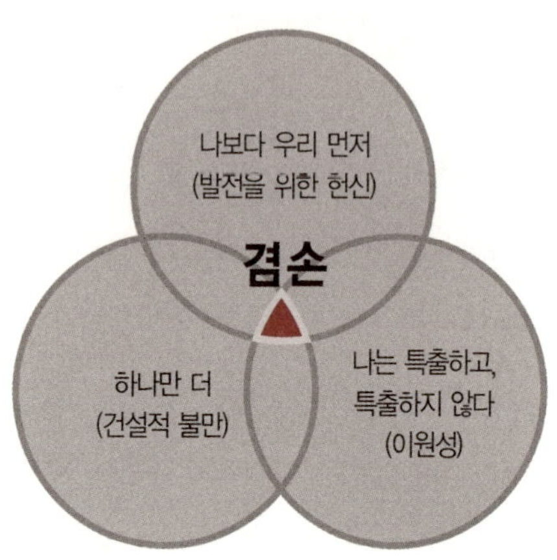

하지만, 따르는 데도 겸손이 필요하죠. 리더들은 추종자들이 필요합니다. 추종자 없는 리더는 없는 법이니까요. 그리고 이끌어가는 데는 다양한 관점과 경험을 지닌 사람들을 채용해야 합니다. 주변의 그룹이 당신을 겸허하게 유지시킬 수 있도록 말이죠. 리더 자리에 있으면 자기중심적으로 되기가 아주 쉽기 때문이죠."

우리는 킴볼의 관리자들에게 틴을 어떻게 생각하는지 물어보았다. 틴 자신의 인상만큼이나 그의 리더십에 대한 의견 또한 강렬했다. 이와 마찬가지로 필자들이 인상적으로 생각한 것은 그 관리자들이 하비크 가문과 틴이 만들어온 킴볼의 가치들을 성원한다는 점이었다. 틴의 리더십 스타일은 그가 회장직을 맡기 전에 그의 아내가 했던 말에서 가장 잘 드러난다. "결국 당신은 하나의 목소리와 기억으로 남을 거예요. 당신 목소리를 잘 구사해서 적절한 기억을 만들어내세요." 킴볼 인터내셔널은 완벽하지 않다. 하지만 이곳 사람들은 비완벽성에도 불구하고 리더십과 팔로어십(followership)이 함께 발전을 위한 헌신에 전념하고 겸손하게 발전을 추구할 때 무엇이 가능한지를 실례로 보여준다.

발전에 대한 헌신을 추구하면서 킴볼에게 요구되었던 가장 어려운 과업들은 비범한 대화 능력과 강렬한 토론이었다. 겸손은 중요한 모든 대화에서 촉매 작용을 한다.

하지만 겸손의 세 가지 속성을 일상적인 대화에 적용하려면 어떻게 해야 할까? 대화들이 항상 불러오는 압력 때문에 기업이 헛돌거나 다섯 단계 뒤로 후퇴하는 대신, 그 압력 덕분에 기업이 전진하게 하려면? 정체시키거나 다섯 걸음 뒤로 후진시키는 대신에 말이다. 다음 장에서는 확고한 응용을 지향하면서, 특히 다음 두 요소에 주의를 기울일 것이다. (1) 대화의 **치열함**(intensity), (2) 토론을 이끄는 **취지**(intent). 치열함과 취지가 어떻게 함께 작용하는지 탐구해보자.

엄격함으로 작용하는 겸손의 미덕

- 우리 모두에게는 에고의 연속체(continuum)가 있다. 이 연속체의 한 끝에서 우리 에고는 왜소하다. 그 반대편 끝에서 우리 에고는 비대하다. 겸손은 그 평형점에 있으며, 양 극단 사이에서 에고가 균형을 유지하도록 해준다.

- 겸손이란 자기 자신을 지나치게 과대평가하거나 과소평가하지 않게 하는 지적 자존심이다. 겸손은 우리의 가능성에 얼마나 미치지 못하는지를 일깨우는 동시에 그 가능성에 얼마나 도달했는가를 일깨운다.

- 보통 과도한 에고의 반대말은 겸손이라고 여기겠지만, 사실은 왜소한 에고도 비대한 에고만큼이나 위험하고 비생산적이다.

- 겸손의 세 가지 속성은 오직 평형점에서 존재하며, 그 중앙에 있을 때 재능을 올곧게 간직해 크나큰 기여를 이룰 수 있다. 그러나 평형점에서 벗어나려는 타고난 성향 때문에 중앙에서 약간씩 오른쪽 또는 왼쪽으로 움직이게 되는데, 이때 겸손을 잃는다. 강점은 강점의 탈을 쓴 약점으로 탈바꿈한다.

- 에고의 평형점에서 멀어져 극단 쪽으로 다가갈수록 중앙으로 돌아가기가 더욱 힘들어진다. 중앙에서 오래 떨어져 있을수록 중앙을 벗어난 위치가 편해지기 마련이다. 신속히 회복하지 않는다면 자기중심적 습관을 키워나갈 가능성이 더욱 높아진다.

- 겸손이 에고의 힘을 다스리지 않는다면 비교, 방어성, 자기과시, 그리고 인정받으려고 애쓰는 자세가 우리를 만족감으로 덧칠된 방구석으로–완성했다는 기분, 완료했다는 기분–몰아넣는다. 순전한 에고는 우리가 완성했다고 알려주기에 급급한 반면, 겸손은 우리가 결코 완성되지 않았음을 일깨운다. 우리가 미완성된 존재라는 깨달음은 겸손의 세 가지 특유한 속성에서 비롯된다. (1) 나보다 우리 먼저(발전을 위한 헌신), (2) 나는 특출하고, 특출하지 않다(이원성), (3) 하나만 더(건설적 불만). 이러한 세 속성의 교차점이 바로 겸손이다.

제 8 장

정체성과 아이디어의 충돌, 그리고 겸손

육신에 눈이 있다면, 영혼에는 취지가 있다.

– 존 웨슬리*

*존 웨슬리(John Wesley) : 감리교의 창시자.

겸손은 조용하다는 부당한 평가 때문에 끊임없는 침착성과 혼동되는 경우가 많다. 그러나 침착성이 약간의 난기류를 앞세우지 않고 찾아오는 일은 드물다. 피터 드러커는 이렇게 말했다. "대안을 고려하지 않는 사람은 폐쇄적 정신의 소유자다. 이것이야말로 성공적인 의사결정권자들이 의사결정에 대한 교과서적인 주요 지침을 고의적으로 무시하면서 합의 대신 의견의 대립과 불일치를 조장하는 이유를 설명해준다. 이런 부류의 경영자들이 내려야 하는 의사결정은 대부분 만장일치로 이루어지지 않는다. 제대로 된 의사결정은 서로 갈등하는 관점들의 충돌, 다양한 관점들 중에서의 교환, 상이한 판단들 간의 선택 등에 기초해 이루어진다. 의사결정의 첫 번째 규칙은 의견 불일치가 없다면 의사결정을 내리지 않는 것이다."

발전을 추구하는 과정에는 치열함이 따르기 마련이다. '의견 충돌', '관점 차이', '상반된 판단들' 없이는 발전을 촉진할 수 없다. 그러나 우리가 치열함을 제대로 다루지 못한다면, 사고의 다양성은 기대하기 어렵다. 다양성이 줄어들 때 성공 가능성도 줄어든다는 연구 결과도 있다. 치열함에 자기중심적이라는 잘못된 꼬리표를 붙이면, 부드러운 대화와 신속한 합의를 위해 발전을 희생시키는 셈이다. 우리의 취지는 토론에서 치열함을 만들고, 겸손은 취지를 만든다. 그럼으로써 겸손은 우리의 정체성과 아이디어를 혼동하지 않도록 하는 진정한 자신감을 발생시킨다. 그 둘을 분명히 구별함으로써 우리는 아이디어를 교환할 때 조기 경보 신호들의 경계선을 침범하지 않으면서도 치열한 긴장감을 높일 수 있는 자유로움을 누린다. 달리 말해, 겸손은 치열함을 건설적으로 만들지, 파괴적으로 만들지 않는다.

우선 **치열함**(intensity)의 뜻을 명확히 해두자. "당신에게는 … 최선의 해답을 추구하면서, 때로는 **난폭하게**(violently) 주장하고 토론하는 경영자들이 필요하다."고 짐 콜린스는 말했다. 콜린스와 드러커는 좋은 의사결정을 내리는 데 필요한 것을 설명하면서 흥미로운 단어들을 사용하는데, 이를테면 **충돌, 갈등, 불일치, 대립** 등이다.

그런데 … 난폭함은 웬 말인가?

"효과적인 커뮤니케이션의 첫째 규칙은 난폭함을 포용하는 것이다."라고 첫머리를 시작하는 커뮤니케이션 관련 서적을 마지막으로 읽어본 적이 언제인가? 커뮤니케이션에 난폭함을 위한 자리가 있다면, 효과적인 토론은 어떤 종류의 난폭함을 논하고 있는가에 좌우된다. 난폭함이라는 말에서 연상되는 첫 번째 단어는 공격, 싸움, 적개심, 잔혹한, 잔인한, 사악한 등으로, 아이디어의 원활한 교환과는 거리가 멀다. 이런 특성들은 최악에 달했을 때 그것들이 남기는 감정적인 앙금 때문에 결국 토론을 회피하게 만든다.

예를 들어 필자들의 어느 여성 고객이 캘리포니아 노조 지도부와의 노동 쟁의 협상에서 경영진 대표로 뽑힌 이야기를 들려준 적이 있다. 협상이 시작되자, 상대편이 그녀를 적으로 대한다는 것이 분명해졌다. 노조위원의 태도는 공격적이었다. 그녀의 말을 자주 끊었고, 비합리적인 요구를 내놓았으며, 개인적 공격도 서슴지 않았다. 그녀는 다짜고짜 맞붙고 싶은 유혹과 싸우면서 쟁점을 토론하고 그의 관점을 이해하는 데 전념했다. 쉬운 일이 아니었다. 첫 15분이 한 시간으로 느껴질 정도였다. 다음 15분 동안의 상황은 더 나빠졌고, 그 다음 15분에도 긴장이 누그러질 기미는 보이지 않았다.

마침내 자신의 공격이 먹히지 않는다는 것을 깨달은 그 노조위원은 탁자를 주먹으로 내리치고 따졌다.

"지금 뭘 하자는 겁니까?"

"지금 뭘 하자는 거냐니, 그게 무슨 말씀이죠?"

"허 참, 되받아칠 생각이 없냐는 겁니다."

"예, 전혀 없어요. 협상 시작 전에 여러분의 관점을 이해하려고 저 스스로 다짐했거든요. 전 최선을 다하고 있다고요. 당신이 주장하는 몇몇 건들은 이해하기 어렵지만요."

이 말을 듣고 그 노조위원은 다소 누그러진 말투로 대답했다.

"흠, 그렇다면 이야기를 나눌 필요가 있겠네요."

그것이 요점이다, 이야기를 나누는 것.

'난폭한' 이야기

이야기를 나눌 때는, 특히나 치열한 토론에서는 사적으로 만들지도 말고 사적으로 받아들이지도 말아야 한다. 누군가가 말했다. "바보는 딴 뜻이 없는 말을 듣고 공격으로 받아들이는 자다. 더 바보는 딴 뜻이 있는 말을 듣고 공격으로 받아들이는 자다." 치열한 토론을 추구하는 과정에서, 난폭한 것과 반대로, 가령 평화롭고 온화하며 잔잔하게 행동할 필요가 있지만, 이런 특성들은 **진짜** 이야기를 끌어내기에는 부족하다. 난폭함이란 단어를 보다 심층적으로 파고들면, 생산적인 난폭함을 묘사하는 두 번째 단어들의 집합을 확인할 수 있다. 예를 들면 **열렬한, 열정적인, 열심히, 강력한, 강한,** 그리고 **치열한** 등이다. 두 종류의 난폭함을 구별하기 위해 우리는 좋은 난폭함을 **활기찬**(vigorous) 난폭함이라고 ─ '활기찬 토론'에서처럼 ─ 부르겠다. 모든 토론에 활기가 필요한 것은 아니다. 하지만 활기가 필요할 때는 방금 거론한 단어들이 토론을 특징지어야 한다. 활기찬 토론은 겸손의 힘을 요구한다. 생산적인 치열함을 유지하고 활기가 난폭함으로 변질되지 않도록 하려면, 반드시 겸손이 필요하다. 또한 정중하지만 맥 빠진 의견 교환이라는 함정에 빠져들지 않도록 스스로를 다잡아야 할 때도 있다. 그런 함정에 빠지면 논의를 계속할 수 있어도 전진시키지는 못한다.

원만함이 다가 아니다

　활기찬 토론에 익숙지 않은 사람들은 그것을 반목으로 오인하기 십상이다. 필자들은 어느 제품개발팀의 토론에서 퍼실리테이터• 역할을 맡은 적이 있는데, 그때 한 사람이 갑자기 '작전 타임!'하고 외치면서 회의를 중단시켰다. 그는 두 명의 동료를 가리키며 간청했다. "자네들, 서로 싫어하기라도 하는 거야?" 그 동료들은 난처했다. 그들은 수년간 성공적인 협력자이자 친구로 잘 지내온 사람들이었다. 필자들은 호기심이 일어 회의를 중단시킨 그에게 왜 그런 질문을 하는지 물어보았다. 그는 동료들에게 말했다. "왜냐면 자네들이 상대방의 주장을 두고 다투고 있잖아. 그런데 한 번 주장하고 나서 다음 순간에는 입장을 바꿔 자기가 방금 주장한 바로 그 내용에 이의를 제기하잖아. 이건 전혀 생산적이지 않아." 그는 잠시 쉬는 시간을 갖자고 하면서 이렇게 말했다. "이런 치열한 긴장은 누그러뜨려야 하니까요."

회의가 끝나자 그는 자기가 한 말에 대해 입장을 바꿨다. 그 토론은 생산적이었다고 말이다. 그 회의를 돌이켜볼 때 필자들이 함께 일하기 전의 팀 문화를 고려하면 그의 반응이 나름대로 일리가 있었다. 의견 불일치와 배신을 동일한 한 가지로 여기는 문화였으니 말이다. 직위는 권위나 전지전능과 동의어였다. 그 사람은 침묵을 동의와 혼동하는 '안전한' 문화에 길들어 있었다. 잘못 정의된 겸손을 핑계 삼아 자신이 화합이라고 생각하는 것과 토론을 맞바꾸는 사람이 너무 많다. 필자들이 관찰한 바에 따르면, 토론을 시도하긴 하되 사교적인 정중함 또는 정치적인 신중함을 유지하는 데 힘쓰고 원만함을 핑계 삼아 진정한 주장을 펼치지 못하는 경우가 흔하다.

논쟁의 추가 한쪽(난폭함) 또는 다른 쪽(원만함)으로 쏠리는 기업이 너무 많다. 그들은 어느 쪽이든 고립을 조장하는 자기중심적인 충돌 아니면, 사이비적인 조화에 불과한 평온한 동의와 지적 다양성을 맞바꾸어 희생시키는 것이다. 필자들은 정중함이나 상호이해를 줄여야 한다고 주장하는 것이 아니다. 다만 올바른 종류의 주장을 권할 뿐이다. 그러기 위해서는 경청하고자 하는 자발성과 능력이 중요한데, 발전은 경청 이상의 자세를 요구한다. 발전을 위해서는 스스로를 열정적으로 밀어붙여 모든 각도를 탐구하며 지적 능력의 극단까지 도달해 의사결정을 내리기 전부터 가설들을 점검할 필요가 있다.

제너럴모터스(GM)에서 1937~1956년 회장을 역임한 알프레드 슬론(Alfred Sloan)을 생각해보자. 슬론은 회의에서 자기 아이디어를 최고 경영진에게 이야기했다. 그러고 나서 그 자리에 있는 모든 사람의 생각을 물어보았다. 그들은 하나같이 동의했지만, 그런 반응이 설익은 동의라고 생각한 슬론은 이렇게 말했다. "그렇다면 다음 회의 시간까지 우리 스스로 이견을 펼쳐보면서 이 결정에 관해 제대로 이해할 만한 시간을 가집시다. 이 문제에 대한 논의는 다음으로 미룰 것을 제안하오." 난폭하게 변하지 않고 열띤 토론을 유지하려면, 토론에 참석하는 모두가 다른 사람들 속에서 (1) 치열함이 작용하는 방식, (2) 겸손으로 치열함을 다스리는 법을 이해할 필요가 있다. 1969년으로 돌아가 이 두 가지 모두를 보여주는 실제 대화를 분석해보자.

결정적 순간에 치열함 다스리기

1968년, 리처드 닉슨이 미국 대통령으로 선출되었다. 대통령 취임 선서를 마친 후로 닉슨 행정부는 NET(National Educational Television)에 대한 정부 지원금을 절반 이상 삭감할 것을 제안했다. 이 조치가 현실화되면 현재 'PBS(Public Broadcasting System)'로 알려진 공영방송국은 무력화될 터였다. 1969년 5월 1일, PBS 중역들은 프레드 로저스•에게 공청회에 출석해 발언하고 문서를 제출해달라고 부탁했다. 로드아일랜드 주 출신의 존 패스토어(John Pastore)가 의장을 맡은 공청회였다.

로저스와 그의 동료들에게 주어진 시간은 15분 정도에 불과했다. 그 짧은 시간 동안 그들이 내세우는 주장의 모든 취지와 목적을 지원금 삭감 결정을 내린 위원회에 알려야 했던 것이다. PBS의 미래가 걸린 이 순간에 로저스와 PBS 중역들이 느꼈을 압박을 상상해보라. 로저스 입장에서는 그의 프로그램뿐 아니라 그가 매일 보듬어오던 아이들의 삶이 위기에 처했다. PBS로서는 그들의 미래가 달렸다. 당시 미국의 분위기를 돌이켜보면, 로저스의 노래처럼 그다지 '우리 동네가 아름다운 날(a beautiful day in the neighborhood)'은 아니었다. 그해 이전의 1년 반 동안 다음 사건들이 발생했기 때문이다.

- 베트남전에서 3만 4,000명의 병사들이 사망했다. 워싱턴DC에서 반전 집회를 벌인 인파는 25만 명이 넘었다.
- 하버드 대학생 340명이 학교 행정실 건물을 점거했다. 400명의 주(州)경찰관과 순경들이 최루가스와 야경봉으로 시위 학생들을 해산시켰다.
- 코넬대학에서는 흑인 학생들이 학생 자치회 건물에서 36시간 동안 연좌 농성을 벌였다. 백인 학생들의 건물 공격을 두려워한 그들은 자동화기까지 갖추고 있었다.
- 버클리에서는 주방위군 헬리콥터가 시위대에 화학물질을 살포했다. 그 물질에 화상을 입은 사람들 중에는 19명의 캘리포니아대학 교직원도 포함되었다.

- 찰스 맨슨(Charles Manson)과 다른 범인들이 이른바 '미끄 럼틀(Helter Skelter)' 살인을 저질렀다.

- 공민권 운동이 최고조에 다다랐다.

- 대법원이 모든 학교에서 인종차별을 '일거에' 종식시킬 것을 명령했다.

- 마틴 루터 킹 목사와 로버트 케네디가 바로 전 해에 암살당했다.

격동의 시기였다. 예산은 빠듯했고, 국민 정서는 격앙되어 있었다. PBS 중역은 소개 코멘트를 마무리한 다음, 오른편에 앉은 로저스에게 마이크를 넘겼다.

패스토어 상원의원 : (도전적인 어조로) 좋습니다. 로저스, 당신 무대요.

로저스 아저씨 : (제출하기로 되어 있는 문서를 쥐고) 패스토어 상원의원님, 이건 좀 복잡한 문서라서 읽는 데만도 십 분이 걸릴 테니, 그러진 않겠습니다. 건전한 가정에서 어린이들이 배우는 첫 번째 덕목이 신뢰입니다. 전 의원님께서 하신 말씀을 신뢰합니다. 이걸 읽으실 거라는 말씀 말이죠. 이건 제게 굉장히 중요해요. 전 아이들을 마음 깊이 걱정합니다. 저의 첫 번째 …

패스토어 상원의원 : (끼어들며) 당신이 그걸 읽으면 행복하겠소? (조롱조로 생색만 내는 말투여서, 방청객들과 언론사 관계자들은 크게 웃어댔다.)

이전까지는 아니었을지 몰라도, 지금 공청회장에는 팽팽한 긴장감이 돌았다. 패스토어의 초기 메시지는 명백했다. 대답은 '아니오'고, 로저스 당신은 내 시간을 낭비하고 있는 것이다. 로저스는 이 같은 방해와 조롱 때문에 망연자실한 듯 보였다. 조기 경보 신호에 그런 방해 행동은 발전을 좌우할 완벽한 기회였다. 패스토어와 로저스 사이에 일어난 나머지 상호작용과, 그 대화가 어떻게 끝났는지에 대해서는 나중에 다루겠다. 지금은 우리의 상호작용에 영향을 미치는 심리역학을 살펴보자.

그 순간에 로저스에게 불리하게 작용하는 것은 두 가지였다. (1) 자신을 '보호'하기 위해 작동하는 에고의 힘이 격앙되고, (2) 다른 누군가의 마음이 닫힌 상태였다. 첫 번째 상태, 즉 우리 자신의 에고에 일어나는 힘의 격앙부터 살펴보자. 에고가 논의의 뒤편에서 우리의 치열함과 취지에 어떻게 영향을 미치는지를 이해해야 한다. 그러기 위해 만약 로저스 입장이었다면 우리의 머리와 심장에서 어떤 일들이 일어날 가능성이 높은지 살펴보자.

심장 박동 속의 치열함

우리가 위협을 느낄 때는 정상적으로 수축 및 이완하던 심장의 박동이 위협에 대한 반응으로 변한다. 존 가트맨 박사는 이러한 정서의 확대·강화를 '미만성 생리적 각성 상태(diffuse physiological arousal, DPA)’라고 부른다. 다니엘 골먼(Daniel Goleman) 박사는 이를 '신경계의 인계철선●'이라고 부른다. 명칭이 뭐든 간에 이 상태에서 벌어지는 일은 이렇다. 아드레날린이 분비되고, 신경물질이 심장을 (분당 30회에 이를 정도로) 뛰게 하며, 심장이 강하게 수축되고, 동맥이 오그라들며, 혈액이 신체의 말초 부위로부터 중심 부위로 쏠리고, 내장과 콩팥에는 혈액 공급이 막히고, 땀이 많이 난다. 육식동물에게서 도망치는 중이라면 문제될 것이 없는 상태다. 하지만 문제다. 대화를 하고 있는 중이니까. 그러나 뇌는 우리에게 그 사실을 알려주지 않는다.

내면적으로 DPA 상태에 있을 때, 그런데도 겉으로는 그렇지 않은 것처럼 행동할 때 두뇌 속에서 일어나는 일들은 터널 비전●을 형성해 말하는 모든 내용을 못 듣게 된다. 이는 단지 비유적인 난청으로 그치는 것이 아니다. DPA가 극에 달한 상태에서는, 실제 청력이 방해를 받는다. 그 순간에는 제발 그러지 않았으면 하고 바랄 만큼 평소처럼 분명하게 사고하지 못한다. 가령 당신이 논쟁을 벌이고 나서 한참 있다가, 예컨대 운전하며 집으로 가던 중에 누군가가 한 말에 대한 완벽한 반박 논리를 떠올렸다면? 그 이유는 냉정을 되찾을 시간을 가졌고, 두뇌가 제 기능을 되찾았기 때문이다. 하지만 그렇게 공격·도피 반응●이 난무하는 순간에는 최선의 사고 능력에 도달하지 못한다. 가트맨 박사의 연구는 이러한 생각을 뒷받침한다.

가트맨 박사는 부부싸움을 관찰하는 실험을 한 적이 있다. 말다

인계철선(tripwire)
원래 폭발물 등의 뇌관에 연결된 가는 철선을 가리키는 군사용어.

터널 비전 (tunnel vision)
어두운 터널에서처럼 제한된 시야로, 일종의 시각장애.

공격·도피 반응 (fightor−flight reaction)
스트레스가 부과되는 자극에 대한 교감신경의 반응.

툼이 치열해지면서 부부 중 한 명이 DPA 상태에 이르자, 가트맨 박사는 방으로 들어가 그 부부에게 기록 장치가 고장 났다고 알려주었다. 박사는 그들에게 몇 분 뒤면 장치가 고쳐질 테니 그때까지 논의를 중단해달라고 부탁했다. **물론** 그 장치에는 아무 문제도 없었다. 가트맨 박사 연구진은 그 부부에게 '냉정을 되찾을' 시간이 주어지면 어떤 일이 벌어질지 보고 싶었던 것이다. 그들의 심장이 휴식을 취할 때의 심박동 수에 근접해지자, 가트맨 박사는 다시 방으로 들어가 장치가 '고쳐졌다고' 알려주면서 그들이 멈췄던 지점부터 논의를 이어가달라고 부탁했다. 결과는 어땠을까?

가트맨 박사의 말에 따르면 "마치 두뇌 이식 수술을 받은 부부 같았다."고 한다. 대화의 톤이 전혀 달라졌다. 그 부부는 더 진실해졌고, 덜 방어적이 되었다. 더 이상 그들의 갈등을 개인적으로 만들지도 않았고 개인적으로 받아들이지도 않았다. 그들은 보다 개방적이었고, 따라서 합리적이고 분별력 있는 태도를 보였다. 그들은 여전히 논쟁을 벌였지만, 그들의 논쟁은 DPA에 의해 영향을 받지 않았다.

대화 도중에 나타나는 에고의 조기 경보 신호들은 우리가 DPA 상태에 있음을 의미한다. 역설적이게도 만약 공격당하고 있고 방어가 필요하다고 느낄 때, 대체로 DPA는 우리를 '안전'하게 지키는 데 아무 쓸모도 없다. 자연스레 이런 문제가 제기된다. 비교하기, 인정받으려 애쓰기, 자기과시, 방어적 태도라는 조기 경보 신호들은 도대체 무엇을 보호하기 위해 나타나는 것일까? 해답은 우리 각자의 내면에 있다.

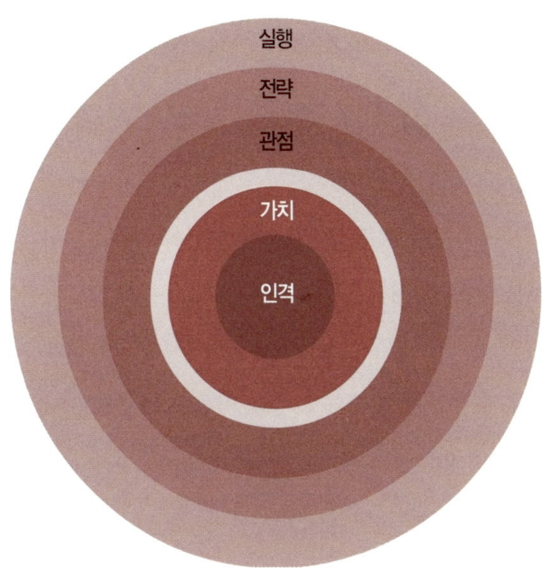

발전소

우리 모두의 내면에는 필자들이 '발전소'라 부르는, 그 무엇보다도 우리 자신이 누구인가 하는 정체성을 상징하는 것이 있다. 글자 그대로 에고(ego)는 '나'를 의미한다. 최소한 내가 인식하는 '나'를 의미하는 것이다. 정체성이 공격당한다고 감지되면, 그것을 지키려는 대응의 강도가 커진다. 〈그림8-1〉을 보자. 우리 대부분은 그 영역들이 도전받을 때, (원의 바깥쪽에서 중앙을 향해 갈수록) 치열함의 증가와 더불어 스스로를 보호해야겠다는 욕구를 느낀다.

아이디어

- 실행 : 전략을 어떻게 실행할지에 대해 우리가 생각하는 책략에 대한 도전.
- 전략 : 우리가 해야 한다고 생각하는 것, 즉 관점에 기초한 자신의 계획들에 대한 도전.
- 관점 : 우리가 진실 또는 거짓, 옳음이나 그름, 선이나 악이라고 믿는 것들에 대한 도전. 우리의 관점은 주어진 상황이나 시간의 흐름에 따라 얻은 정보를 종합함으로써 얻어진다. 이러한 종합은 우리의 가설 또는 가정을 이끈다. 가설들은 자료의 의미, 어떤 아이디어의 타당성, 어떤 상황의 결과나 중대성 등에 관한 견해의 차이로 나타날 수 있다.

정체성

- 가치 : 우리가 중요하다고 여기는, 이를테면 공정성, 존중, 성실성, 정직성, 친절, 충성심 등의 가치에 대한 도전.
- 인격 : (개인적으로나 직업적으로) 어떤 사람인지에 대해 우리 스스로 생각하는 것에 대한 도전. 인격에 대한 도전은 오해(가령 "당신은 그저 프로젝트 관리자일 뿐인데, 전략 회의에 참여하는 이유가 뭡니까?")에서부터, 노골적이거나 암묵적인 편견(인종·종교·성별·연령·외양·자격 등)에 이르기까지 다양하다.

대화에서 내면의 반응이 어떻게 촉발되는지 설명하려면, 전형적인 발전소가 작동하는 방식을 살펴보는 게 좋겠다.

경고 : 출입 금지

우리 사무실 근처에 발전소가 하나 있다. 이 발전소는 다른 건물이나 소화전 또는 우편함과 마찬가지로 주변에서 흔히 볼 수 있는 것이다. 대부분 눈에 잘 띄지 않는 일상의 배경에 불과하다. 어느 날 이 발전소가 시선을 끌었다. 우리는 좀더 가까이 가서 관찰해보기로 했다. 입구 근처로 다가가자, 방문 제한 구역이라는 경고가 한눈에 들어왔다. 육중한 자물쇠, 면도날처럼 날카로운 철사로 엮인 250센티미터 높이의 철조망, 10여 개의 고압선 경고 표지판만 봐도 알 수 있는 사실이었다. 철조망 쪽에서는 고압선과 변압기에서 흐르는 대략 6만 9,000볼트의 전기가 낮게 윙윙대는 소리가 들려왔다.

윙윙대는 저음은 도시 전체를 밝히기에 충분한 전력을 상징했다. 가정에서는 그 전력을 비디오 게임과 요리, 청소, 음악 감상, TV 시청 등에 사용한다. 사무실에서는 에어컨·조명·노트북·프린터·전화기 등을 작동시키는 데 사용한다. 이 발전소에서 한 블록 떨어진 곳에는 철조망이나 경고 표지판도, 육중한 잠금 장치도 없다. 전류의 강도(intensity)가 낮아져서 사용 가능해진 것이다. 하지만 발전소 2미터 밖에서 우리는 접근하지 말라는 경고 신호를 받는다. 그 차이는 순전히 전력의 강도와, 그것이 다스려지는 방법 때문이다.

철조망 주변을 걸어 다니는 동안, 우리는 거리를 지키고 있다는 것이 더없이 기뻤다. 우리에게는 전기의 힘이 일으킨 일정 정도의 경외감(두려움)이 있었던 것이다. 전기 운용의 원칙을 위반할 경우 전기는 단숨에 생산적인 것에서 치명적인 것으로 바뀐다. 전기 통제 방식에 대한 지식의 결여가 위험할 뿐, 전기의 힘 자체가 위험한 것은 아니다. 그러나 힘의 잠재성을 ─좋은 쪽으로든 나쁜 쪽으로든 ─인식함으로써 우리는 그 힘을 좀더 존중하게 된다.

우리의 정체성은 발전소와 같다. 그것은 우리가 말하는, 생각하는, 행동하는 모든 것에 힘을 불어넣는다. 만약 아이디어에 대한 도전을 정체성에 대한 도전과 혼동한다면, 조기 경보 신호들이 나타나 '접근 금지'라고 말한다. 전기와 마찬가지로, 정체성의 위력 또한 만약 그 작동 및 통제 방식을 이해한다면 매우 정확히 예측할 수 있다.

정체성의 개인적 발전소를 염두에 두고 패스토어 상원의원과 프레드 로저스의 대화로 돌아가자. 패스토어가 로저스에게 조롱조로 말했던 타이밍을 생각해보라. 이때는 비단 패스토어가 과잉된 에고로 가득 차 생색만 내는 순간이 아니었다. 로저스가 자신에게 가장 소중한 것을, 즉 어린이들이 자기에게 어떤 의미인지를 말하려던 순간이었다. 로저스는 자신이 어떤 사람인지(그의 정체성), 그리고 가장 소중히 여기는 것이 무엇인지(그의 가치들)를 드러내고 있었다. 그렇다. 이것들은 그의 발전소의 핵심이었다. 패스토어가 빈정대면서 로저스의 인계철선을 건드리려는 순간, 그가 뱉은 말은 로저스의 정체성을 향해 곧장 날아갔다. 패스토어 입장에서는 의식하지 못했겠지만, 의식했든 못했든 그 효과는 마찬가지였다. 우리가 자기 내면의 발전소의 치열함을 어떻게 다스리고 물꼬를 트느냐에 따라, 또한 타인의 치열함에 어떻게 영향을 미치느냐에 따라, 에고가 우리에게 유리하게 작용하느냐 불리하게 작용하느냐가 결정된다.

그 힘을 다스리는 과정에서 우리의 대응은 스스로 믿는 것이 의심받거나 위협당하고 있다는 인식에 따라 좌우된다. 정체성과 아이디어의 접점은 가끔씩 너무 단단히 고정되어 우리는 그 둘을 분리하지 않거나, 질문 또는 위협이라고 인식되는 자극이 던져질 때 쉽사리 정체성과 아이디어를 분리하지 못한다. 하지만 정체성과 아이디어를 분리하고 다른 관점으로 보는 것이 그토록 어려운 이유는 뭘까? 특히 두 사람의 관점이 서로 상반될 때는? 매일같이 상반된 관점을 주장하는 변호사만큼 이 질문에 적합한 직업은 없을 것이다. 필자들은 미국에서 가장 뛰어난 변호사인 제리 스펜스(Gerry Spence)에게 직접 물어보았다. "우리 모두는 반드시 보호해야 할 개인적 이미지를 갖고 있죠. 예를 들어 저는 다른 사람들에게서 특히 제 스스로에게도 보이기 싫어하는 모습이 있습니다. 약하고, 경솔하고, 값어치 없고, 멍청하고, 존중받을 가치가 없는 사람으로 여겨지기 싫은 거죠. 제 개인적 이미지를 보전하기 위해서라면 뭐든지 할 겁니다. 에고가 약해질수록 그것을 보존하기 위해 더 열심히 싸울 겁니다."

어느 날 아침 출근길에 필자들은 라디오를 통해 자신의 존재를

자신의 행동이나 성취와 혼동하는 모습을 잘 드러낸 사례를 들었
다. ESPN 라디오의 콜린 카우허드(Colin Cowherd)가 전성기를
지났는데도 그 사실을 직시하는 데 어려움을 겪는 운동선수들에
관해 이야기하고 있었다.

브렛 파브나 샤킬 오닐, 랜디 존슨 같은 선수들에게는 힘겨운 일
인가 봅니다. 그들의 말을 듣고 있노라면, 자신이 아직도 A+급
이라고 생각하는 것 같아요.

브렛 파브 : 우리 팀에 더 필요한 건 한 명의 선수뿐입니다.

콜린 카우허드 : 브렛 … 자네는 슈퍼볼에 진출할 만큼 충분히 훌
륭한 그 한 명의 선수가 아니라네.

샤킬 오닐 : 심판 때문입니다. 심판이 나만 미워한다고요.

콜린 카우허드 : 아니, 심판들은 그러지 않아. 자네가 더 무거워
지고 둔해졌으며, 이제 서른여섯 살이 되었을 뿐이라네.

랜디 존슨 : 사이클 때문입니다〔좋은 경기도 있고 나쁜 경기도
있을 뿐이죠〕.

콜린 카우허드 : 아니, 아니야. 자넨 3,700이닝을 던진 마흔네 살
짜리 투수야. 스프링캠프에서 던진 이닝은 빼고 얘기하는 걸세.

이것이 바로 지금 그들의 모습입니다. 스포츠는 그들의 정체성입
니다. 운동선수들에게 몸은 그들의 경력, 그들의 정체성입니다.
대부분의 우리에게 역시 젊은 시절이 지나버려도 여전히 정체성
은 남아 있습니다. 프로선수들로서는 자기 정체성을 잃은 겁니다.

카우허드의 논지는 중요한 교훈을 준다. 자기의 정체성을 자신의 행동, 소유물, 또는 자신과 함께 일하는 누군가와 구분하지 못하면, 우리는 보통 과거의 직위나 경력 등에 기대어 논의를 진행하려고 한다. 우리가 스스로 또는 남들에게, "나는 부사장이다." "나는 CEO다." "나는 홍보부장이다."라거나, 심지어 "나는 창의적이다." 또는 "나는 이곳의 다양성을 대변한다."라는 식으로 말할 때는 자신의 정체성을 과시하면서 대화를 사적으로 받아들이는 것이다. 하지만 그에 대응해 사람들은 멀어진다(물리적으로는 아닐지라도, 심리적으로나 정서적으로는 분명히). 발전을 위해 헌신하려면, 아이디어를 열렬히 토론하면서도 정체성을 개입시키지 않도록 하는 능력을 갖춰야 한다.

이제 1969년의 PBS 상원 공청회로 돌아가서 로저스가 어떻게 자기의 정체성을 자기의 아이디어로부터 분리시켰는지, 그리고 공청회에서 어떻게 담판을 지었는지 살펴보자. 프레드 로저스는 패스토어 상원의원이 가한 최초의 일격에서 받은 충격을 흡수한 다음, 겸손의 평형점에 굳게 닻을 내린 채 머물렀다.

로저스 : 괜찮으시다면, 말하고 싶은 게 있습니다만…….

패스토어 : (또 다시 끼어들며) 좋아요, 좋습니다.

로저스는 텔레비전의 현 상황과 폭력이 텔레비전에 행사하는 역할과 그리고 그 폭력이 어린이들의 정서적 발달과 정신 건강을 어떻게 저해하는지에 대해 의견을 말했다. 처음에 패스토어는 생색만 내며 듣는 둥 마는 둥 했지만, 그의 몸짓은 분명 다른 메시지를 보내고 있었다. 그의 변화는 이제 눈에 보일 정도였다. 몇 분 뒤, 패스토어는 더 진지해졌다. 그는 로저스의 프로그램에 관해 몇 가지 질문을 했다. 로저스는 말을 이었다.

로저스 : 이것이 제가 아이들에게 주는 겁니다. 저는 모든 아이에게 사랑을 표현합니다. 아이들 스스로가 유일한 존재란 걸 깨닫게 도와주기 위함이죠. 전 이렇게 말하면서 프로그램을 마칩니다. "너희는 너희 자신인 것만으로도 오늘을 특별한 날로 만들었단다. 이 세상 어느 곳에도 너희와 똑같은 사람은 없어. 난 있는 그대로의 너희를 좋아해." 또한 우리 공영 방송에서 감정이란 언급할 만하고 보듬을 만하다는 것을 분명히 알릴 수만 있어도, 정신건강을 위한 멋진 서비스가 될 거라고 저는 생각합니다. 두 사람이 각자 느끼는 분노의 감정을 총싸움 같은 것으로 보여주기보다는—감정은 총싸움보다 훨씬 극적이니까요—풀어내는 모습을 보여주는 편이 훨씬 극적이라고 생각합니다. 전 어린이들이 방송에서 보고 있는 내용들이 항상 걱정스럽습니다. 전 15년 동안 이 나라와 캐나다에서 제가 뜻 깊은 애정의 표현이라고 생각하는 것을 선사하려고 애써왔습니다.

패스토어 : 그걸 낭송하나요?

로저스 : 당연하죠, 제가 진행자니까요. 전 제 프로그램에서 인형

을 일일이 조종하고, 모든 음악을 작곡하고, 대본도 직접……

패스토어 : (끼어들며) 글쎄요. 내 딴에는 내가 엄청 강인한 남자라고 생각했소만, 지난 이틀 동안 소름이 돋는 건 처음이오.

로저스 : 그런가요? 감사합니다. 의원님의 소름뿐 아니라 우리 방송에 보여주신 관심에도 말입니다. 제가 가장 중요하게 생각하는 노래 가사를 말씀드려도 될까요?

패스토어 : (진지하게) 그러세요.

로저스 : 좋은 감정 조절의 느낌에 관한 노래입니다. 어린이들이 그런 게 있다는 사실을 알아야 한다고 생각해요. 그 노래는 이렇게 시작합니다. "네가 느끼는 화를 어떻게 할 거니?" 그럼 아이들은 곧장 가사 첫줄을 노래하죠. 저는 소집단에서 아이들과 함께 매우 개인적인 의사소통 방식으로 인형을 다룹니다.

로저스는 우리 모두의 "깊은 마음속에 소중한 것이 있어." "우리가 되고 싶은 사람이 될 수 있도록 돕는다."는 것을 아이들에게 가르쳐주는 노래 가사를 낭독했다.

패스토어 : (눈에 띄게 감동하여) 멋지군요, 정말 멋져요. (말을 멈추고, 동료 상원의원들의 좌석을 내려다본다.) 방금 당신은 2,000만 달러를 번 것 같군요.

우레와 같은 박수가 터졌다.

좋은 리더는 마음을 열어둔다. 위대한 리더는 가장 치열한 상황에서도, 심지어 편견과 정치적 관계 및 습관 등의 적들과 마주했을 때도 타인의 마음을 연다. 패스토어가 처음에 보인 경멸에도 불구하고, 로저스는 발전을 위해 헌신하는 자세를 지켰다. 치열한 논쟁에서 겸손은 양방향의 감정적 격앙으로부터 우리를 보호한다. 즉 겸손은 논쟁을 사적으로 만들거나 사적으로 받아들이지 않도록 해준다는 말이다. 그럼으로써 개인적 발전소의 에너지가 개인의 정체성이 아니라 논쟁과 아이디어 교환에 집중되게 하는 것이다.

레고의 스타워즈

정체성과 아이디어를 혼동하면 기업문화에도 문제를 초래할 수 있다. 외르겐 비크 크누트슈토르프•가 레고의 CEO직을 맡았을 때, 기업은 매년 수억 달러씩 적자를 내고 있었다. 레고의 실적 개선이라는 과업을 맡은 크누트슈토르프는 예상과는 달리 정체성과 아이디어의 접점이 단단히 고정된 기업문화에 맞부딪혔다. 이전까지 레고는 폭력이나 싸움을 조금이라도 암시하는 장난감을 만들지 않았다. 그들의 핵심 타깃이 엄연히 남자 아이들이었음에도 불구하고. 그 원칙은 고상하게 들렸지만(실제로도 그랬겠지만), 너무 지나친 감이 없지 않은 데다 기업의 발전을 가로막기까지 했다. "레고가 1999년에 스타워즈 시리즈를 만들기로 결정했을 때, 조지 루카스로부터 라이선스를 취득하는 것도 물론 어려웠지만 레고 브랜드에 전쟁(war)이란 단어가 붙는다는 사실로 촉발된 내부적 분쟁에 비하면 아무것도 아니었습니다." 레고의 중역인 닐스 산달 야콥슨(Niels Sandal Jakobsen)의 말이다. 달리 말해 전쟁이라는 단어는 그들의 정체성 또는 "그들이 누구였는가?"에 대한 위반이었다.

넬슨 슈바르츠(Nelson Schwartz)가 「포춘」에 기고한 기사에 따르면, 레고의 선임 토이 디자이너가 "사람들은 블록 조각들〔특정한 레고 부품들〕과 개인적으로 각별한 관계였다."라고 하면서 그것들을 살리기 위해 싸웠다고 말했다고 한다. 그렇지만 레고 부품들에 대한 그들의 각별한 집착은 기업에 턴어라운드가 필요하다는 사실을 깨닫지 못하게 했다. 크누트슈토르프는 이렇게 말했다. "기업은 좋은 일을 하는 데 상당히 집중했죠. 거기까진 좋습니다. 하지만 그런 태도는 '우린 아이들을 위해 대단한 일을 하고 있어. 재무적 목표 따위로 성가시게 굴지 마.'라는 것이었죠." 정체성과 아이디어 사이의 경계가 명확하지 않을 경우, 집중력은 그릇된 영역(가령 블록 조각들을 살리는 것과 기업을 살리는 것의 대립)에 붙들린 채 정체하고, 변화에 대한 저항을 키우며, 발전을 끔찍하게 지체시키거나 불가능하게 만든다. 스스로 정체성과 아이디어를 구분하고자 도전한 덕분에 이제 레고는 반환점을 돌아 흑자로 접어들었다.

정체성과 아이디어의 혼동은 우리가 회의에서 다른 사람들과 불과 다섯 발짝 떨어져 있음에도 불구하고 5킬로미터나 떨어진 것처럼 느끼는 이유를 설명해준다. 겸손은 그 거리를 좁히며 논쟁을 활기차게 지속시킨다. 다음 두 가지 핵심 아이디어를 의사소통에 적용함으로써 말이다.

1. 무조건의 긍정적 배려를 유지한다.
2. 치열함의 물꼬를 정체성에서 아이디어 쪽으로 돌린다.

무조건의 긍정적 배려를 유지한다

남들이 어떻게 말하고 행동하든 상관없이, 질문 받는 대상은 자신의 아이디어지 정체성이 아니라는 사실을 확신할 때까지 진정한 아이디어 교환은 불가능하다. 그런 안도감이 아예 없거나 의문시될 때, 발전은 정체한다. 질문, 도전, 새로운 아이디어, 차이 등에 대해 마음을 걸어 잠그기 때문이다. 개방적 정신을 창출하는 능력은 대체로 우리가 보이는 존중을 남들이 어떻게 받아들이느냐에 따라 유도된다.

칼 로저스(Carl Rogers)는 미국 역사상 가장 영향력 있는 심리학자였다. 그는 에이브러햄 매슬로(Abraham Maslow)와 함께 인본주의를 지나치게 경시하던 초기 심리학과 결별한 연구 업적으로 상당한 공로를 인정받는다. 그의 이론은 평소 사람들이 정신적으로 건강하다는 입장을 견지한다. 정신병과 인간의 다른 문제들은 자연적 상태에 대한 왜곡 또는 예외로 간주된다. 그의 딸 나탈리가 쓴 간략한 전기에 따르면, 로저스는 일생의 마지막 10년을 국가적·사회적 갈등 분야에 자신의 이론을 적용하는 데 바쳤고, 그 노력의 일환으로 세계 각국을 여행했다. 아일랜드에서는 영향력 있는 개신교와 가톨릭 인사들을, 남아프리카공화국에서는 흑인과 백인들을, 미국에서는 헬스케어 분야의 의료 제공자와 소비자를 화해시켰다. 칼 로저스의 가장 중요한 실천적 접근법의 하나로서, 겸손을 통해 활기찬 논쟁을 효과적으로 수행하는 방법은 바로 무조건의 긍정적 배려(unconditional positive regard, UPR)다.

로저스의 저작에서 UPR은 모든 사람이 존중받을 자격과 기여할 능력이 있으며, 그들이 딱히 그런 식으로 행동하지 않거나 스스로가 그렇게 느끼지 않을 때에도 여전히 그러하다는 것을 의미한다. 로저스는 UPR을 상담자들에게 효과적으로 사용했다. UPR은 그런 심리 상담뿐 아니라 비즈니스 관계에서도 가치를 발휘한다. UPR은 우리가 상대방의 정체성을 변화시키는 데는 관심이 없다는 것을 그들에게 인식시킨다. 설령 우리가 그들에게 마음을 바꾸라고 권한다 해도 마찬가지다. 자신의 정체성을 굳이 방어할 필요를 느끼지 않는다면, 아이디어 토론에 집중하기 마련이다.

그러나 **무조건적**이라는 말이 암시하듯, 이것은 누군가가 우리에게 존중받을 '값어치가 없는' 사람이라고 판정해버리는 그런 순간을 끝내는 정신 상태다. 아무 조건도 필요 없다. 또한 우리는 인위적으로 UPR에 시간제한을 두고 스스로에게 "좋았어. 10분 동안만 그렇게 하겠어. 10분 뒤엔 끝이야."라고 말할 수 없다. 우리는 상대방이 언제 "흠, 그렇다면 이야기를 나눌 필요가 있겠네요."라고 말할지 알 수 없다. 하지만 과거의 경험이 그다지 좋지 않을 경우, 그들을 UPR을 갖고 바라보는 것이 힘겨울 수도 있다. 아마도 그들은 한 번 이상 기대를 저버렸을 것이다. 한번쯤은 우리의 신뢰를 저버렸을 것이다. 그들이 변하리라고 믿을 만한 빌미가 전혀 없을지도 모른다. 이유가 뭐든, 또 아무리 합당해도 우리는 여전히 노력한다.

누군가의 정체성에 대해 UPR을 유지한다고 해서 어수룩한 사람이 되는 것은 아니다. 어떤 논의라 해도 반드시 정신을 바짝 차리고 시작해야 하며, 우리의 인식이 실제로 일어나고 있는지 또는 예전의 결과물인지 주의해야 한다. 상대방의 가치·관점·전략 또는 실행에 대한 아이디어 등에는 동의하지 않아도 된다. 그러나 그들은 여전히 한 인간으로서 존중받을 자격이 있다. UPR은 머릿속으로 파악하기는 간단하지만, 실제로 적용하기는 만만치 않다. 칼 로저스는 자신이 심리학에 바친 온갖 공헌 중에서 UPR이야말로 인간적 역학관계의의 모멘텀을 변화시키는 데 가장 큰 힘을 발휘하는 것으로 꼽았다.

UPR로의 비행

　휴스턴에서 피닉스로 가는 비행기를 기다리던 중에 나(스티븐 스미스)는 뜻밖에도 UPR의 힘에 관한 중요한 교훈을 배웠다. 개인적으로 나는 UPR의 힘을 알면서도 정작 개념을 설명할 때는 애를 먹었다. 휴대전화로 동료와 얘기를 나누고 있는데, 누군가가 중앙 홀로 걸어오는 모습이 얼핏 눈에 들어왔다. 외양만으로도 어떤 사람인지 금세 감이 잡히는 남자였다. 누구라도 그를 함부로 건드릴 엄두를 못 낼 것 같았다. 그의 양쪽 팔뚝과 목에는 문신이 어지럽게 새겨져 있었다. 챙을 뒤로 한 모자를 썼고, 양쪽 귓불에 귀고리 자국이 보였으며 두 눈 밑에는 눈물방울 문신이 새겨 있었다. 나는 갱단하고는 거리가 먼 사람이지만, 눈물방울 문신이 무슨 뜻인지 정도는 알고 있었다. 그것은 자기 가족이나 갱단 식구가 목숨을 잃었다는, 대개는 살해당했다는 것을 표시한다. 눈물방울 문신은 고인을 기리는 그들 나름의 방식이었다. 겉으로 드러난 모습뿐만 아니라, 그에게는 감히 다가갈 수 없게 하는 뭔가가 있었다. 내가 다시 눈을 들자, 그는 나를 지나쳐 갔다.

　내가 탑승구로 발길을 옮길 때, 그는 승강장으로 통하는 복도 중간에 서서 풍선껌을 터뜨리고 있었다. 껌이 터질 때마다 그를 흘긋거리며 눈을 피하는 사람들이 있었다. 사람들은 그와 접촉하거나 시선을 끌지 않으려고 슬금슬금 피했다. 충분히 이해가 가는 상황이었다. 얼마 되지 않아 또 휴대전화가 울렸고, 나는 통화하느라 정신이 없었다. 나는 무의식적으로 수화물 카트들이 있는 쪽으로 걸어가서 카트에 등을 기댔다. 통화가 끝난 후 자리를 옮기려고 두리번거리다가 그 남자가 내 옆에 서 있다는 사실을 알았다.

수속을 밟은 승무원들이 서류를 손에 쥐고 승강장 쪽으로 걸어가자, 그는 걱정스러운 목소리로 크게 물었다. "비행기에 타야 합니까?" 나는 탑승 시간까지는 15분이나 남았다고 말해주었다. 그는 눈에 띄게 안도했다. "그렇군요. 좀 긴장했습니다. 비행기는 처음 타는 거라." 나는 그냥 그를 무시하고 탑승구로 걸어가면서 내 일을 볼 수도 있었다. 솔직히 그럴 생각이 없던 것은 아니었다. 그런데도 나는 그에게 티켓을 보여달라고 하면서 탑승 절차를 설명해주었다. 그 순간 나는 아무런 실제적 이유가 없었는데도 불구하고 그를 무조건의 긍정적 배려로 대했다. 그의 외양이나 나와의 친분 따위로는 정당화되지 않는 존중 말이다. 나는 그 무엇도 실천하려 애쓰지 않았다. 무엇보다도 나는 도움을 주려고 애쓰기 시작했고, 점점 호기심이 일었다. 나는 어디로 가느냐고 그에게 물었다. "집에 갑니다. 16년 동안 감옥에 갇혀 있었죠. … 몇 시간 전에 출옥했습니다."

그는 자기가 속했던 갱단의 이야기와 마약 밀매 자동차 절도를 비롯한 여러 죄목으로 투옥된 사연을 들려주었다. 자기의 인생, 범죄, 후회, 감옥에서 겪은 경험은 물론 자기 자신에게 일어난 변화들까지 털어놓았다. 감옥에서는 대부분의 시간을 독방에서 지냈다고 했다. 우리는 다른 얘기도 나눴다. 대화는 자연스럽게 흘렀고 개방적이었다. 우리 모습을 본 다른 사람들은 우리같이 명백히 다른 두 사람이 지금처럼 서로 대화한다는 것 자체가 놀랍고 뭔가 궁금한 듯했다. 비행기에 오르면서 우리는 어깨동무를 했다. 그 어깨동무는 그가 오래도록 꿈꿔온 포옹에 가장 근접한 행동이었을 것이다.

내가 특별히 내세울 만한 일을 한 것은 아니다. 내 친구는, 얼굴에 전과 기록이 빤히 새겨져 있어 무시하기 힘들 정도니까. UPR은 무시하는 것과 전혀 상관없다. 나는 그의 과거를 알고 있었지만, 당시 우리가 나누었던 대화의 질과는 전혀 관련이 없었다. UPR은 인종·종교·연령·직책·임기·직위나 정치적 관계 등에 대한 판단을 보류하게 함으로써 개방적이고 정직한 대화처럼 맥락(전후 관계)에 들어맞는 간단하고도 기본적인 일들을 할 수 있게 해준다. 이 경험을 통해 나는 크나큰 역설을 발견했다. 그는 감옥에서 방금 풀려났고, 나 또한 그에게 UPR을 유지하는 동안 내 나름의 감옥에서 풀려났던 것이다.

모르는 사람들에게 꼬리표를 붙이려는 유혹이 이는 것과 마찬가지 방식으로, 우리는 '잘 아는' 사람에게도 꼬리표를 붙인다. 우리는 그들 자체를, 그들의 행동과 겉모습과 말하는 방식을, 그들이 상징하는 것 등을 싫어하기로 마음을 정한다. 우리는 그들의 반응 방식과 그렇게 반응하는 동기를 '안다.' 우리는 그들이 개방적인지, 비판적인지, 창의적인지, 까다로운지, 또는 함께 일하기 힘든 사람인지 안다고 생각한다. 우리의 선입견을 정당화한다. 그러나 편향성은 타인을 존중하는 자세에 영향을 미치고, 결국 타인을 대하는 우리의 개방적 자세에도 영향을 미친다.

상대방과 우여곡절이 있거나 그들에게 부담감을 느낄 때 또는 논쟁이 노골화될 때는 UPR을 유지하기가 쉽지 않다. 그런 경우라면 그들 언행의 배후에 도사린 취지에 대한 판단을 보류하기 위해 더 열심히 노력해야 한다. 하지만 누군가를 가깝게 알면 알수록 정체성과 아이디어 사이의 경계가 흐려지기 마련이다. 그 이유는 정체성과 아이디어가 쌍둥이처럼 보이기 때문이다. 그 둘을 구분하기 위해 부지런히 노력해야 한다. 결코 모든 사람에게 모든 상황에서 UPR을 유지할 수는 없다. 그러나 우리가 추구하는 것은 또 한 번의 순간이다. 그런 순간들이 충분히 쌓인다면, 조직 내의 총체적인 대화와 토론의 모멘텀이 결국 변할 것이다.

치열함의 물꼬를 정체성에서 아이디어 쪽으로 돌린다

논의나 토론의 치열함 때문에 우리는 다음 두 경우 중 하나처럼 행동할 수도 있다. 발전을 추구하는 과정에서 (1) 사람들로부터 멀어지고 그들 아이디어에 등을 돌리거나, (2) 사람들과 그들 아이디어 쪽으로 다가서는 것이 태도를 어떻게 바꾸고, 그때 겸손함의 수준이 어느 정도인가에 따라 대화부터 개인의 경력, 그리고 기업의 성공에 이르는 온갖 것의 운명이 결정된다. 디즈니의

CEO 밥 아이거는 사람들 **쪽으로** 다가선다는 원칙을 통해 디즈니와 픽사의 합병이 성사되리라는 것을 확언했다.

"무대 배경을 소개하겠다. 1월 25일 수요일 오후 3시, 버뱅크에 위치한 월트디즈니 스튜디오의 사운드 스테이지 7." 「포춘」의 브렌트 쉴렌더(Brent Schlender)의 기사는 이렇게 시작된다. "아티스트, 프로듀서, 성우 등 만화영화 관련자들 500명이 이 창고 같은 건물 안에 빽빽이 모여, 기대감으로 술렁거리면서도 안절부절못하고 있었다. 이 합병 건은 놀라운 일이다. 왜냐하면 카레이싱과 66번 국도, 느린 속도의 인생을 찬양하는 애니메이션 〈카(Cars)〉가 6월에 개봉되지만, 오랫동안 픽사의 배급사였던 디즈니와의 관계는 악화되어 〈카〉 이후로는 서로 결별할 예정이었기 때문이다. 그러나 놀라운 반전이 있었다. 픽사가 디즈니의 일부가 되었을 뿐만 아니라, 픽사 스튜디오가 디즈니 자체 제작 애니메이션을 총괄 지휘하기로 결정된 것이다. 이 방에 모인 바로 이 사람들이 주인공이었다! 〔이것은〕 니모가 고래를 삼킨 셈이다." 월트디즈니의 재주 많은 변종이라 해도 과언이 아닌 픽사의 존 라세터(John Lasseter)가 그 방에 들어서자, 박수는 '쉴 새 없이' 터져나왔다.

쉴렌더가 전한 이야기를 읽으면서 필자들이 가장 흥미를 느낀 부분은 라세터에게 쏟아진 박수 세례가 아니라, 픽사와 디즈니의 합병 건이 도대체 어떻게 성사되었느냐는 것이었다. 마이클 아이즈너와 스티브 잡스가 서로 딴 뜻을 품었던 탓에 협상은 몇 달간 지지부진했으며, 결국 아이즈너가 디즈니의 CEO가 될 거라는 소문까지 돌았다. 라세터는 합병 협상에서 현재 진행 중인 안건 때문에 마음이 초조했다. 라세터가 '우리 새끼들'이라 부르는 픽사의 캐릭터들을 디즈니가 소유할 것이라는 내용이었다. 그가 수년간 픽사에서 만들어온 멋진 캐릭터들(우디, 버즈, 인크레더블 가족, 니모 등)은 디즈니의 초기 캐릭터들과 동일한 온정과 매력을 지닌 존재들인데, 합병 때문에 그들이 열정적으로 작업하고 희생해온 세월이 파도에 씻긴 듯 사라지지 않을까 걱정했던 것이다. 라세터는 말했다. "우리 픽사는 소중한 존재입니다. 살아 있는 유기체나 마찬가지죠. 우리는 불모지 행성에 생명을 키워내는 법을 찾아낸 겁니다. 이런 식의 합병이 그 모든 걸 망치지 않을까 걱정했습니다. 하지만 잡스가 에드•와 제게 말하더군요. '밥 아이거가 어떤 사람인지 알게 될 겁니다. 이게 내가 말할 수 있는 전부예요. 좋은 사람입니다.'"

충분히 상상할 수 있듯, 팽팽한 긴장감이 감돌았다. 밥 아이거가 아이즈너 대신 디즈니를 맡는다는 발표가 난 다음날, 아이거는 라세터에게 전화를 걸어 만나자고 했다. 아이거가 겸손을 어떻게 사용해 라세터 쪽으로 다가섰으며, 그럼으로써 그들 모두에게 어떤 영향을 주었는지 주목하라(다음은 라세터가 직접 전해준 말이다).

밥 아이거가 집으로 찾아왔습니다. 우리 부부와 저녁 식사를 하고 우리 아이들을 만났죠. 나는 당장 이 사람은 뭔가 다르다는 걸 알아차렸어요. 밥이 단지 바른 말만 한다는 건 아닙니다. 그의 말뜻은 누구라도 느낄 수 있다는 거예요. 밥이 모르는 것은 곧바로 인정하고, 또한 그런 걸 편안해했다는 사실만으로도 쉽사리 알 수 있었죠. 그렇지만 밥은 자신이 한 가지만큼은 알고 있다고 하더군요. 애니메이션은 디즈니라는 기차를 움직이는 엔진이자 심장이요, 영혼이라는 것을요. 그런데 그 기차가 부서졌으니 고쳐야 한다고요. 나는 픽사가 디즈니에 흡수되면 어떻게 변화될지 여전히 걱정하고 있었습니다. 그런데 밥이 말하더군요. "〔픽사를 사는 것은〕 상당히 비쌀 테지만, 내 최고의 관심사는 힘닿는 데까지 픽사를 예전대로 유지하는 겁니다." 정말 침착하고 논리적이더군요. 아무런 정치적 계산이나, 꿍꿍이속 같은 것도 없었습니다. 그때 깨달았죠. 스티브 잡스가 이 사람에 대해 한 말이 옳았다는 사실을 말입니다.

무언가 의미하는 바가 크다거나 그것이 우리 정체성에 가까울수록, 우리가 사람들로부터 멀어지거나 그들 아이디어에 등을 돌릴 가능성이 커진다. 이 경우에는 자신이 모르는 것을 겸허히 인정하는 아이거의 겸손과 개방적인 자세를 취하려는 라세터의 자발적 의지를 통해 에고가 감히 훼방을 놓을 여지가 없는 분위기가 형성되었다. 이런 분위기는 아이거가 디즈니라는 전통과 명성을 가진 기업의 CEO라는 사실, 그리고 자신의 필생의 작품 활동이 위기에 처할지도 모른다는 라세터의 깊은 우려에도 불구하고 이루어졌음을 주목하라. 그들은 아무 방해도 받지 않고 취지를 명확히 하며 발전에 대한 상호적 헌신을 확립한 '중립지대'를 창출했다. 중립지대는 모두에게 숨 쉴 기회를 주고, 치열함의 물꼬를 정체성으로부터 아이디어 쪽으로 쉽사리 틀 수 있게 해준다. 그런데 중립지대를 창출하려면 어떻게 해야 할까? DPA(미만성 생리적 각성 상태)가 방해하지 않도록 막을 줄 알거나, DPA가 일단 촉발되었더라도 거기서 탈출할 줄 알아야 한다.

정체성에서 아이디어로 이동하기

에고의 네 가지 조기 경보 신호들은 DPA 영역에 들어섰음을 나타낸다. 그 영역에서 벗어나려면 논의를 계속하기 전에 우선 이해를 심화할 필요가 있다. DPA 상태에서는 의미 있는 논의나 토론을 이어갈 수가 없다. DPA의 압박이 워낙 강력해 싸움을 걸거나 아예 끝장내고 싶어지기 때문이다. 하지만 DPA 상태에서 벗어난다 해도 안심하기에는 이르다. 거기에서 벗어나는 것만으로는 불충분하다. 일단 거기에서 자유로워지면, 논의를 진전시키거나 단지 논의를 계속하는 데도 적정한 수준의 치열함이 요구된다.

아이디어 토론에는 우리가 '고양된 생리적 각성(elevated physiological arousal, EPA)'이라고 부르는 최적 수준의 치열함이 있다. e자로 시작하는 단어들로 EPA를 가장 잘 설명할 수 있다. 이를테면 engaged(열중하는), enthusiastic(열렬한), eager(열망하는), energetic(정력적인), effective(효과적인), excited(신난), encouraged(고무된) 등이다. 우리는 질문을 통해 열렬함을 EPA 상태로 이동시킨다. 이번 장의 균형을 맞추기 위해서라도, DPA에서 벗어나 중립지대를 창출해 EPA 상태로 끌어올릴 수 있는 실제적 방법을 제시하려 한다. 이 기법들을 배우는 목표는 치열함을 끌어안기 위함이며, 치열함을 회피하려는 것은 아니다.

여는 말
(opening statement)
법정에서의 '모두진술'을 뜻하는 말이지만, 필자들은 '열다'라는 의미를 그대로 쓰고 있다.

DPA에서 벗어나기 위한 언어 구사

DPA 상태에 있는 사람들에게는 일종의 '여는 말•'을 사용해보라. 여기에 여는 말이라고 이름을 붙인 데는 두 가지 이유가 있다. (1) 닫히기 시작한 사람들의 마음을 여는 것이 목적이고, (2) 질문을 하기 전에 처음으로 하는 말이기 때문이다. 여는 말의 예는 다음과 같다.

- "당신 말이 옳을지도 모르겠네요."
- "좀체 듣기 힘든 말이지만, 당신이 이렇게 … 한 말을 해주니 반갑습니다."
- "좋아요, 그 문제를 허심탄회하게 얘기해보죠."
- "더 자세히 말해보시죠."

여는 말은 동의와 같은 뜻이 아니다. 필자들의 리더십 강습회에서 어느 여성 매니저가 대화에서의 여는 말 구사를 실습하고 있었다. 그녀가 읽은 시나리오 대사의 첫 줄은 "당신 말이 옳을지도 모르겠네요."였다. 그녀는 잠시 멈추더니 연습 상대인 동료에게 말했다. "이 말은 도무지 여는 말로 쓸 수가 없어요. 상대방 생각에 내가 동의하지 않으면 어떡하죠?" 그녀는 "당신 말이 옳을지도 모른다."를 "당신이 옳다."로 풀이했다. '모른다.'라는 부분은 듣지도 않은 셈이다. 우리는 이해한다는 것이 동의를 나타내는 것과 마찬가지라는 걱정 때문에 자신의 취지를 밝히고 사람들의 마음을 열 수 있는 기회를 놓친다.

반면 필자들의 코칭을 받던 누군가는 "〔여는 말이〕 마음에 듭니다. 코앞에서 동의를 표함으로써 상대방을 무장해제 시킬 수 있으니까요."라고 말한 적이 있다. 여는 말은 동의하거나 동의하지 않는 것을 의도하지 않는다. 필요에 따라 토론하거나 이해하기 위해 '사람들의 마음을 여는' 것을 의도할 뿐이다. 또한 상대방의 마음을 여는 방편인 동시에 스스로의 마음을 열린 상태로 유지하도록 상기시키는 방편이기도 하다. 예를 들어 아웃소싱·운영 능률화 방안을 논의하는 자리에서 누군가가 이렇게 말했다고 하자. "우리 부서에 없는 부분을 갖춘 외부업체는 아무 데도 없습니다. 게다가 납품업체들을 정리하고, 어떤 곳과는 아예 계약을 해지하다니, 너무 복잡해요. 도무지 할 수 없는 일입니다. 그래서 제가 업체를 정리하지 말고 그대로 가자고 제안하는 겁니다. 제 말을 듣는 사람이 있긴 한 건가요?"

이해를 해야 할지 논쟁을 해야 할지 결정하려면, 그 말들 사이에 감춰진 메시지부터 곱씹어보라. 이 사람은 마음속으로 자신이 해고 대상자 명단에 일순위로 올랐다고 생각했는지도 모른다. 1초 이내에 그는 중립지대에서 DPA 영역으로 이동했고, 그래서 우리가 아니라 나에 대한 논의로 바뀐 것이다. 그 순간에 필요한 것은 열성적인 토론이 아니라, 심화된 이해일 것이다. 당신이라면 어떻게 대답하겠는가?

    a. 우리가 못할 이유는 또 뭡니까? 타당한 명분을 대보시죠.

    b. 당신은 이 결정에 무척 당황했는데, 아무도 귀를 기울이지 않는 것 같네요. 맞죠?

    c. 아마 아무도 당신 말에 귀 기울이지 않을 겁니다. 당신이 너무 방어적이라서요.

    d. 누구라도 자기 의견이 간과된다고 생각하는 상황은 원치 않습니다. 외부업체 정리가 왜 말이 안 되는지부터 얘기해보죠. 모든 각도에서 검토해봅시다. 우선 당신 생각부터 듣고 싶네요.

    e. 너무 복잡한 일이라면, 진척시켜서는 안 되겠죠. 뭐가 이치에 안 맞는다고 생각하는 겁니까?

무엇이 최선의 선택일까? 선택은 당신이 이 사람과 맺고 있는 관계에 따라 다르다. 또한 상대방이 DPA와 EPA 중에서 어떤 상태인지 당신이 판단하는 데 따라 다르다. 상대방은 의견을 냈고, 이제 — 물론 무조건의 긍정적 배려와 발전을 위한 헌신을 견지하면서 — 당신은 선택권을 가졌다.

이 상황에서는 방어적 자세라는 조기 경보 신호가 나타나므로 우리는 DPA 영역에 놓여 있다. 이해가 필요하다는 뜻이다. 그러므로 가장 효과적인 옵션은 d와 e다. 이해 과정 다음에 토론은 이어질 수 있다. 하지만 이 시점에 토론으로 직행하면 상황을 악화시키게 된다. a와 c 옵션 또한 제대로 먹힐 수 있겠지만, 적절한 인간관계와 취지가 뒷받침될 경우에 한한다. 필자들이 워크숍 참가자들에게 b 옵션을 보여주면, '웩!' 소리가 일제히 터져 나온다. 동정심을 보여주긴 하되, 왠지 닭살이 돋는 테크닉이기 때문이다.

EPA를 끌어들이기 위한 언어 구사

DPA에서 벗어나 중립지대를 재확립한 다음에는 종종 발전을 향한 최선의 루트를 탐색하기 위해 토론의 치열함을 끌어올릴 필요가 있다. EPA와 더불어 논의의 치열함을 끌어올림으로써 우리는 판에 박힌 틀과 자기만족에서 깨어날 수 있다. EPA 상태로 초대하는 말들은 다음처럼 시작할 수 있다.

- "당신의 의견이 대단히 마음에 듭니다. 그게 제 마음에 든다는 사실과 우리 모두가 동의하고 있다는 사실이 결합되고 보니, 오히려 불안한 감이 있군요. 곰곰이 생각해보니, 제가 놓친 건…… ."

- "다른 관점을 얻기 위해 저는 정반대의 의견을 주장하려 합니다. 그리고 단지 거기에 어떤 타당성이 있는지 살펴보기 위해 그 의견을 한번 극단적으로 밀어붙이려 합니다. 저 스스로도 완전히 확신하지 않는 의견이긴 하지만, 대단해 보이는 아이디어에 지나치게 빨리 빠져드는 게 아닌지 확실히 해둘 필요가 있으니 말이죠."

- "당신이 낸 의견 일부가 마음에 듭니다. 좋은 지적이기도 하고, 이걸 그냥 내팽개치면 우리는 엄청난 실수를 하는 거라고 생각해요. 그런데 저한테는 잘 와닿지 않는 부분도 있으니까, 그 부분을 이해할 수 있게 도와주세요. 예를 들어…… ."

이런 말들은 당신이 상대방을 초대하고 있음을 암시한다. 하지만 당신에게 통제권이 없고, 토론에 초대되지 않았다면? 필자들의 어느 여성 고객이 난처한 상황에 놓인 적이 있는데, 그녀의 상사가 이렇게 말했던 것이다. "자네 영업팀 인원의 절반을 해고해야겠네. 금요일까지 대상자 목록을 넘겨주게." 언제나 토론의 여지가 있는 것은 아니지만, 다음과 같은 옵션들을 생각할 수 있다.

a. "뭐라고요? 도대체 근거가 뭐죠? 직원 해고가 매출 감소를 상쇄할 수 있는 유일한 방법인가요?" (방어적 자세)

b. "금요일까지 목록을 작성해 올릴 수는 있습니다. 그냥 궁금해서 그러는데, 질문 하나만 해도 될까요? 영업직원을 절반으로 감축하면 단기적인 비용은 분명 줄어들겠지만, 동시에 매출에도 차질이 빚어질 테니 트레이드오프 효과가 있을지 확신이 서질 않네요. 전 이 문제를 다른 각도에서 철저하게 논의해보고 싶어요. 그래서 영업직원들을 해고하는 것이 최선의 선택이라면, 비록 힘든 결정이긴 하지만 제가 앞장서서 그 결정을 지지하겠습니다(딱히 제 지지가 필요하지 않다는 것도 이해합니다). 합리적으로 들리시나요?" (토론)

c. 재정적 압력을 받을 때 으레 내놓는 대책은 고용 아니면 해고뿐인 것 같네요. 그런 습관은 우리가 추구하는 성장을 가로막을 수도 있는데, 거기 그 습관에 너무 젖어가고 있는지도 모르잖아요. 과연 해고만이 능사일까요? (토론)

d. 직원 해고는 그 누구에게도 쉽지 않은 일이란 것을 알아요. 그런 전략을 추진하게 만드는 근거들은 다양하고 많겠죠. 두 가지 다른 길을 선택해서 그런 답이 최선이라고 믿을 수밖에 없는 근거에 대해 얘기를 나눠볼 수 없을까요? (이해)

직원들에게 나쁜 소식을 전하고 그들을 해고할 수밖에 없는 상황에서 오는 압박감과 불안감을 상상해보라. 영업 인력을 절반이나 잃게 되면 당신의 실적에 적신호가 켜질 뿐 아니라 결국 당신의 자리까지 위험해질 수 있다. 이런 압박감 때문에 당신은 즉각적으로 중립지대에서 빠져나와 DPA 영역으로 들어설 수 있고, 그럴 경우 마땅한 질문은 전혀 떠오르지 않는다. 당신은 그 결정에 동의하지 않을 수도 있지만, DPA에 빠져든 상태에서는 최선의 주장이 전혀 떠오르지 않는 법이다.

다시 한 번 말하지만 당신의 선택은 상대방과 당신의 관계, 그리고 화제나 타이밍 또는 위기 상황 등이 포함된 전후 관계에 따라 달라진다.

겸손 + 호기심

기업에서의 토론은 재무적인 자본만큼이나 중요하지만, 일정한 인간적 역학 관계는 토론을 방해해 결국 비용을 갉아먹는다. 치열함에는 두 가지 종류가 있는데, 생산적 치열함과 파괴적 치열함이다. 파괴적 치열함이 나타날 때, 에고의 조기 경보 신호들도 나타난다. 이 같은 신호들에 뭔가 조치를 취하지 않는다면, 사람들은 DPA 상태에 빠지고 토론은 정체된다. 발전도 마찬가지다. 이번 장에서의 지침은 토론을 생산적으로 유지하는 것이다. UPR을 적용하고 여는 말을 활용한다면, 그리고 취지를 분명히 밝힌다면 치열함을 정체성으로부터 아이디어 쪽으로 이동시킬 수 있다. 그 이동은 열린 마음과 분명한 의사소통을 유지시키며, 아이디어 교환에 박차를 가한다.

마지막으로 겸손은 활기찬 토론의 정신과 심화된 이해를 통해 이런 질문을 불러일으킨다. "이 순간 내가 옳다고 한들 누가 신경이나 쓸까? 결국 그걸 제대로 해내는 건 **우리**인데." 발전을 위해 헌신할 경우, 해답을 찾기만 한다면 누가 찾아냈는지는 중요하지 않다. 그런 해답을 찾아내는 일은 겸손과 더불어 시작되지만, 거기서 끝나지는 않는다. 발언과 판단에 대한 대화를 탐구에 관한 대화로 변화시키려면, 에고노믹스의 두 번째 원칙을 가차 없이 집중적으로 적용해야 한다. 그 원칙은 바로 '호기심'이다. 우리에게 가장 필요한 종류의 호기심은 무엇이며, 그것을 어떻게 획득하고 활용하느냐가 다음 장의 주제다.

정체성과 아이디어의 충돌, 그리고 겸손

- 겸손은 조용하다는 부당한 평가 때문에 끊임없는 침착성과 혼동되는 경우가 많다. 그러나 침착성이 약간의 난기류를 앞세우지 않고 찾아오는 일은 드물다.

- 발전을 추구하는 과정에는 치열함이 따르기 마련이다. 의견 충돌, 관점 차이, 상반된 판단들 없이는 발전을 촉진할 수 없다. 그러나 우리가 치열함을 제대로 다루지 못한다면, 사고의 다양성은 기대하기 어렵다.

- 활기찬 토론은 겸손의 힘을 요구한다. 생산적인 치열함을 유지하고 활기가 난폭함으로 변질되지 않도록 하려면, 반드시 겸손이 필요하다. 또한 정중하지만 맥빠진 의견 교환이라는 함정에 빠져들지 않도록 스스로를 다잡아야 할 때도 있다.

- 논쟁의 추가 한쪽(난폭함) 또는 다른 쪽(원만함)으로 쏠리는 기업이 너무 많다. 그들은 어느 쪽이든 고립을 조장하는 자기중심적인 충돌 아니면 사이비적인 조화에 불과한 평온한 동의와 지적 다양성을 바꾸어 희생시키는 것이다.

- 발전은 경청 이상의 자세를 요구한다. 발전을 위해서는 스스로를 열정적으로 밀어붙여 모든 각도를 탐구하며 지적 능력의 극단까지 도달해 의사결정을 내리기 전부터 가설들을 점검할 필요가 있다.

- 내면적으로 DPA 상태에 있을 때, 그런데도 겉으로는 그렇지 않은 것처럼 행동할 때 두뇌 속에서 일어나는 일들은 터널 비전을 형성해 말하는 모든 내용을 못 듣게 된다. 이는 단지 비유적인 난청으로 그치는 것이 아니다. DPA가 극에 달한 상태에서는 실제 청력이 방해를 받는다. 그 순간에는 제발 그러지 않았으면 하고 바랄 만큼, 평소처럼 분명하게 사고하지 못한다.

- 대화 도중에 나타나는 에고의 조기 경보 신호들은 DPA 상태에 있음을 의미한다. 역설적이게도 만약 공격당하고 있고 방어가 필요하다고 느낄 때, 대체로 DPA는 우리를 '안전'하게 지키는 데 아무 쓸모도 없다.

- 우리 모두의 내면에는 필자들이 '발전소'라 부르는, 그 무엇보다도 우리 자신이 누구인가 하는 정체성을 상징하는 것이 있다. 정체성이 공격당한다고 감지되면, 그것을 지키려는 대응의 강도가 커진다.

- 이 발전소는 우리의 정체성과 아이디어를 포괄한다. 아이디어는 실행, 전략, 관점들을 포함한다. 정체성은 가치와 인격을 포괄한다. 그 힘을 다스리는 과정에서 우리의 대응은 스스로 믿는 것이 의심받거나 위협당하고 있다는 인식에 따라 좌우된다.

- 겸손은 토론이 난폭하게 변하는 일 없이 활기차게 유지되도록 하는데, 겸손이 의사소통에 적용하는 두 가지 핵심 아이디어는 다음과 같다. (1) 무조건의 긍정적 배려(UPR), (2) 정체성과 아이디어의 분리.

- 남들이 어떻게 말하고 행동하든 상관없이 질문을 받는 대상은 자신의 아이디어지 정체성이 아니라는 사실을 확신할 때까지는 진정한 아이디어 교환이 불가능하다.

- UPR은 우리가 상대방의 정체성을 변화시키는 데는 관심이 없다는 것을 그들에게 보장한다. 설령 우리가 그들에게 마음을 바꾸라고 권한다 해도 마찬가지다. 자신의 정체성을 굳이 방어해야 할 필요를 느끼지 않는다면, 아이디어 토론에 집중하기 마련이다.

- 누군가의 정체성에 대해 UPR을 유지한다고 해서 어수룩한 사람이 되는 것은 아니다. 어떤 논의라 해도 반드시 정신을 바짝 차리고 시작해야 하며, 우리의 인식이 실제로 일어나고 있는지 또는 예전의 결과물인지 주의해야 한다.

- 상대방과 우여곡절이 있거나 그들에게 부담감을 느낄 때, 또는 논쟁이 노골화될 때는 UPR을 유지하기가 쉽지 않다. 그런 경우라면 그들 언행의 배후에 도사린 취지에 대한 판단을 보류하기 위해 더 열심히 노력해야 한다. 하지만 누군가를 알면 알수록 정체성과 아이디어 사이의 경계가 흐려지기 마련이다.

- 논의나 토론의 치열함 때문에 우리는 다음 두 경우 중 하나처럼 행동할 수도 있다. 발전을 추구하는 과정에서 (1) 사람들로부터 멀어지고 그들 아이디어에 등을 돌리거나, (2) 사람들과 그들 아이디어 쪽으로 다가서는 것이다.

- 에고의 네 가지 조기 경보 신호들은 DPA 영역에 들어섰음을 나타낸다. 그 영역에서 벗어나려면 논의를 계속하기 전에 우선 이해를 심화할 필요가 있으며, 활기차게 토론에 참여해야 한다. DPA 상태에서는 의미 있는 논의나 토론을 이어갈 수가 없다.

- 아이디어 토론에는 우리가 '고양된 생리적 각성(EPA)'이라고 부르는 최적 수준의 치열함이 있다. EPA 상태에 있는 사람들은 engaged(열중하는), enthusiastic(열렬한), eager(열망하는), energetic(정력적인), effective(효과적인), excited(신난), encouraged(고무된) 등의 특성을 보인다.

제 9 장

지식에 의존하지 말고
호기심을 점화하라

순전한 무지는 오히려 유익하다. 겸손과 호기심, 그리고 열린 마음가짐을 동반할 가능성이 크기 때문이다. 캐치프레이즈나 현학적인 전문용어 또는 익숙한 명제를 되풀이하는 능력 탓에 배움에 대해 자만심을 갖고, 정신이 마치 방수 처리된 듯 새로운 관념이 흘러들지 못하도록 막는 데 비하면 말이다.

— 존 듀이*

*존 듀이(John Dewey) : 1859~1952. 미국의 실용주의 철학자·교육사상가.

에고의 네 가지 조기 경보 신호는 배움의 문을 걸어 잠그고, 타인의 마음속으로 접근하지 못하게 막는다. 겸손은 '나보다 우리 먼저'(발전을 위한 헌신), '나는 특출하고, 특출하지 않다'(이원성), 그리고 '하나만 더'(건설적 불만)로 통하는 문을 연다. 호기심은 그 열린 문의 뒤편에 있는 아이디어, 인식, 편향, 믿음 들의 영역을 자유로이 탐구하도록 하는 촉매다.

호기심은 겸손과 더불어 네 가지 조기 경보 신호들을 제압한다. 이는 호기심이 (1) 비교의 압력을 사람이 아니라 아이디어에 정확히 위치시키고, (2) 방어적 자세의 빗장을 벗기며, (3) 특출함을 과시할 때 잠겨버리는 지식의 상자를 다시 열고, (4) 인정받으려 애쓰는 누군가에게 그대로 머물기보다는 질문을 던지도록 유도하기 때문이다. 희소식은 거의 대부분의 사람이 호기심이 많다

는 점에서 모두 유리한 출발 지점에 있다는 점이다. 그러나 각자가 지닌 호기심이 어느 정도인가는 별개의 문제이며, 그 답이야말로 우리가 창출하는 가치를 판단하는 데 매우 결정적이다.

점화될 것이냐, 점화할 것이냐?

호기심은 상태(state) 호기심, 특성(trait) 호기심이라는 두 가지 유형이 있다. 대부분의 사람이 갖는 상태 호기심은 점화해줄 무언가를 기다린다. 그 대상이 세그웨이•의 기술적 간편함과 단순성이건, 타지마할의 웅장함이건, 성 베드로(Saint Peter)의 바실리카(교회당)에서 구현된 미켈란젤로의 숨 막히는 기술이건 스티븐 호킹이 보통의 언어로 설명하는 신비로운 우주건, 마술사의 속임수건, 필요한 정보를 0.17초면 찾는 구글의 노하우건 간에 우리의 호기심은 점화된다. 그러나 상태 호기심은 일시적이다. 호기심을 점화한 그 상태(질문, 경험, 놀라움)가 제거되는 즉시 끝나버린다. 반면 특성 호기심은 점화를 기다리지 않는다. 점화하는 것은 바로 이 호기심이다. 리처드 브랜슨 경•은 상태 호기심과 특성 호기심의 차이를 보여주는 좋은 사례다.

브랜슨 경은 버진 그룹(Virgin Group)의 창업자이며, 모험을 즐기는 잘생긴 남성이다. 1999년에는 영국 여왕으로부터 '기업가 정신에 대한 공로'를 인정받아 기사 작위를 받았다. 대부분의 우리는 외부인의 입장에서 브랜슨 같은 인물이 카메라나 마이크에서 떨어져 있을 때는 **진짜** 어떤 모습인지 궁금해한다. 필자들이 직접 들은 얘기가 있다. 필자들의 한 지인이 버진 항공 여객기를 타고 런던에서 LA까지 가고 있는데, 마침 같은 비행기에 브랜슨이 타고 있었던 것이다. 1만 피트(약 3,000미터) 상공에 도달하자 – 기내를 돌아다녀도 안전하다는 것을 알리는 신호가 울렸을 때 – 브랜슨은 자리를 박차고 여객실 뒤쪽으로 곧장 걸어갔다고 한다. 그는 부모, 어린이, 10대 청소년, 성인, 사업가 등 온갖 부류의 승객들과 이야기를 나누었다. 그는 승객들에게 그들이 낸 요금에 대해서는 결코 질문하지 않았다. 절대 가격에 대한 질문은 없었다. 대신 브랜슨은 좌석, 음식, 영화, 게임, 서비스, 그리고 어린이들에게 주는 공짜 선물 등을 어떻게 느끼는지 질문했다. 그는 비행기 여행의 기술적인 사실들이 아니라 승객들이 **경험**하는 바에 대해 궁금해했다.

이 갑부에게 안락한 자기 자리에서 뛰쳐나와 비행시간 내내 승객들과 이야기를 나누라고 자극한 사람은 아무도 없다. 객실 뒤편으로 달려가는 그의 행동은 결코 주목받으려는 자기중심적이거나 피상적인 동기에 의해 점화된 것이 아닌 듯하다. 필자들의 지인에 따르면, 브랜슨은 그의 명성에 걸맞게 분별력 있는 태도로 그렇게 했다고 한다. 브랜슨은 믿기지 않을 만큼 만족을 모를 정도로 호기심이 많았다. 그의 호기심은 여전하다. 브랜슨은 비행 경험에서 멀어지지 않기 위해 한 달에 적어도 한 번씩은 버진 항공의 여객기를 탄다. 게다가 브랜슨의 호기심 브랜드는 전염성이 강하다. 버진다운 호기심을 뻗치는 촉수는 자사의 웹사이트에서도 발견된다. '대박 아이디어가 있습니까?(Got a big idea?)'라는 제목의 웹페이지는 어느 누구든 아이디어를 나누어달라고 권유한다. 다음은 그중에서 처음 몇 단계를 요약한 것이다.

1. 여러분, 대박 아이디어가 있습니까?

저희는 항상 다음번 대박 아이디어를 찾고 있습니다. 저희를 위한 환상적인 아이디어가 있으시다면, 항상 귀담아 들을 준비가 되어 있습니다. 저희는 현행 기업들을 향상시키고 새로운 브랜드를 만들 수 있는 신선한 아이디어들을 언제나 찾아다닙니다. 특히 기존 사업을 흥미롭게 강화하거나 새로운 사업을 창출할 수 있는 아이디어라면 대환영입니다. 버진의 모든 계열사는 저희의 **핵심 가치**와 **호흡**하고 살아가며, 모든 새로운 제안이나 아이디어에는 이러한 가치들이 반영되어야 합니다. 〔이들 핵심 가치가 나열된다.〕 그러므로 여러분에게 제값을 받을 만한 아이디어나 중대한 글로벌 사업을 일으킬 만한 잠재력이 있다고 생각하신다면, 기꺼이 당신의 목소리를 듣겠습니다.

2. 그러면 어디서 그런 아이디어를 찾고 있을까요?

저희는 세계적으로 매우 다양한 사업을 펼치고 있습니다. 더욱 편리하고 명쾌하게 일할 수 있도록 저희는 영역별로 사업을 분류했습

니다. 〔그 영역들이 나열된다.〕이들은 저희가 장래에 열심히 발
전시키려 하고 대박 아이디어들이 아직까지 감추어져 있다고 생각하
는 영역입니다.

3. 여러분의 메시지를 전달하려면…
여기 있는 연락처 목록을 클릭하세요. 만일 여러분의 아이디어가 저
희의 현행 계열사들에 어울리지 않지만 그 자체로 환상적일 경우,
섹션 6에 있는 버진 매니지먼트의 기업개발팀 주소로 보내주시
면, 기꺼이 검토할 것입니다. (검토 결과는 3주 후에 보내드립니다.)

　필자들은 버진의 경쟁사들을 포함해 수백 개의 웹사이트들을
뒤져봤지만, 이와 같은 웹사이트는 어디에서도 찾지 못했다. 이러
한 초청을 통해 버진은 아이디어를 쉽게 나눌 수 있게 할 뿐 아니
라, 기업이 품은 호기심과 따스함을 발산한다. 심지어 괴상한 아
이디어를 가진 이방인들도 초대 손님처럼 취급된다. 그러나 "그래
서 어쩌라고? 그런 수준의 호기심에 어떤 이득이 있기에?"라고
되묻는 이들도 있을 것이다.
　지난 35년 동안 버진은 30여 개국에서 뮤직 메가스토어, 항공
여행, 금융, 소매, 연예, 인터넷, 주류, 철도, 호텔 및 레저 등의 사
업을 창출했다. 전국적인 설문조사에 따르면 브랜슨은 영국에서
가장 존경받는 기업인일 뿐만 아니라 학생들의 역할 모델로서, 런
던 시장으로서, 아버지로서 최고 적임자(numero uno)로 선택받

았다. 젊은이들이 토니 블레어에 이어 두 번째로 선호하는 총리 후보이기도 하다. 비즈니스에서는 시장이 항상 최종 평가를 내리는 법이다. 다음을 보면 시장이 '프로페셔널하되 비기업적인' 버진 엔터프라이즈에 대해 어떻게 평가하는지를 알 수 있다.

- 영국에서 100퍼센트, 오스트레일리아에서 96퍼센트, 미국에서 56퍼센트의 브랜드 인지도.
- 미래에 영국을 대표할 넘버원 브랜드.
- 남성들 사이에서 가장 존경받는 넘버원 브랜드.
- (보디숍[Body Shop]에 이어) 두 번째로 가장 '책임감 있는' 브랜드.
- 「포브스」가 선정한 세계에서 가장 마케팅이 훌륭한 브랜드 4위.
- 영국은행보다 더 신뢰받는 브랜드.

'버진'이라는 기업명은 브랜슨과 함께 기업을 일구었던 한 여성 친구에게서 나왔다. 그녀는 "우리 모두 사업에는 처녀(virgin)나 다름없어요."라는 말을 했다. 이러한 생각을 브랜슨이나 그의 기업은 결코 잊은 적이 없는 것 같다. 브랜슨에게 '최고경영자(chief executive officer)'라는 직함은 그가 창출한 기업문화에 걸맞지 않다. '최고 호기심 경영자(chief curiosity officer)'가 훨씬 어울리는 직함이다. 브랜슨의 말을 들어보자. "내게 가장 큰 동기가 뭐냐고요? 스스로에게 계속 도전하는 거죠. 난 대학을 졸업하지 않았지만, 인생 자체를 일종의 오랜 대학 생활로 봅니다. 매일 뭔가 새로운 걸 배우는 인생 말이죠."

모두의 호기심은 가지각색의 시기에 다양하게 점화될 수 있다 (상태 호기심). 그러나 특성 호기심은 우리가 아는 가장 호기심이 강한 사람들을 다른 이들로부터 구분해놓는다.

개방성+질서=?

호기심이 강한 브랜슨 같은 인물은 여러분의 상상과 전혀 다르다. 매우 개방적이며 참여하고 탐구하기를 즐기는 누군가를 떠올려보라. 모험을 즐기고, 유연성 있고, 예술가 기질이 있고, 쓸데없이 번민하지 않으며, 새로운 아이디어에 힘을 얻는 누군가를 말이다. 이제 그와 정반대되는 사람을 떠올려보라. 조직적이고, 규율 잡힌 데다, 논리적이고 구조적이며, 방법론에 철저하고, 온갖 것이 제자리에 있어야 안심하는 사람을 말이다. 둘 중에서 호기심 수준이 더 높은 사람은 누구일까? 장차 밝혀지겠지만, 그 누구도 아니라는 것이 정답이다.

멜버른대학의 데이비드 베스위크(David Beswick) 박사가 수십 년 동안 연구한 바에 따르면, 특성 호기심을 갖춘 사람들은 보기 드문데 독특하게 개방성 그리고 질서가 어우러진 사람들이라고 한다. 베스위크 박사의 말을 들어보자. "그들은, 자기 세계에서 신경 쇠약을 겪지 않으면 자신의 인지적 지도(cognitive map)가 위기에 빠진다는 충분한 안정감을 갖고 있다." 그러한 어우러짐은 호기심과 더불어 '카오스와 코스모스의 경계에 속하는' 지적 공간 내에서 작용하는 안정감을 높여준다. 첫눈에는 질서와 개방성 사이에 갈등이 존재하는 것처럼 보인다. 실제로도 심리학자들이 성격 특성들을 평가할 때는 그 둘 사이에 부정적 상관관계가 있다. '정돈된' 사람들은 충분히 개방적이지 못하고 스스로의 시스템적 접근법이나 사물의 질서가 혼란되는 데 저항한다. '개방적인' 사람들은 질서를 과소평가하며, 그들의 호기심은 너무나 무사태평하며 변화의 영향력을 충분히 고려하지 않고 그 변화를 쉽사리 받아들인다.

질서가 개방성의 우위에 설 때, 호기심은 탐구할 자유를 잃는다. 오로지 개방성만 갖출 경우, 호기심은 구조와 목적을 상실한다. 호기심에 대한 가장 높은 집중도는 크나큰 개방성에 작은 질서를 더한다고 해서 창출되는 것이 아니며, 그 반대도 마찬가지다. 특성 호기심은 두 부분 모두를 동등하게 필요로 한다. 개방성과 질서가 적절히 혼합됨으로써 "질문을 던지고, 계산할 것은 계산하고, 온갖 물건을 뒤집거나 잠그기도 하고, 또 그만큼 많이 놀라워하고 의심할 수 있다."라고 베스위크 박사는 말한다. "그러나 충분한 시간 동안 공이 튀겨지고 난 다음에는 일정한 해답에 도달하게 되며 … 새로운 질서의 세계에 대한 표상이 발전할 것이다." 호기심의 '공'이 충분히 오래 튀도록 유지한다면, 세상을 약간 다른 각도에서 볼 수 있는 시간이 허락된다.

특성 호기심을 갖춘 사람들이 매일 매순간 나머지 사람들과 달리 세상을 보는 것은 아니다. 그들이 세상을 달리 보는 시간은 하루에 불과 몇 분 정도다. 그 몇 분 동안의 호기심이 다른 모든 사람에게는 판에 박힌 듯 보이는 현상에서 미세한 차이를 간파할 수 있게 해준다는 말이다. 예를 들어보자. 나(스티븐 스미스)는 7월 중순 무렵에 에어컨이 고장 나는 난감한 일을 겪었다. 뭐가 잘못되었는지 도무지 알 수 없어서 수리공을 불렀다. 결국 두 명의 수리공을 부르게 되었는데, 다음은 그 사태의 전말이다.

첫 번째 수리공은 나타난 지 30분 만에 떠날 채비를 했다. 그는 에어컨을 진단할 때 관례대로 체크하는 20개 항목의 리스트를 보여주었다. 체크리스트에 있는 모든 네모가 체크되어 있었다. 수리공이 말했다. "에어컨에 프레온가스를 보충했습니다. 혹시나 해서죠. 다른 건 전혀 잘못된 게 없었거든요." 수표를 끊으면서 나는 단지 늦은 프레온가스 압력이 문제였다는 데 안도감을 표시했다. 그런데 수리공의 대답은 뜻밖이었다. "아, 프레온가스 압력은 전혀 낮지 않았어요. 하지만 다른 문제들을 발견할 수 없었기 때문에 필시 그게 문제일 거라고 생각했습니다. 이걸로도 안 된다면 새 에어컨을 장만해야 할 겁니다."

다음날에도 집 안의 온도는 여전히 섭씨 32도였다. 나는 같은 회사에 전화를 걸어, 이번에는 다른 기술자를 보내달라고 부탁했다. 그들은 처음 방문했던 수리공이 유능하고 노련할뿐더러 신뢰받는 기술자라고 보장했다. 심지어 그 수리공의 보고서를 찾아 그가 실제로 체크리스트의 20개 항목까지 정확히 마무리했다는 사실을 확인했다. 상담원은 그 수리공이 "고객님의 에어컨에 프레온가스를 충전했다."고 지적했다. 그래도 나는 다른 누군가를 보내달라고 고집했다.

다음 번 수리공 역시 같은 회사 유니폼을 입고, 같은 회사 밴을 타고, 정확히 동일한 20개 항목의 체크리스트가 있는 클립보드를 들고 도착했다. 그는 동일한 진단 절차를 능숙하게 따랐고, 각 항목에 확인될 때마다 체크리스트를 채워나갔다. 하지만 그때 첫 번째 수리공과 그를 구분하는 일이 벌어졌다. 나는 계단을 타고 홈오피스로 내려가다가 벽난로 정면을 뚫어지게 쳐다보고 있는 그를 발견했다. 15분 후에 내가 위로 올라갈 때도 그는 아까와는 약간 다른 각도지만 여전히 같은 곳을 응시하고 있었다. 호기심이 동한 나는 그에게 뭘 하는지 물었다. "제 생각에는 고객님이 집을 산 후로 에어컨에 문제가 생긴 것 같지는 않네요. 문제는 고객님이 집을 사기 전에 생긴 것 같습니다." 그렇게 말하고 나서 그는 벽난로 덮개를 잘라내고 내부를 점검했다. 결국 그의 발견 덕분에 문제는 해결되었다.

우리 집을 지을 당시 건설 인부들은 겨울철 난방을 위해 벽난로를 썼다. 하지만 배관 작업을 완전히 마무리 짓지 않은 탓에 덮개에는 톱밥과 먼지가 쌓였다. 마감 공사를 하기 전에 그들은 증발기 코일을 보호해야 할 스크린을 청소하지 않은 채 벽난로 덮개를 씌웠고, 톱밥과 먼지 때문에 코일은 제대로 작동할 수 없었다. 인부들이 그런 식으로 벽난로를 쓰지 않았더라면, 이런 문제는 생기지 않았을 것이다. 두 번째 수리공은 처음으로 이 문제를 발견한 사람이다. 그가 스크린을 청소하고 덮개 부위를 용접하고 난 뒤 얼마 지나지 않아 우리 집 온도는 섭씨 26도까지 내려갔다.

여기서 요지는 다년간의 수리 서비스를 경험하며 축적되어온 '베스트 프랙티스(best practices)'를 상징하는 20개 항목들로는 내 에어컨을 고치지 못했다는 사실이다. 두 번째 수리공의 특성 호기심이 그 목록에 21번째 항목으로 추가되어야 한다. 내 문제를 고치려면 관습적인 질문들을 멈추어야 했다. '절차' 또는 20개 항목의 체크리스트로 말미암은 상태—유도적 호기심으로는 미스터리를 결코 풀 수 없었을 것이다. 베스위크 박사와 마찬가지로 멜버른대학에 근무하는 메리 돈 에인리(Mary Dawn Ainley)가 실시한 호기심 관련 연구에 따르면, 특성 호기심을 유발하는 최초 요인은 '이해하기 위해 독특한 뭔가를 경험하려는' 욕망이라고 한다. 두 번째 수리공은 벽난로를 보고 궁금하게 여겼으며, 잠시 동안 자기 마음의 눈으로 돌아가 체크리스트 이상의 독특한 뭔가를 경험하려 했다.

'제 할 일을' 하려고만 했다면, 그는 예전 서비스 호출 때와 똑같은 진단 체크리스트를 쉽사리 채운 다음, 내게 새 에어컨을 팔았을 것이다. 나는 더 이상 반박할 수 없었을 테고, 그의 조치 또한 완벽히 정당화될 수 있었다. 나는 그에게 왜 계속 시도했는지를 물었다. "전 항상 문제를 풀어내고 싶어요. 사물이 돌아가는 원리를 알고 싶고, 제대로 되지 않는 이유도 알고 싶은 거죠. 전 단지 뭔가 고쳐지기까지 계속 시도할 뿐입니다." 이러한 수정이야말로 호기심의 주된 목적이다. 호기심(curiosity)은 치유(cure), 돌봄(care), 신중한(careful), 정확성(accuracy) 등의 단어들과 관계가 있다. 다시 말해 호기심은 적절한 치유책을 발견하려는 의도를 갖고 상황을 정확히 이해하도록 이끈다. 그러나 뭔가를 치유하고 고치려는 욕망이 오히려 우리를 방해하는 주범일 때가 간혹 있다.

흔한 치유책을 치유하려면?

대답을 찾으려는 치열함은 호기심을 무디게 한다. 미취학 아동들의 행동을 통해 최초의 충동이 방해가 된다는 것을 배워보자. 당신이 네 살배기 꼬마라고 상상해보라. 어른 하나가 당신이 제일 좋아하는 과자를 준다. 당신이 그 과자를 한 입 베어 물려는 순간, 더 솔깃한 조건이 걸린다. 용건을 마치고 돌아와서 과자를 한 개 더 준다는 것이다. 즉 15분만 기다리면, 그 어른이 돌아온 다음에 당신은 과자를 두 개 얻게 된다. 달리 말해, 15분만 기다리면 당신은 두 배의 득을 보는 셈이다. 어떻게 할 텐가? 단, 당신은 겨우 네 살이라는 점을 명심해라. 당신의 대답은 당신 미래에 대한 중대 시사점이 될지 모른다.

1968~1974년, 스탠퍼드대학의 심리학자 월터 미셸(Walter Mischel) 교수는 아동의 욕구 충족 지연을 쉽거나 어렵게 하는 요인에 대한 일련의 연구를 실시했다. 어느 간단한 실험은 네다섯 살짜리 미취학 아동과 마시멜로에 관한 것이었다. 미셸 교수는 아이들을 따로따로 방으로 불러서 마시멜로를 줬다. 하지만 아이들이 마시멜로를 먹기 전에, 그가 15분 뒤에 돌아올 때까지 기다리면 하나가 아니라 두 개의 마시멜로를 받게 될 거라고 일러두었다. 방에서 나온 미셸 교수는 연구팀과 함께 아이들의 행동을 기록했다.

몇몇 아이들은 충동과 반응 사이에 전혀 공간이 없었다. 마시멜로는 문이 닫히기가 무섭게 **꿀꺽!** 사라졌다. 또 어떤 아이들은 참을 수 있는 한 유혹과 싸우면서 마시멜로 바닥을 조금 떼어먹고 나서 먹은 자국이 들키지 않기만을 바랐지만, 그들의 저항 노력은 결국 수포로 돌아갔다. 결국 유혹에 굴복하고 남은 마시멜로 조각을 행복하게 먹어치운 것이다. 몇 안 되는 아이들은 그들이 참을 수 있는 경계선을 설정했다. 마시멜로를 핥고 나서, 핥아먹는 행위는 진짜 먹는 것이 아니므로 용납될 것이라는 나름대로 논리를 세우는 것이 뻔히 관찰되었다. 하지만 어쩌나, 결국 핥아서 다 먹어치웠다.

반면 일부 아이들은 다른 전략을 이용해 거리를 지켰다. 제발 자기를 먹어달라는 마시멜로의 애원을 무시한 것이다. 몇몇은 마시멜로가 마치 거기에 없는 양 방 안을 돌아다녔고, 마시멜로 바로 앞에서 손으로 머리를 감싼 채 가끔씩 손가락 사이로 마시멜로가 달아나지 않았는지 흘깃거리는 아이도 있었다. 나머지는 스스로에게 말을 걸면서 마치 방 안에 상상의 친구가 있는 듯 행동했다. 한 여자 아이는 유혹에서 벗어나려고 자장가를 부르다가 테이블 밑으로 들어가 잠이 들었다.

미셸 교수는 최초의 충동 조절 연구 이후 20년 만에 이 아이들에 대한 후속 연구를 실시했다. 15분 동안 유혹을 견디면서 마시멜로 두 개를 기다릴 줄 아는 의지력을 보여준 아이들은 학업 성적도 좋았고 정서적으로도 똑똑했다. 그들은 스트레스 상황에서 좋은 기량을 선보였고, 도전을 포용했으며, 어려움에 처했을 때 포기하기보다 목표를 향해 나아갔다. 그들은 좀더 자신감 있고, 믿을 만했으며, 마시멜로를 먹어치운 집단에 비해 솔선수범하는 모습을 보였다. 그들은 1,600점이 만점인 대입 자격시험(scholastic aptitude test: SAT)에서 평균보다 200점 높은 점수를 획득했다.

경고 : 집에서는 이 실험을 시도하지 않기를 권장한다. 자녀가 15분 전에 마시멜로를 먹어치운다면, 당신은 우울 상태에 빠져 후손에게 바라던 꿈들이 눈앞에서 사라지는 것을 견뎌야 할 테니까. 우리를 믿어라. 우리가 이미 그걸 겪었으니 하는 말이다. 한 번 더 생각해보니, 당신은 그걸 시도해야 할지도 모르겠다. 최소한 자녀 학비 마련을 위해 펀드에 계속 돈을 부어야 할지, 그럴 돈으로 속 편하게 해외여행을 즐길지 판단할 수는 있으니까.

회의석에 마시멜로가 있나요?

어린아이들에게 유혹은 매우 참기 어려운 일이다. 하지만 충동에 대해 통제권을 쥔다는 것은 우리가 성숙했다는 증거다. 맞는가? 그렇게 보일 것이다. 하지만 어른이라고 해서 유혹에 저항하는 능력이 그다지 향상되었다고 보기는 어렵다. '과자'가 변했을 뿐이다. 여느 기업의 회의실이야말로 미셸 교수의 실험과 같은 상황이 벌어지는 현장이다. 마시멜로의 기업 버전은 누군가가 대단히 중요하게 여기는 어느 아이디어(치유책, 해답, 해결책 등)다. 어른이 되어서도 우리는 지금 당장 성과가 나오기를 바라는 탓에 그 아이디어에 가능한 한 빨리 달려들고 싶은 충동에 굴복한다. 신속한 해답을 내린 뒤에 완벽한 실행이 뒤따르기를 바라는 것이다. 그러나 이렇게 성과를 추구하는 과정에 대해서는 코넬대학 토머스 길로비치(Thomas Gilovich) 박사가 한 다음의 발언을 주시해야 한다. 그는 1981년 이래 의사결정 및 행동경제학(behavioral economics)을 연구해온 학자다.

"우리 인간들은 그럴싸한 아이디어·이론·설명 들을 만들어내는 데 엄청나게 도통한 듯하다."

그의 관찰은 증거에 의해 뒷받침된다. 이를테면 매 60분마다 101개의 새로운 특허가 출원되고, 미국 안에서만 2,265개의 새로운 사업체가 매일 창업되며, 해마다 평균 3만 2,000개의 신상품들이 소개되고 있다. 그러나 길로비치 박사의 발견에는 또 다른 시사

점이 있다. "그렇지만 아이디어가 형성된 이후에 그것을 평가하고 검증하는 능력은 상대적으로 부족하다." 신규 벤처기업의 90퍼센트 이상이 5년을 못 버티고 문을 닫는다. 또한 신상품 중 80퍼센트가 실패하는데, 그것도 대부분 출시된 지 몇 주 이내로 말이다. 이 책 앞부분에서 언급했듯, 50퍼센트에 가까운 기업의 의사결정 및 신규 프로젝트들이 기대에 전혀 부응하지 못한 채 실패한다.

매일같이 신상품이 출시되고, 프로젝트가 개시되며, 전략이 이행되고, 목표가 세워진다. 너무 많은 것이 기대에 못 미치는 것으로 드러난다. 이렇게 형편없는 결과는 실행의 결핍 때문이라고 말하는 사람도 있다. "이봐, 최소한 우리는 노력하고 있다고." 또는 "우리는 벽에 대고 마구 던지면서, 뭐가 벽에 붙는지 보는 중이야." 또는 "모험하지 않고는 얻는 것도 없다." 등의 다른 주장도 있다. 우리에게는 업무 구축 능력이나 노력할 용기가 부족한 것이 아니다. 연구 결과에 따르면, 상상력과 포부 및 아이디어 등이 부족하지도 않았다. 우리에게 진정 부족한 것은 선구축, 선착수, 선실행의 호기심이다. 호기심 부족이 유일한 요소는 아닐지라도 중대 요소임은 틀림없다. 더 좋은 결과를 위해 참고 기다리는 어린 아이들처럼, 첫눈에 든 아이디어를 실행하려는 충동을 억누르기 위해 규율과 인내를 활용할 때 호기심에게 숨 쉴 시간을 주는 것이다. 그로 인해 우리는 더 나은 결과를 얻게 된다. 그러나 제약 조건은 그리 만만치 않다.

매일같이 직면하는 문제들은 뭔가 해내야 한다는 압력을 가하고, 그렇게 되면 우리는 당연히 해내야 한다. 그러나 우리가 무엇을 하느냐와 얼마나 **빨리** 하느냐의 문제는 좀더 유심히 고려되어야 한다. 에고가 균형을 잃으면 우리가 실제로 아는 것보다 더 많이 안다고 생각하게 됨으로써 호기심이 가로막힌다. 그 때문에 우리는 때 이르게 시간, 인력, 자금을 투자해버린다. 예를 들어보자. 어느 영업부장에게 자기 영업팀이 처한 문제를 해결할 수 있는 교육 과정에 대한 아이디어가 떠올랐다. 이어지는 내용은 하버드 경영대학원의 로사베스 모스 캔터(Rosabeth Moss Kanter) 박사가 그 팀장과 나눈 인터뷰의 기록이다.

캔터 : 부장님이 생각하신 영업 훈련 프로그램을 진척시키는 데 어떤 자원들이 필요했나요?

부장 : 아무것도요… 난 교육 과정에 대해 생각난 아이디어들을 전부 적었을 뿐입니다.

캔터 : 필요했던 정보는요?

부장 : 무슨 말씀이신지 모르겠네요. 내게 아이디어가 있었고, 그걸로 우린 교육 과정을 개발했습니다.

캔터 : 반대자나 비판자는 없었나요?

부장 : 옆 부서 부장이 반대하더군요.

캔터 : 반대 의견을 어떻게 처리하셨나요?

부장 : 그가 관여할 일이 아니라고 말해줬죠.

캔터 : '비판자들'과 논쟁을 해서 이겼나요?

부장 : 아뇨.

캔터 : 모든 게 실패하는 최악의 상태나 장애물은 생각해본 적 없
나요?

부장 : 실패는 결코 생각한 적이 없습니다.

이 부장의 마지막 언급에서 근본적인 문제가 드러난다. "… 결
코 생각한 적이 없습니다." 비즈니스 대화에서는 '해결책' 제안
들이 포화 상태를 이루는데, 이것이 바로 우리가 그 해결책들의
존재에 익숙해진 나머지 눈치 못 채고 넘어가는 이유다. 일터 밖
에서도 우리는 사회의 온갖 방면, 이를테면 정치, 종교, 공동체,
텔레비전, 라디오, 인터넷 등에서 흘러나오는 조언들에 푹 빠져
지낸다. 더구나 그 충고들은 흔히 선의에서 비롯되기 마련이다.
하지만 우리가 더 이상 효과가 없는 활동들을 없애려고 노력하
거나, 한 번도 시도해본 적 없는 무언가를 함으로써 가치를 창출
하거나, 현재 하고 있는 무언가의 수준을 위아래로 조정하거나
간에 우선 필요한 것이 있다. 초기 단계에 있는 그런 치유책들을
상상 또는 실행하기에 앞서 그것들을 자세히 조사해야 한다는
것이다. 아이디어들이 무제한적으로 넘치고 자원은 제한되어 있
을 경우, 혁신을 위해서는 우선 사전 준비가 필요하며 실행은 그
다음이다.

우리의 사전 준비 과제는?

지금은 유명해진 일화다. ABC 〈나이트라인(Nightline)〉의 뉴스 진행자 테드 코펠(Ted Koppel)과 제작진은 세계적 디자인 기업 아이데오(IDEO)에 대한 기획 취재를 진행하면서, 사전 준비가 완벽히 무시될 만한 조건을 짰다. 〈나이트라인〉 측은 IDEO에 아이디어를 제시했다. 전국방송을 통해 식료품 쇼핑카트를 재설계해보라고 부탁한 것이다. 코펠의 제작진은 대중이 매우 정기적으로 사용하고, 발명된 이래 이렇다 할 혁신이 거의 없는 상품으로 쇼핑카트보다 적당한 것은 생각하기 어려웠다. 결과적으로 대단한 프로그램과 멋진 새 카트가 만들어졌는데, 이번 장에서 굳이 이 일화를 다루는 까닭은 〈나이트라인〉이 부과한 제약조건에 IDEO가 대처한 방식을 음미하기 위해서다. 완전히 새로운 일이었음에도 불구하고, 주어진 시간은 일반적인 일정에 비해무려 75퍼센트나 적었다. IDEO는 선택된 프로젝트에 아무런 토를 달지 않았다. 과정 전체가 전국 텔레비전용으로 녹화되었다. 도망갈 곳도 숨을 곳도 없었고, 잘 보이려고 꾸밀 새도 없었다.

시청자들에게 가장 강한 인상을 남긴 부분은 그들이 초기에 내린 '작은' 결정이었다. 보통 개발 일정에서 75퍼센트가 사라진 상황이니, 이런 식으로 말할 법도 했다. "이봐, 일정이 촉박하니까 전형적인 연구 단계 따위는 건너뛰자고. 어쨌든 쇼핑카트를 만들면 되는 거 아냐? 우리 모두 자주 쓰는 물건이잖아. 아마 간밤에

써본 사람도 있을 거야. 한번쯤은 다들 올라탄 적도 있을 테고, 속속들이 아는 물건이라고. 창의력을 발휘해 가능한 디자인들에 대해 브레인스토밍을 하고, 당장 만들어내자고!" 그러나 그들은 쇼핑카트를 잘 알고 있었음에도 불구하고, '알고 있었던' 것이 부채가 될 수 있다는 점을 잘 이해했다. 어느 건강관리 업체 임원이 필자들에게 이렇게 말한 적이 있다. "자신이 아무것도 알지 못하는 것에 대해 호기심을 가진 사람들을 채용하는 건 아무런 문제가 없다고 생각합니다. 문제가 되는 것은 그들이 뭔가를 엄청 잘 안다고 생각할 때 마음을 닫아버린다는 점이죠."

주어진 시간이 촉박함에도 불구하고 IDEO 측은 단지 그들 머릿속의 현실뿐 아니라 전체적인 현실에 대한 탐구를 가장 먼저 해야 한다고 고집했다. 그들은 손님과 가게 주인, 그리고 걸인과 수선공 및 제조업자들과 이야기를 나누었다. 둘러보고, 사진 찍고, 질문하고, 귀담아 들으면서 그들은 뜻밖의 차별적 요소들을 발견했고, 이로써 진정한 혁신을 끌어냈다. 피터 드러커는 이렇게 말했다. "예기치 않은 것들은 기존에 품었던 선입관과 가정과 확실성을 걷어내며, 정확히 그 이유 때문에 혁신의 원천들이 그토록 풍요로운 것이다." IDEO 사람들은 그들의 가정을 걷어내기를 간절히 원했으며, 그 덕분에 그들의 성과가 비범할 수 있었던 것이다. 사실, 세계 도처의 경영대학원들은 IDEO의 쇼핑카트 프로젝트를 혁신에 대한 현대적 기계공학의 축도(縮圖)라고 언급한다.

여러분이 쇼핑카트의 변모를 잘 알고 있는지는 모르겠지만,

IDEO의 쇼핑카트는 인상적이었다. 좁은 공간에서도 카트 뒤쪽을 들지 않도록 360도로 회전하는 바퀴, 카트 도난을 줄이고 쇼핑 편의성을 늘리기 위해 철제 프레임에 올려놓게 설계된 탈착식 손바구니, 어린이들의 부상을 방지하기 위해 더 안전해진 디자인, 보관을 위해 더 가볍고 간결해진 프레임, 그리고 전반에 걸친 중대한 개선이었다. IDEO의 창설자 데이비드 켈리(David Kelly)는 식료품점의 농산물 코너 한가운데 서서 이렇게 말했다. "어디서든 주위를 둘러보세요. 자연 빼고는 모두 누군가 디자인한 것들입니다. 나무와 같은 것들은 우리가 디자인하지 않았지만, 여러분이 보는 모든 조명 장치, 꽃병, 저울, 과일 진열장 등 온갖 것들이 이 과정을 거쳐 디자인됩니다. 우리 직원들이 혁신 또는 개선을 잘해 낼 수도 있고, 그러지 못할 수도 있습니다. 그러나 디자인되는 모든 것은 이 과정을 거쳐야 합니다."

켈리의 말은 제품 디자이너나 엔지니어에게 국한된 것이 아니다. 당신의 기업을 둘러보면, 온갖 시스템·구조·프로세스·전략·프로젝트·이니셔티브 들이 누군가의 디자인에 의한 산물일 테니 말이다. 우리가 사용하는 혁신 프로세스가 무엇이건, 그리고 우리가 디자인하는 것이 무엇이건 간에 호기심 수준은 성과의 특출함에 심오한 영향을 미친다.

호기심을 점화하는 네 가지 방법

'혁신 아니면 죽음을 달라.'는 생각은 모든 경영자와 관리자의 마음속에 각인되어 있다. 따라서 실질적으로 모든 기업은 혁신 및 개선 전용으로 설계된 프로세스들을 갖추고 있다. 이를테면 식스시그마, 전사적 품질경영(TQM), 의사결정, 문제 해결, 비판적 사고, 창의력 또는 기타 프로세스 들이다. 어떤 프로세스든 그 가치는 프로세스에서 비롯된 대화에서 흘러드는 정보의 질이 좌우한다. 「포춘」 선정 500대 기업에서 식스시그마 프로그램을 담당한 어느 중역의 말을 인용하겠다. "우리는 어떤 항목들을 체크해야 할지 잘 압니다. 프로세스는 명료하고 잘 정의되어 있으며, 기술적으로 우리 스스로가 하는 일들을 잘 알고 있습니다. 그는 한숨을 쉬더니 말을 이었다. "하지만 정작 그 항목들의 실제 적용은 사람들 사이에서, 그러니까 그 항목들 사이의 '여백'에서 일어나는 일들입니다."

프로세스의 단계가 아무리 명료하고 잘 정리되어 있다 해도 각 단계들이 창출하는 가치는 이런 단계들에서 이루어지는 대화를 조종하는 호기심의 수준에 의해 결정된다. 이런 단계들의 여백에서 호기심은 중립적-프로세스이다. 호기심에는 실천이 뒤따른다. 그 실천은 드러커의 말처럼 '우리의 가정들을 걷어내게' 함으로써 아이디어 교환 과정에서 호기심의 집중도를 드높여 상투적인 대화로만 머물지 않게 한다. 그런 호기심으로 '알고 있음의 부채'를 극복할 수 있다. 호기심은 이끼 묻은 돌들을 유연하게 뒤집으며, 새 페이지를 열고, 공이 계속 튀기게 함으로써 통찰을 위한 작은 틈새를 만들어준다. 매일같이 우리가 놓쳐온 그런 통찰 말이다. 이런 실천을 탐구하기에 앞서 다음 경고 문구를 읽는 것이 필수다. "단지 질문을 던진다 해서 호기심이 강한 것은 아닙니다." MIT에서 다이얼로그 프로젝트를 설립한 윌리엄 아이작스(William Isaacs)는 이렇게 말했다. "모든 질문의 40퍼센트가 실제로는 질문을 가장한 진술로 추정된다. 나머지 40퍼센트는 질문을 가장한 판단이다. 오직 일부분의 '문의'만이 진짜 질문이다."

우리가 던지는 질문의 개수 그 자체는 호기심이 얼마나 강한지를 나타내지 못한다. 대개 호기심은 타인이 진정으로 생각하는 것에 접근할 수 있도록 허용하고, 현재 고수하는 관점이나 다른 관점 등의 다양한 관점을 포용할 수 있게 하는 그들의 자발성을 얼마나 일으키느냐에 따라 측정된다. 명심하라, 우리가 던지는 질문들의 이면에서 타인이 인식한 취지는 호기심의 상한선에 중대한 영향을 미친다는 사실을. 상대방의 질문에 의심을 품는다면, 취지를 명시적으로 밝혀야 한다. 숨기는 게 없음을 밝혀야 한다는 말이다. 일상 대화에서 '자리를 박차고 여객기 뒤쪽으로 곧장 걸어갈' 정도로 호기심 수준을 높일 수 있는 네 가지 방법이 여기 있다.

1. 우리가 뜻하는 바는 무엇인가? (명백성)

2. 우리가 보고 있는 것은 무엇인가? (전후 관계)

3. 우리가 가정하는 것은 무엇인가? (전제)

4. 그것이 이끌어낼 결과는 무엇인가? (결과)

명심하라, 특성 호기심의 특징은 개방성과 질서를 한데 결합하는 것이라는 사실을. 이 질문들은 두 가지 모두를 제공하기 위해 설계되었다. 우리의 호기심에 질서를 부여하는 동시에 마음을 여는 것이다. 호기심의 경지를 높이기 위해 이 질문들을 구사하는 데 능숙해지면, 갈수록 특성 호기심을 발전시킬 가능성이 커질 것이다.

우리가 뜻하는 바는 무엇인가? (명백성)

호기심을 점화하는 첫 번째 방법은 언어의 기초 단위, 즉 단어에 중점을 둔다. 단어들은 호기심을 점화할 수도 있지만, 조심하지 않을 경우 호기심을 잠재울 수도 있다. 예를 들어 필자들은 동일한 조직의 임원 및 관리자 500명을 각 팀당 네 명씩의 125개 팀으로 분리한 적이 있다. 그리고 '리더십'이란 제시어를 화이트보드에 써놓고, 90초 동안 '리더십'이 그들 자신에게 뜻하는 바를 표현할 단어들을 가능한 한 많이 적어보라고 했다. 다음으로는 팀 내에서 목록을 서로 비교해 얼마나 많은 단어가 일치하는지 비교해보라고 부탁했다. 팀원들 모두가 적은 단어만 일치하는 단어로 간주했다. 일치한 단어들의 총계는?

하나였다.

단 한 팀에서 오직 한 단어가 일치했다. 나머지 124개 팀들의 총합은 제로였다. 필자들은 이 실습을 40여 개 국가에서 수년간 실시했다. 제시어들은 신뢰, 전략, 비전, 리스크 관리, 브랜딩, 고객 만족 등에서부터 심지어 피자, 가족, 개처럼 쉬운 것까지 다양했다. 운 좋은 날에는 한 팀에서 한두 개 정도 일치된 단어가 나온다. 그것도 가장 쉬운 제시어에서만. 이러한 불일치는 좋은 소식이기도 하고, 나쁜 소식이기도 하다.

필자들의 리더십 강습회에서 이 실습을 마친 한 여성 관리자는 손을 들고 자랑스럽게 외쳤다. "우리에게 아무것도 일치한 낱말이 없었다는 건 좋은 일이라고 생각해요. 만약 그 사실이 우리의 다양성을 증명하는 거라면, 하나도 일치되는 게 없더라도 전 여기에 온 종일 앉아 있을 겁니다." 그녀가 옳다. 좋은 소식은 의심할 나위 없이 우리 모두가 사물을 각자 다르게 바라본다는 사실이다. 우리에게는 다양성이 필요하다는 사실 또한 마찬가지다. 하지만 단어 하나의 뜻처럼 간단한 것도 궁금해하지 않는 탓에 다양성에 접근할 수조차 없다면, 그 다양성이 무슨 쓸모 있단 말인가? 나쁜 소식은 이렇다. 즉 우리는 자기 외의 모든 사람이 우리가 뜻하는 바를 안다고 생각한다는 것이다. 조지 버나드 쇼는 '의사소통에서 위험한 것은 의사소통이 이루어졌다는 착각'이라고 말했다. 우리는 단어들과 약자(略字)들을 마구 내던지고는 보편적 이해를 얻은 양 착각하지만, 의미란 매우 개인적인 것이며 다양하기까지 하다.

우리가 명백히 알아들었다고 간주한 누군가의 말뜻은 우리 생각만큼 명백하지 않은지도 모른다. 예를 들어 필자들이 컨설턴트로서 일단의 중역들과 대화를 나눈 적이 있는데 그 자리에서는 '기업 비전과의 부합'이라거나 '혁신에서의 리더가 될 필요성' 등의 진부한 문구들이 판을 쳤다. 어느 순간에 누군가가 말했다. "우리 기업의 전통적 사업들 중 일부에서 중요한 변화를 일으키는 외부요인들에 대해 의견일치를 이루는 건 그리 어렵지 않습니다." 다들 고개를 끄덕이며 동의했다. 뭐라고? 이런 문구들이 회의가 진행되는 60분 내내 주목받지 못하고 그냥 지나갔다. 필자들은 그들의 말뜻을 명백히 이해할 수 없어 물어보았다. "'기업 비전과의 부합'이라는 말이 무슨 뜻인가요? '혁신의 리더'는 무슨 뜻으로 하는 말입니까?" 중역들은 그 말들이 무슨 뜻인지 곰곰이 생각해야 했다. 명백해진 것은 그들 자신도 그 말뜻을 정확히 모른다는 사실이었다.

관리자들의 가장 골치 아픈 과업 중 하나는 모든 구성원이 똑같은 악보를 보고 연주하게 해야 한다는 것이다. 그 곡이 전략이건 비전이건 조정이건 실행이건 간에 말이다. 연주 속도를 맞추려는 노력의 일환이겠지만, 많은 리더가 같은 메시지를 몇 번이고 반복하면서 결국 충분히 인식되기를 바라는 우를 범한다. 취지는 순수하지만, 그런 반복은 메시지를 **반복되도록** 할지는 몰라도 그 메시지 자체를 더 **명백하게** 하는 경우는 드물다. 토머스 대번포트(Thomas Davenport)는 자신의 저서 『정보 생태학(*Information Ecology*)』에서 이렇게 말했다. "어느 조직이 자체 사업에 적합한

 에고노믹스

용어 또는 개념에 관해 많이 알면 알수록, 그것의 공통된 정의에 대해 합의할 가능성은 낮아진다."

따라서 반복은 정답이 아니다. 다시 말하지만 호기심이 매우 강한 사람은 대부분의 우리가 간과하는 미묘한 차이들을 인식한다. 단어들은 그런 미묘한 차이를 유발하는 요소 중 하나다. "기업 비전에 부합해야 한다는 말은 구체적으로 무슨 뜻입니까?"처럼 질문하는 것은 단순하게, 어쩌면 지나치게 단순하게 들릴지도 모르겠다. 이러한 단순성에 비추어볼 때, 그런 종류의 질문들이 이토록 표면화되는 경우가 드물다는 것은 놀랄만한 일이다. 단어들에 관한 호기심은 사소해 보이면서도 놓치기 쉬운 것이다. 단어들에 대한 호기심을 드러내는 것이 무척이나 단순한 데다, 가끔 호기심은 더 원대한 질문들과 더 복잡한 프로세스들을 위해 보류해야 마땅하다고 생각하기 때문이다. 호기심이라는 문제에서는 사소한 것 속에 악마가 숨어 있는 셈이다.

우리가 보고 있는 것은 무엇인가? (전후 관계)

호기심을 점화하는 두 번째 방법은 의사결정에 영향을 미치는 주변 상황을 살피는 것이다. 전후 관계는 모든 상황에서 중요한 역할을 한다. 전형적인 회의에서는 누군가가 아이디어를 내기 마련이다. 이때 아이디어 자체를 논하기보다는, 그 아이디어

위험지역 탐색 및 폭발물 처리 로봇 패크봇 (PackBot)

이 로봇은 지금까지 미군이 4,300만 달러어치를 구입하며 시장성을 입증한 뒤, 영국과 독일 등에 수출되기까지 했다.

를 둘러싼 정보들을 가능한 한 많이 얻기 위해 아이디어 논의를 잠시 보류할 필요가 있다. 그렇게 함으로써 그 아이디어를 의심하거나 거부하는 게 아니라, 전후 관계를 살펴보는 것이다. 한 아이디어를 염두에 두고 살펴보면 그 아이디어의 강점이 확인되거나 약점이 노출된다. '쿨'한 것을 위한 '쿨'한 아이디어가 시장의 필요를 완전히 놓치는 경우도 있다.

아이로봇(iRobot)의 공동 창업자 헬렌 그레이너(Helen Greiner)는 첨단 테크놀로지로 개발한 군사용 지뢰제거 로봇에 아리엘(Ariel)이라는 이름을 붙였다. 군대의 '미래'에 대한 프레젠테이션이 끝나자, 고객들은 "정말 쿨한데… 하지만 이걸로는 우리에게 필요한 일을 할 수 없어."라는 반응을 보였다. 시장의 전후 관계에 집중하지 못함으로써 아이로봇은 일찍이 '혁신을 위한 혁신'에 관심을 두는 업체라는 평판을 얻었다. 아이로봇은 그런 평판을 불식시키기 위해 테크놀로지에 대한 관심과 시장 필요에 대한 호기심 간에 균형을 잡았다. 그레이너는 「비즈니스위크」의 제나 맥그리거(Jena McGregor)와의 인터뷰에서 그때의 경험을 회고했다. "아리엘에서 교훈을 얻은 후 저는 육군 유격대(Army Ranger) 시연회의 참가 요청을 받고 군인들의 의견을 듣기 위해 또 다른 시제품을 갖고 갔습니다. 거기서 얻은 의견을 바탕으로 폭탄 제거 로봇인 패크봇*을 설계했습니다. 패크봇은 군인 수십 명의 목숨을 구한 공을 인정받고 있습니다. 우리 기업은 이 로봇을 500대나 납품했죠. 우리 분야에서 혁신은 자칫 이채로운 창조물을 만들려는 그릇된 방향으로 유도되기 십상이랍니다. 저는 이용자들과 대화하면서 그들의 의견을 설계에 반영해야 한다는 교훈을 배웠습니다." 아이디어가 생기면 조건반사적으로 신속히 설계부터 하려 든다. 이때야말로 충동을 억제할 필요가 있다. 전후 관계에 대한 충분한 이해는 다름 아닌 아이디어를 설계하는 데 영향을 미치며, 충동은 이 단계를 줄곧 건너뛰게 하는 주범이기 때문이다.

전후 관계부터 먼저 살펴보고 아이디어를 내놓는 것은 직관에 어긋나는 일처럼 보이겠지만, 결코 비생산적인 일은 아니다. 우리는 다음과 같이 질문함으로써 전후 관계를 살필 수 있다. "학습 및 강화학습을 담당할 풀타임 임원을 채용할 필요가 있다고 생각하는 근거는 무엇인가?" 질문이 던져지면 떠오르는 답을 적어 내려가되, 처음 한두 가지 답만으로 그쳐서는 안 된다. 일단 그 질문에 대해 모든 답을 파악했으면, 그 역을 두고 논쟁하라. 즉 "우리가, 아니 어느 누구든 이 목록이 옳지 않다고 주장할 만한 주장을 펼수 있는가?" 또는 "우리가 보고 듣는 것의 참과 거짓을 입증할 증거는 무엇인가?" 그 다음에는 사람들에게 이 목록을 훑어보고 우리 가설에 이의를 제기하도록 요청할 수 있다. 후속 질문으로서, 방금 열거한 것들에 관해 우리가 알지 못하는 것이 뭔지 물어볼 수 있다. 이로써 불어난 전후 관계를 밝힐 수 있는 값진 논의가 창출되는 경우가 많다.

한 아이디어를 둘러싼 전후 관계를 살피는 일이 이성적으로 간단해 보일지 몰라도, 감성적으로는 힘겨운 일이다. 집단들은 기존에 지녔던 아이디어라면 검증하려고 하기보다는 지지하려고 한다는 연구 결과가 있다. 어느 팀이 보이는 편향의 강도는 기존의 선호도에 좌우된다. 한 아이디어에 대해 결론을 일찍 내릴수록, 그들이 내린 결론을 지지하는 정보만을 고려하려는 성향이 커진다. 달리 말해, 주장을 입증할 정보를 찾아다니다보면, 반대되는 증거를 배제하게 된다. 이는 보고 싶은 것을 찾아다니기 때문이거나, 설령 반대 증거를 보더라도 무시하기 때문이다.

네 가지 조기 경보 신호들은 질문을 던지는 과정에서 언제든 나타날 수 있다. 가령 무슨 말을 뱉든 거기에 순순히 따르면서 인정받으려고 애쓰는 사람을 만나면, 방금 했던 말에 반대되는 주장을 펴라. 진정한 호기심의 관건은 스스로의 관점을 대할 때와 마찬가지로 흥미와 치열함을 갖고 다른 관점들을 대하는 능력에 있다. 취지가 분명하다면, 다른 관점에 완전히 몰두하기에 충분한 시간 동안 자신의 입장을 보류할 수 있다. 질문에 대해 누군가가 방어 태세를 취하면서 "이게 나쁜 아이디어라는 겁니까?"라고 묻는다면, 자신의 취지를 분명히 할 수 있다. "전혀요. 하지만 비록 우리가 잘못 생각했다는 데 우리가 동의한다 해도, 이 방 밖에 있는 다른 사람들은 동의하지 않을지도 모릅니다. 그들은 우리가 내린 의사결정에 영향을 받을 텐데 말이죠. 비즈니스 관점에 입각해서 우리가 할 수 있는 한 많은 이슈를 살펴보자는 겁니다. 게다가 이 아이디어를 추진하려면 지원군이 필요하니까요."

우리가 가정하는 것은 무엇인가? (전제)

대화에서 호기심을 증대시키는 세 번째 방법은 전제들을 검증하는 것이다. 전제 검증은 현실 점검이다. 즉 "신념을 뒷받침하는 전제들이 타당한가?" 또는 "현실적인가?" 예컨대 관리직 채용 대상자들은 석사학위 소지자여야 한다고 누군가 강하게 주장한다고 하자. 그 전제들은 무엇인가? 석사학위가 그 직책에 필요한 경험을 기업에 제공한다는 것이 검증되지 않은 전제들 가운데 하나다. 우리는 이렇게 물을 수 있다. "석사 학위를 소지한 사람을 이 자리에 채용하면 어떤 이득이 있나?" 아마도 신뢰성, 지식 정도, 목표 지향적 태도, 기술적 숙련도, 지적 능력 등이 보장된다고들 할 것이다. 이런 전제들을 검증하기 위해 다음과 같은 질문을 해볼 수 있다.

- 학교가 이 직책에 필요한 지식들을 배울 최선의 공간일까?
- 석사학위를 소지했다는 사실은 그가 현실 세계의 문제들을 검토하고 창의적으로 사고할 능력을 갖추었다는 뜻일까?
- 아무런 경험도 없는 석사학위 소지자가 현장 경험이 풍부한 학사 이하 학력자들보다 더 적격이라고 우리는 믿고 있을까?
- 우리 기업문화에 필요한 신뢰성을 석사학위가 제공할까?
- 석사학위가 있는 사람은 호기심이 강하다고 보장할 수 있을까?
- 석사학위 소지자를 채용하면, 적합한 사람을 채용할 가능성이 높아지는 걸까?

• 석사학위는 우리에게 필요한 지적 수준을 보증하는가?

방금 열거한 질문들에 대해 우리 스스로의 답변까지 검증해볼 수 있다. 가령 "석사학위는 우리에게 필요한 지적 수준을 보증하는가?"라는 질문에 "예."라고 답했다면, 우리는 좀더 심층적인 수준에서 그 전제를 검증할 수 있다. 이를테면 "박사학위 소지자인데도 학사 졸업자만큼도 지적으로 보이지 않는 사람을 본 적이 전혀 없는가?" "그 사람이 우리에게 필요한 지적 수준을 갖추었음을 어떻게 아는가?" "무엇으로 지적 능력을 구체적으로 예증할 수 있는가?"라고 질문하면서 말이다. 우리 대답의 진위는 토론에 달렸다. 그러나 믿음을 검증할 때는 그 믿음을 형성한 사고의 타당성을 캐묻고, 특정 아이디어가 해결책에 도달하는 데 중요한지 아닌지를 물어볼 필요가 있다.

그것이 이끌어낼 결과는 무엇인가? (결과)

호기심을 점화하는 마지막 방법은 아이디어를 취함으로써 얻게 될 결과를 찾는 것이다. 지나치게 한 아이디어에 집착하는 이유는 흔히 그들이 그 아이디어 자체가 아니라 그 뒤의 동기에 과도하게 집착하기 때문이다. 또한 어떤 일을 하거나 하지 않는 것이 어떤 영향을 초래할지 걱정하기도 한다. 어느 아이디어

뒤에 숨은 동기가 분명하지 않을 때는 엉뚱한 주제를 놓고 논쟁을 벌이기 십상이다. 숨은 동기를 밝혀내려면 '추격 장면으로 잘라내기'라는 방법을 쓸 수 있다.

추격 장면으로 잘라내기 (cut to the chase)
'곁가지를 치고 핵심으로 들어가자'라는 뜻이지만, 저자들은 이 말을 어원 그대로 사용하고 있다.

이 숙어는 원래 옛날 영화에서 유래되었다. 옛날 영화에서는 끝부분에 위치한 추격 장면, 이를테면 강도를 뒤쫓는 경관, 지구인을 추격하는 외계인, 악당을 추격하는 영웅 등이 나오는 장면에 으레 긴 스토리가 이어졌다. 추격 장면까지 이르는 스토리가 너무 길어서 관객들이 흥미를 잃겠다 싶을 경우 영화감독은 편집자들에게 "스토리라인을 잘라내고 곧장 추격 장면으로 갑시다."라고 말하곤 했다. 이 말이 줄어서 "추격 장면으로 잘라내자."로 굳은 것이다. 요즘은 이 숙어가 '본론으로 들어가자.'는 의미로 통하면서 원래의 본질적 의미가 사라졌다. 추격 장면에 신경을 쓰려면 충분한 스토리가 필요하며, 그래야만 그 추격 장면이 볼 만한 가치가 있는 것이다. 대화를 나누면서 '추격 장면으로 잘라내는' 것은 스토리를 적당한 길이로 맞추어 '추격 장면'을 기다린 보람이 있도록 뒷받침한다.

추격 장면, 즉 어떤 아이디어의 영향력은 첫눈에 명백하지 않을지 몰라도, 언제나 존재한다. 누군가의 마음속에서 상영되고 있는 '영화'를 드러내는 질문을 던질 때 얻게 되는 이점은 원래 아이디어와 그 추격 장면, 즉 그 아이디어 배후의 동기를 연결하는 '스토리'를 얻게 된다는 것이다. 원하는 것을 얻는 길은 언제나 하나 이상이며, 처음 아이디어가 항상 최고이거나 또는 유일한 것은 아니

다. '추격 장면으로 잘라내기'를 일종의 도구로 사용한 개인적인
예가 필자들의 워크숍에서 일어났다.

깊이 잠수하기

우리가 강의하던 기업의 한 여성 CFO가 우리의 동료인
조(Joe)에게 '추격 장면으로 잘라내기'를 자신의 개인사에 적용할
수 있는지 물었다. 그 개인사란 그녀는 원하지만 남편은 원하지
않는 것으로, 보트에 관한 내용이었다. 조는 그녀가 보트를 통해
얻으려는 목적을 알아내기 위해 질문을 했다. 조의 질문들을 간략
히 편집해 '추격 장면'에 집중된 것들만 추려보면 다음과 같다.

조 : 보트는 멋진 생각이네요. 당신이 진짜로 보트를 가졌다고 잠
깐만 상상해봅시다. 오늘 그걸 갖지 않는다는 것은 당신에게 어
떤 뜻입니까?

CFO : 그리 복잡할 거 없어요. 그냥 가족이 함께 더 많은 시간을
보내면서 즐길 수 있는 멋진 방법이라고 생각해서죠. 한 방을 쓰
거나 같은 지붕 아래서 시간을 보내면 마음을 털어놓기가 엄청
쉽지만, 우리 가족은 함께 보내는 시간이 별로 없어요.

조 : 무슨 말인지 알겠습니다. 그런데 당신이 가족으로서 더 많은
시간을 함께 보내게 된다면……?

CFO : 10대인 두 딸아이와 함께 방해받지 않고 맞대면하겠죠.

조 : 아이들하고 더 많은 시간, 최소한 당신이 아이들과 보내기를 바라는 오붓한 시간이라도 보내는 것은 당신에게 어떤 의미가 있죠?

CFO : 아이들 인생에 더 많이 영향을 끼칠 수 있다고 느끼겠죠. 우리 애들은 대부분의 10대들과 마찬가지로 자기 인생에서 약간의 도전에 직면하고 있는 것 같아요. 그런 어려운 시기에 내가 도움을 줄 수 있을 거예요. 보트는 함께 시간을 보낼 수 있는 멋진 방법이죠.

조 : 그러니까 당신이 원하는 영향력을 가질 수 있다면, 또 아이들이 힘겨운 시기를 보내는 데 정말로 도움을 줄 수 있다면……?

CFO : 아이들이 현명하게 실수를 피해 가게 도울 수 있을 것 같아요. 또 아이들은 더 행복해질 테고, 나중에 자기 자식들을 낳았을 때 준비된 부모가 될 수 있겠죠.

조 : 그리고 그들이 그렇게 되면, 어떤 결과에 이를까요?

CFO : (이제 눈에 띄게 감정적이 되어) 내가 인생을 마칠 무렵, 나는 CFO만큼이나 엄마 노릇도 성공적으로 해냈다고 느낄 겁니다.

잠시 말을 멈춘 다음, 조가 그녀에게 던진 다음 질문은 "당신이 원하는 것을 얻게 해줄 유일한 방법이 보트일까요?" 대답은 "아니오."였다. 그녀는 대화를 나누는 동안 보트를 두고 오갔던 격한 말다툼들이 ─ 그녀에게는 ─ 실은 보트에 관한 것이 아니었다는 사실을 깨달았다. 겉으로 드러난 논의의 주제는 보트였지만, 정작 그런 치열한 긴장감을 부추긴 것은 그녀가 마음속 깊이 원하던 바람이지 보트 자체는 아니었던 것이다. 남편은 그녀가 무엇 때문에 보트에 집착하는지 몰랐고, 그래서 정작 이슈가 아닌 '보트'를 두고 부부싸움을 벌였던 것이다.

만약 그들이 보트를 구입했을 때 벌어질 일을 상상해보자. 딸들과 오붓한 시간을 보낸다는 그녀의 바람은 실현될 가능성이 있다. 또한 마찬가지로 그녀가 희망하던 대로 상황이 돌아가지 않을 가능성도 물론 있다. 딸들은 출항 뒤에 해야 할 끔찍한 청소 때문에 보트를 두려워하지 않을까? 친구들과 놀 시간을 빼앗긴다는 이유로 보트 타기를 거부하지는 않을까? 보트에 자기네 친구들을 데려오면, 그들에게 신경 쓰느라 엄마 아빠를 무시하지는 않을까? 2~3년이 지난 후에 그녀는 보트에 걸었던 기대가 충족되지 않은 이유를 도무지 알 수 없을 것이다.

호기심을 사용함으로써 (보트 같은) 어느 아이디어에 대한 '진짜' 동기를 밝힐 수 있다. 그런 탐구는 우리가 원하는 것을 얻을 수 있는 다른 길을 비롯해 여러 가능성을 열어준다. 연구에 따르면, 아이디어의 숨은 '꿈' 또는 목적에 가닿을 수 있으면 정체된 아이디어 중 86퍼센트가 대화로 이어진다고 한다. 아이디어 배후의 동기를 이해한다면 더욱 열띠게 토론하고 탐구할 수 있다.

의도만 좋다면야 일사천리?

매일같이 좋은 의사결정을 내리기 위해서는 아이디어 배후의 목적을 재빨리 간파하는 훈련이 필요하다. 아이디어는 무제한으로 넘치는데 자원이 제한되어 있다면, 모든 행위에 대해 언제나 지루하고 성가신 사업 계획을 세우느라 시간을 지체할 여유가 없다. 기업에서 매일 수백 개씩 이뤄지는 의사결정들은 비즈니스적 호기심을 키울 것을 요구한다. 대화형 호기심은 아이디어의 전략적·재무적 타당성을 세부적인 재무 분석 없이도 검증할 수 있게 해준다. 예를 들어 어느 병원에서 당신이 소속된 팀이 투자가 꼭 필요하다고 생각하는 어떤 아이디어에 매달려 있다고 해보자.

아이디어는 "최상의 고용주(employer-of-choice) 이니셔티브에 착수하기 위한 인재관리 플랫폼을 구축할 필요가 있다."는 것이다.

'최상의 고용주'나 '인재관리 플랫폼'이라는 말들의 의미부터가 의문스럽긴 하지만 호기심을 점화하는 또 다른 방법은 그 아이디어를 이끈 동기를 미스터리로 묻어두지 말고 밝혀내는 것이다. 그러면 대화는 다음과 같이 흘러갈 것이다.

추격 장면 편집자(C2C) : 좋은 생각이네요. 단지 감이 잘 안 와서 그러는데, 당신의 구상대로 우리가 그 플랫폼을 갖추었을 경우, 시행하고 있지 않는 지금에 비해서 우리 기업이 어떻게 좋아질까요?

동료 : 적합한 인재를 뽑고 유지시킬 능력이 향상될 거라고 봅니

다. 향후 5~6년 동안 노동시장에서 수요가 딸릴 것이라는 예측이 있는데, 지금 당장 플랫폼 구축에 착수하지 않으면 우리가 경쟁력을 유지하리라는 보장이 없으니까요. 벌써부터 일부 포지션을 채우는 데 애를 먹고 있잖습니까?

C2C : 우리가 최고 인재를 유치하고 유지할 능력을 갖추었다고 해봅시다. 요즘 같은 노동시장에선 멋진 일이겠군요. 그러면 우리 기업의 어떤 점이 좋아질 거라고 생각합니까?

동료 : 적당한 시기에 적합한 인재를 적절한 자리에 앉힐 수 있을 겁니다. 의사부터 간호사, 푸드 서비스 담당자, 관리직까지 통틀어 말하는 겁니다.

C2C : 뻔한 질문이겠지만, 어림짐작보다는 나을 테니, 어쨌든 물어볼게요. 그 모든 이점이 어디서 나타날까요?

동료 : 의료의 질이 향상되고, 환자들의 만족도도 높아질 거라고 봅니다.

C2C : 좋아요. 다른 건요?

동료 : 지역사회에서 우리의 평판도 좋아질 테고, 공실률(空室率)도 떨어지겠죠.

이제 인재관리라는 아이디어를 유도한 동기가 무엇인지 알았고, 그것이 기업 손익에 미칠 영향도 가늠할 수 있게 되었다. 또한 환자 만족도와 품질 평판을 향상시키고 공실률을 낮추는 길은 오직 하나가 아니라는 것도 알게 되었다. 선택권이 있다는 말이다.

피상적 수준에서 어떤 플랫폼을 선택해야 이득인지부터 토론하기보다는, 깊이 잠수하는 것이 더 의미 있고 비즈니스에 적합한 논의를 위해 길을 터주는 방법이다. 그러면 그 길을 따라 떨어진 점들(아이디어 배후의 스토리와 결과적인 영향)을 연결하면서 값진 대가를 누리게 된다. 그런 다음에 인재관리 플랫폼에 관한 선택권을 의논하는 것이 훨씬 유용하다.

요약해보자. 지금까지 대화형 호기심을 점화하는 방법 네 가지 방법에 대해 이야기했다.

1. 우리가 뜻하는 바는 무엇인가? (명백성)
2. 우리가 보고 있는 것은 무엇인가? (전후 관계)
3. 우리가 가정하는 것은 무엇인가? (전제)
4. 그것이 이끌어낼 결과는 무엇인가? (결과)

이 방법들은 결합하거나 단독으로 사용할 수도 있다. 각각의 방법에는 호기심을 자유롭게 풀어주기에 적당한 곳이 따로 있다.

호기심의 영혼

에고노믹스의 다른 원칙들과 마찬가지로, 우리는 호기심 넘치는 삶에 정열적으로 몰두하거나 그저 고만고만하게 살아갈 수도 있다. 영혼 없는 테크닉은 빈 네모를 채워가는 목록에 불과하다. 나(데이비드 마컴)는 다섯 살 때부터 피아노 개인 레슨을 받았다. 여느 학생들처럼 음계와 운지법 등을 배웠는데, 모두가 나를 성공한 음악가로 만들기 위해 설계된 것이었다. 나는 연주회나 경연대회에서 훌륭히 연주했다. 어느 날 오후, 나는 어릴 적 동네에서 알고 지내던 첼리스트 존 데이비스의 연주회에 갔다. 나는 그의 연주를 듣고 넋이 빠졌다. 그가 특별히 어렵거나 복잡한 기교가 요구되는 곡을 연주한 것은 아니었다. 심지어 내가 모르는 곡이었다. 하지만 그가 연주할 때면 감동을 받았다. 그는 내가 갖지 못한 특별한 것을 갖고 있다는 것을 그때 깨달았다. 사람들은 내 음악을 들었지만, 그의 음악은 느꼈다.

처음에는 그가 나보다 더 오랜 세월 연주했기 때문이거나, 나보다 연습을 더 많이 했기 때문이라고 생각했다. 그래서 나는 연습 시간을 늘렸다. 그런데 더 많은 연습을 통해 음악적 기교와 음을 짚어내는 정확도가 늘어났음에도 불구하고, 내 연주는 살아 있는 음악이 아니었다. 그러던 어느 날 상황이 바뀌었다. 음악으로 인생의 고통스런 경험을 실타래처럼 풀어내고 위안을 찾으려 했던 것이다. 그랜드피아노가 있는 오래된 교회로 갔다. 나 말고는 아무도 없었다. 슬픔의 한가운데서 나는 첫 곡을 연주했다. 더 중요한 점은 처음으로 내가 손가락 끝이 아니라 영혼에서부터 음악을 느꼈다는 사실이다. 대부분의 곡은 감정으로 가득 찬 스토리로부터 영감을 얻는다. 호기심이 없고 스토리에 빠져들지 않는 음악가들은 기교적 역량이 인상적일지는 몰라도, 내면에서부터 우러나오는 음악을 만들어내지 못한다. 존 데이비스는 영혼이 있었고, 그의 혼이 담긴 연주는 내 영혼을 일깨웠다. 영혼과 더불어 유지되는 호기심은 비즈니스 방식의 구조 속으로 스며드는 것이다.

호기심의 이력서

배리 딜러*는 치열한 호기심이 낳은 산물이다. 그는 비즈니스 세계에서 타의 추종을 불허하는 성취를 일구었다. 베벌리 힐스에서 자란 딜러는 윌리엄 모리스 에이전시*의 우편물실에서 사회생활을 시작했다. UCLA를 한 학기 만에 중퇴하고 얻은 일자리였다. 1966년에는 ABC에 고용된 지 얼마 되지 않아 장편영화 방송 협상을 맡았다. 3년 후에는 장편영화 및 프로그램 개발 담당 부사장으로 진급했다. 그 자리에서 딜러와 그의 동료들은 〈주간 ABC 영화(ABC Movie of the Week)〉를 만들었고, 텔레비전용 영화라는 새로운 개념을 개척했다. ABC를 떠난 후에는 파라마운트 영화사에서 10년 동안 회장 겸 CEO로 일했다. 딜러의 재임 기간 동안 파라마운트 스튜디오는 히트작들을 쏟아냈다. 〈래번과 셜리(Laverne & Shirley)〉, 〈택시(Taxi)〉, 〈치어스(Cheers)〉 등의 시트콤을 비롯해 〈금요일 밤의 열기(Saturday Night Fever)〉, 〈그리스(Grease)〉, 〈레이더스(Raiders of the Lost Ark)〉, 〈인디아나 존

미디어업계 '미다스의 손'으로 불리는 배리 딜러(Barry Diller)
종합 엔터테인먼트 기업 비벤디 유니버설 해체 당시 온라인 사업부를 들고 나간 후 홈쇼핑·여행·공연티켓·연애 사이트를 잇따라 창업해 굴지 기업으로 키워냈다.

윌리엄 모리스 에이전시(William Morris Agency)
할리우드의 연예 및 저작권 에이전시로, 신입사원에게 2~3년 동안 우편물 관리 등의 잡무를 시키는, 이른바 'Mail-Room Training'으로 유명하다.

스(Indiana Jones and the Temple of Doom)〉, 〈애정의 조건 (Terms of Endearment)〉, 〈베벌리힐스 캅(Beverly Hills Cop)〉 등의 장편영화들까지 엄청났다.

기기서 그는 20세기폭스의 회장 겸 CEO가 된다. 1992년에는 폭스를 떠나 2,500만 달러에 이르는 QVC의 지분을 매입했다. 딜러는 현재 익스페디아(Expedia)의 회장이자, 인터액티브코퍼레이션(InterActiveCorp)의 회장 겸 CEO다. 인터액티브코퍼레이션은 홈쇼핑 네트워크, 티켓마스터, 매치닷컴(Match.com), 그리고 시티서치(Cityserach) 등의 모기업인 인터넷 기반의 전자상거래 재벌이다. 굳이 이력서 한 장에 초점을 맞춘 이유는? 자신의 창조물로 이력서를 만든 주인공의 말을 들어보자. "나한테는 비즈니스에서 어떤 루트를 취할지 결정하는 지도 원리가 언제나 스스로의 호기심을 따르는 거였죠. 당연한 얘기지만, 그 호기심을 현실적이고 실제적으로 사용하려면 자발적 의지가 필요합니다. 다른 것들 없이 하나만으로는 제대로 움직이지 않는 법이죠." 딜러는 「비즈니스 2.0」에 실린 4분의 1쪽짜리 인터뷰에서 호기심이란 단어를 무려 여섯 번이나 언급했다. 또한 그 말을 처음 언급하면서 호기심의 효과성을 개방성 및 질서와 결부시켰다. 그렇다. 특성 호기심 말이다.

대화형 호기심의 네 가지 기법 중 하나를 사용함으로써 하루하루의 비즈니스 일과에서 호기심을 점화하는 환경을 조성할 수 있다. 호기심이 영혼과 더불어 유지된다면, 그런 하루하루의 노력은 기업 호기심의 집중도를 최고로 높이는 결과를 낳을 것이다. 남들이 눈치 채지 못하고 넘어가는 뉘앙스를 잡아내고, 검증되지 않은 아이디어와 가설에 시간과 정력과 돈을 투자하는 데서 해방되면서 말이다. 그러면 진정 가치 있는 프로젝트와 제품에 투자할 수 있는 더 많은 자원을 확보하게 된다.

사고하고 의사소통하는 방식에서 호기심 수준을 높여갈수록, 쉽게 듣거나 말하기가 항상 쉽지만은 않은 것을 알아갈 수밖에 없다. 그렇다고 해서 그런 것들을 듣거나 말할 필요가 없다는 뜻이 아니다. 하지만 발전을 위한 겸손의 헌신은 그런 것들을 듣고 말하는 데 유리한 두 가지 두드러진 장점들을 부여한다. (1) 쉽게 듣기 힘든 진실을 포용할 줄 아는 아량을 빚어내며, (2) 가장 힘겨운 순간에 진실을 말할 수 있도록 만들어준다. 진실성에 대한 우리의 욕구는 에고노믹스의 세 번째이자 최종의 원칙이며, 마지막 장에서 다룰 주제다.

| **Key point 9** |

지식에 의존하지 말고 호기심을 점화하라

- 호기심은 '상태' 호기심과 '특성' 호기심이라는 두 가지 유형이 있다. 대부분의 사람이 갖고 있는 상태 호기심은 점화해줄 무언가를 기다린다. 상태 호기심은 일시적이다. 호기심을 점화한 그 상태가 제거되는 즉시 끝나버린다. 반면 특성 호기심은 점화를 기다리지 않는다. 점화하는 것은 바로 이 호기심이다.

- 특성 호기심이 있는 사람들은 보기 드물게 질서와 개방성이 어우러진 경우다.

- 질서가 개방성의 우위에 설 때, 호기심은 탐구할 자유를 잃는다. 오로지 개방성만 갖출 경우, 호기심은 구조와 목적을 상실한다. 특성 호기심은 두 부분 모두를 동등하게 필요로 한다.

- 가끔 무언가를 치유하거나 고치려는 욕망이 우리를 방해하기도 한다.

- 우리에게 업무 구축 능력이나 노력할 용기가 부족한 것은 아니다. 연구 결과에 따르면, 상상력과 포부 및 아이디어 등이 부족하지도 않았다. 우리에게 진정 부족한 것은 선(先)구축, 선착수, 선실행의 호기심이다. 호기심 부족이 유일한 요소는 아닐지라도 주된 요소임은 틀림없다. 첫눈에 든 아이디어를 실행하려는 충동을 억누르기 위해 규율과 인내를 활용할 때 호기심에게 숨 쉴 시간을 주는 것이다.

- 모든 기업은 혁신과 개선 전용으로 설계된 프로세스를 갖추고 있다. 주어진 프로세스의 가치는 그 프로세스에서 비롯된 대화에서 흘러드는 정보의 질이 좌우한다.

- 프로세스의 단계가 아무리 선명하고 잘 정돈되어 있다 해도, 각 단계들이 창출하는 가치는 이런 단계들에서 이루어지는 대화들을 조종하는 호기심의 수준에 의해 결정된다. 이런 단계들의 여백에서 호기심은 중립적 – 프로세스이다.

- 일상 대화에서 개방성과 질서를 결합함으로써 호기심 수준을 올리기 위한 네 가지 방법은 다음과 같다. (1) 우리가 뜻하는 바는 무엇인가? (2) 우리가 보고 있는 것은 무엇인가? (3) 우리가 가정하는 것은 무엇인가? (4) 그것이 이끌어낼 결과는 무엇인가?

제10장

혁신과 성장의 토양이 되는 진실성의 추구

어느 자리를 맡을지 선택할 때, 비겁함은 "안전한가?"라고 묻는다. 기회주의는 "정치적으로 유리한가?"라고 묻는다. 허영심이 끼어들어 질문한다. "인기 있는가?" 그러나 양심은 이렇게 질문한다. "올바른가?"라고. 그리고 한 사람에게 안전하지도, 정치적으로 유리하지도, 인기 있지도 않은 자리를 반드시 맡아야 할 때가 온다. 하지만 그는 그렇게 해야 한다. 양심이 올바른 일이라고 말하기 때문이다. 〔우리〕 인생은 우리가 중요한 것들에 침묵할 때 끝장나기 시작한다.

– 윌리엄 몰리 펀션*

*윌리엄 몰리 펀션(William Morley Punshon) : 1824~1881. 영국 출신 감리교 목사.

임원진이 생각하는 현황과 일선 관리자들이 아는 현황이
자주 차이가 난다는 사실에 주목한 적이 있는가? 입장을 바꿔놓
은 경우에도 마찬가지다. 마케팅팀이 시장을 점령할 절호의 기회
라고 생각하는 제품과, 영업팀에서 고객들이 진정 원한다고 확신
하는 제품의 차이는 또 어떤가? 당신과 당신 동료들이 같은 팀이
고 같은 프로젝트에서 일하고 같은 회의에 들어갔는데도, 서로 같
은 것을 본다고 결코 말하기 힘든 경우는? 누군가의 실제 경쟁력
과 당사자가 생각하는 경쟁력, 그리고 그 외의 사람들이 경험한
그의 경쟁력 사이의 격차는? 우리가 모르는 것들은 우리를 심란
하게 한다. 다른 누군가가 모르던 것들을 말해주기 두렵다거나 우
리 스스로 모르던 것들을 듣기가 두렵다는 구실 아래, 모르던 것
들은 전해지지 않은 채 사장되고 만다. 그런 격차들을 좁히는 유

일한 길은 양측 모두가 진실을 말할 줄 아는 용기, 또는 언급된 진실을 경청하고 포용할 줄 아는 용기를 갖는 것이다. 진실성은 에고가 만든 격차들을 메운다.

진실성은 겸손 및 호기심과 융합해 에고라는 자본이 적대적이 아닌 유리한 쪽으로 작용하도록 하는 에고노믹스의 세 번째 원칙이다. 진실성(veracity)의 라틴어 어원인 베리타스(veritas)는 '진리' 또는 '진실'을 뜻한다. 그런데 둘의 뜻이 같다면, 진실이 아니라 진실성이라고 하는 이유는 무엇일까? 진실은 사실 또는 현실을 지칭한다. 즉 정확성과 정직성을 뜻하는 것이다. 진실은 목적지다. 진실성은 진실과 목적지가 다르지 않으나, 실천에서 차이가 난다. 진실성은 진실을 습관적으로 추구하고 고수하는 것을 뜻한다. 진실 추구와 진실 고수는 둘 다 대단히 중요하다. 진실 추구는 진실에 도달하기까지의 과정에서, 진실 고수는 일단 진실이 밝혀지고 변화가 이루어지기까지의 과정에서 중요하다. 우선 진실 추구부터 탐구해보자.

비즈니스에서 진실이란 현실성(reality)을 추구하는 것이다. 현실성이란 벌어지고 있다고 생각하는 것과 실제로 벌어지고 있는 것의 차이다. 진실성을 추구하려면 가차 없어야 한다. 오늘날의 비즈니스나 과학에서 진실은 언제나 변화하기 때문이다. 1980년대에 달걀 업계는 침체기를 겪었는데, 그 까닭은 콜레스테롤이 건강에 안 좋은 온갖 음식들의 근원이었기 때문이다. 그런데 좀더 추적해 과학자들이 좋은 콜레스테롤과 나쁜 콜레스테롤이 있음을 밝혀내자, 달걀은 급작스레 예전의 인기를 되찾았다. 사실 일부에서는 달걀을 '완전식품'이라고까지 부른다. 비즈니스에서는 쉽게 공짜로 얻을 수 있는 제품에 대한 투자를 상상하기가 어렵다. 예컨대 물처럼 말이다. 만약 당신이 25년 전에 코카콜라나 펩시의 경영자였다면, 그리고 생수를 시장에 출시하는 신규 경쟁사에 대해 누군가가 우려를 표했다면, 당신은 얼마나 열린 마음으로 그런 말을 귀담아 들었겠는가? 그런데 현재 미국인들은 생수에 매년 90억 달러를 소비하며, 수돗물에 비해 적게는 120배, 많게는 7,500배나 비싼 돈을 병에 든 생수 소비에 지출한다. 생수는 탄산음료를 제외한 모든 음료 제품보다 많이 팔린다. 이것이 바로 진실성에서 추구가 핵심 용어가 되는 이유다.

피터 드러커가 『혁신과 기업가정신』•에서 추구에 관해 했던 말을 바꾸어 말하자면, 보이는 것은 엄밀하고 논리적인 분석에 종속되어야 한다. 직관으로는 부족하다. 사실 직관은 무언가 하려는 목적성을 갖는 다른 방편으로 사용할 수 없다. 진실이란 현실이라고 상당히 확신하는 것과 새로운 현실이 된 것 사이의 차이를 발견하는 데서 찾아온다. 새로운 현실을 발견하기 위해서는 "충분히 분석할 만큼 잘 알지는 못하지만, 반드시 알아낼 것이다. 밖으로 나가 주위를 둘러보고, 질문을 던지고, 들을 것이다."라고 기꺼이 말하는 자세가 필요하다. 이처럼 잘 모름을 인정하고, 주위를 둘러보고, 질문을 던지고, 듣는 일은 간단한 단계들이지만, 실천하기는 그리 쉽지 않은 일이다. 하지만 가능하다.

다비타 신장 투석센터를 방문한 켄트 써리 (Kent Thirty)
그는 진실을 추구하는 과정에서 심지어 그 자신에 관한 것이라 해도 바른 진실을 찾으려 노력했다.

다비타(DaVita)의 CEO 켄트 써리*는 진실성의 문화를 구축함으로써 기업을 재건했다. 다비타는 미국에서 가장 큰 투석센터(dialysis center) 체인으로, 만성 신장 질환 환자들을 돕는 곳이다. 써리는 1999년 8월에 자신이 다비타의 경영권을 넘겨받을 무렵 '기업은 기술적으로 파산 상태'였다고 말한다. "증권거래위원회(SEC) 조사를 받는 중이었고, 주주로부터 고소당한 상태였으며, 이직률은 두 배 이상 늘었고, 현금은 거의 바닥났으니 대체로 행복한 일터라고는 볼 수 없었죠. 〔우리 기업은〕 3주 뒤에는 직원들 월급도 못 줄 형편이었습니다. 거래 은행들 가운데 한 곳이라도 큰 금액을 지불하라고 요청한다면, 문을 닫을 도리밖엔 없었죠. 은행들이 지불 요청을 하지 않은 유일한 이유는 그랬다가 혹시 돈을 아예 못 받을까봐 염려가 되었기 때문입니다." 써리가 CEO로 있는 동안 시장 자본 평가액은 2억 달러에서 거의 50억 달러로 불어났고, 지난 5년간 주가는 대략 10달러에서 47.6달러로 올라간 상태다. 종업원 이직률은 절반으로 줄었고, 다비타의 진료 성공률은 업계의 전국 평균치를 능가했다.

써리는 잔혹한 사실을 기꺼이 털어놓았다. 아무도 그럴 엄두를 내지 못할 때도 마찬가지였다. 수천 명의 종업원이 모이는 연례 총회에서 그는 최근 인수한 헬스케어 기업과의 통합 작업이 '재미'있는지 물었다. 종업원들은 "예!"라고 대답했지만, 그는 믿기지 않는다는 듯 되물었다. "여러분 모두 약물에 취했거나 나보다 훨씬 낫군요. 통합 작업은 원래 끔찍한 악몽인데 말이죠."

이렇게 정직한 태도는 분명한 메시지를 던진다. "당신이 말하지 않으면, 내가 말하겠다." 이를 계기로 시간이 흐르면서 실제 상황을 기꺼이 말하는 것을 허용하는 새로운 수준으로 기업문화가 발돋움하게 된다.

써리는 진실을 추구하는 과정에서 심지어 그 자신에 관한 것이라 해도 진실에 굶주렸다. 그 진실이 좋든 나쁘든 상관없었다. 13명의 간부들이 그에 대해 내린 실적 평가는 '나쁜 등급(bad grade)'이 있는데, 그가 지나치게 부정적인 피드백을 준다는 이유였다. "그들은 내가 스스로에게 호되게 대하는 만큼 자기들을 호되게 대하지 않더군요. 하지만 나의 부정성은 건설적인 태도가 못 됩니다." 「월스트리트 저널」의 캐럴 히모위츠(Carol Hymowitz)가 쓴 기사에 나온 써리의 말이다. 그가 똑같은 피드백을 들어온 지 올해로 3년째다. 그래서 그는 '자기 성찰과 변화를 위한 피드백에 점수를 매기는 일별 점수카드' 제도를 시행했다. 인상적인 점은 써리가 구축한 진실성 문화뿐만이 아니었다. 그가 인터뷰 과정에서 보여준 자세, 다시 말해 「월스트리트 저널」이 공공연히 인정하고 포용할 만큼 자신에 대해 좀체 듣기 힘든 진실을 드러내는 그의 개방적 자세도 매우 인상적이었다. 그런 것은 쉽사리 숨길 수도 있었다. 하지만 그는 숨기지 않았다.

구멍 난 데 없습니까?

우리가 생각하는 현실과 실제 현실 사이의 차이를 파악하기 위해 우리 시각에서 보는 현실을 다른 사람들이 탐구하도록 초대하려면 어떻게 해야 할까? 또 그런 초대에 동참했을 때, 특히 그 진실이 말하기 힘들거나 듣기 거북한 내용일 때는 어떻게 그 진실을 들어야 하는 걸까? 진실 추구 과정에서 물어야 할 질문은 두 가지다. (1) 그 진실을 바라지 않을 때는 언제일까? (2) 그걸 원하지 않는 까닭은 무엇일까?

비즈니스에서 진실성이 결여되는 것은 정체성의 위기와 연관이 있다. 이유는 짧은 비유를 통해 설명된다. 휴가를 떠날 예정이라고 해보자. 당신은 장거리 자동차 여행 계획을 세우고, 가보고 싶은 곳을 물색해두었다. 떠나기 전에 당신은 부동액 수위와 타이어 공기압 등을 점검한다. 여정이 3분의 1 정도에 이르렀을 때 당신은 주유를 하고 먹을거리를 사려고 차를 멈춘다. 당신이 주유소 마트에서 걸어 나올 때 누군가 당신을 불러 세운다. "당신 차에서 뭐가 새는 것 같은데요." 당신은 어떤 반응을 보일까? 십중팔구 관심을 보이고 감사를 표할 것이다. "정말요? 어디요? 많이 새나요? 알려주셔서 감사합니다." 설령 당신이 숙련된 정비공이고 떠나기 전에 모든 걸 점검했다손 치더라도, 차에서 기름이 새는지 점검해봐야 하는 것이다.

당신이 세심하게 점검해본 결과 차에서 아무것도 새지 않는다면, 그 낯선 사람은 단지 그렇게 생각했을 따름인 것이다. 차에 아무 이상이 없는 것으로 밝혀지면, 당신은 그 결과에 만족하면 된다. 사실, 행복한 일 아닌가? 새는 곳이 있다면, 누군가 미리 지적해준 것이 기쁠 테고 한적한 길 한중간에서 뒤늦게 그 사실을 발견하지 않은 데 안도할 것이다.

그러나 우리가 직장에 있을 때는 상황이 바뀐다.

예를 들어 당신이 시장 진입 전략을 개발하고 있는데, 누군가 이렇게 말한다고 치자. "이 전략은 통하지 않을 겁니다. 지금 시장의 침체 추세나 바이어 선호도의 변화를 고려하지 않았습니다." 차에서 새는 구멍을 대할 때와는 대조적으로, 이 논평에는 달리 반응하려는 유혹에 빠지기 쉽다. 당신이 그 논평을 원래 의도대로 유용한 판단으로 받아들이지 않기 때문이다. 다시 말해 당신 존재에 대한 나쁜 평가로, 당신의 정체성에 대한 도전으로 받아들이는 것이다. 차에 난 구멍을 사사롭게 받아들이지 않는다면, 자신이 세운 전략에 난 구멍을 사사롭게 받아들일 이유가 있을까? 부분적으로는 차에 일어나는 상황 자체가 모든 것을 통제하는 데 이유가 있다. 즉 차에는 언제고 어떤 일이든 일어날 수 있다는 생각 때문이다. 그러나 기업 환경에서는 스스로가 통제권을 장악해야 한다고들 생각한다. 누군가 약점을 지적하면, 자신이 통제해야 하는 무언가를 통제하지 못한 것 같은 느낌이 든다. 그 구멍 때문에 자기 능력이 문제시되고 있다고 믿어버린다. 진실성이 가로막히는 것은 진실을 보지 못하거나 본다 해도 표현하지 못하는 사람들의 무능력 탓이 아니다. 그렇다면 대체 뭐가 문제일까? 진실이 밝혀질 때 나타나는 반응이 문제다.

쉿! 너만 알고 있어

솔직함을 대하는 전형적인 반응 때문에 진실을 터놓는 것이 위험하다고 믿어버린다. 하버드대학의 에이미 에드먼슨(Amy Edmonson)과 펜실베이니아주립대학의 제임스 디터트(James Detert)가 피고용인들이 소리 높여 말하기를 주저하는 이유를 물어보았을 때, 그들은 이렇게 답했다. "피고용인들은 '이미 손 뗐다.'거나 단지 관심이 없다는 이유로 스스로의 생각이나 의견을 제시하지 않는 게 아니다. 두려움 때문이다." 에드먼슨과 디터트의 연구는 한 기업의 피고용인 5만 명 이상을 대상으로 실시된 어느 설문 조사에서 유발되었다. 이 설문에서는 중역실부터 우편물실까지의 전체 피고용인들 중 거의 절반이 터놓고 말하거나 전통적인 일 처리 방식에 도전하는 것은 안전하지 않다고 답했다. 이들 피고용인과의 인터뷰 190건 가운데 터놓고 말하지 않는 이유에 대한 몇 건의 답변을 뽑아보았다.

- 생산 능률 개선에 관한 아이디어가 떠올라 회의에서 현장 관리자에게 알리려고 했어요. 하지만 덜컥 겁이 나더라고요. 그는

누군가 소리 높여 말하면 '한심한 아이디어야!'라고 버럭 소리
치는 사람이었거든요. 마치 화난 아버지처럼 말이죠. 난 감독
자가 아니니까, 또 노조에도 가입하지 않았으니까, 그들 맘에
안 들면 짤릴 수도 있어요. 그래서 터놓고 말을 못 꺼내는 건데,
참 화나고 실망스럽죠.

- 현장에서 들은 대로 한 제품에 대해 피드백을 올리려고 한다고
해보자고요. 그런데 마케팅팀을 비롯해서 본사 사람들은 〔피드
백을〕 들을 생각을 안 한단 말입니다. … 그걸 회의 자리에서
털어놓으면, 그들은 너무 부정적이라는 둥 그런 걸 논할 자격
도 없다는 둥 생각하는 거죠. 당연히 이런 생각이 들기 마련입
니다. "그들은 나를 따라서 며칠 동안 고객들이 하는 얘기를 직
접 들어봐야 해." 하지만 그 얘기들이 워낙 부정적이니 그럴 생
각을 아예 하지들 않죠.

- 시장 분석을 더 심층적으로 해보려고 했는데, 현장 감독이 대
뜸 화를 내는 거예요. 할 말은 많았는데 그만뒀죠 뭐. 그 사람
반응은 종잡을 수가 없거든요. 완전 예측 불가예요. 바로 그런
머리 아픈 순간이 두려운지라 싸울 마음이 안 들더라고요. 제
가 원래는 제 견해를 걸고 잘 싸우는 성격이거든요. 하지만 문
제를 좌지우지하는 입장이 못 되면, 감정이 개입되면 아무것도
못하겠어요.

- 난 사태를 악화시키고 싶지 않았단 말입니다. 저 개자식 땜에
해고당할 순 없으니까요. 그놈은 건수만 잡으면 내 배지를 내

동댕이치고 당장 날 해고할 겁니다. 직장을 잃을 순 없죠.

- 처음 팀에 합류했을 땐 엄청 신났었죠. 난 경험도 많은 데다 만사가 잘되도록 항상 방법을 모색했거든요. 엄청 질문을 많이 해대죠. "자, 이걸 책임지는 사람은 누구고 어떻게 굴러가는 거죠? 제대로 일이 안 굴러가는 이유가 뭘까요? 근데 저런 방식으로 하지 않는 이유는 뭐죠?"〔울기 시작한다.〕그건 다 제가 회사를 정말 소중히 생각했기 때문이라고요. 근데 내가 하던 코멘트나 질문들 땜에 사람들이 불편하단 말을 들었어요. 〔제 상사가〕내가 꺼내는 모든 말들을 진짜 신중하게 생각하라대요. 나한테도 안전하지 않다고 말예요. 내가 하려는 말을 진짜 신중하게 생각해야 한다면, 이미 안전하지 않은 상황인 거잖아요?

두려움, 불안, 당혹감, 분노, 불신 등의 감정은 말을 꺼내기가 안전하지 않다고 생각할 때 발생한다. 상황은 크게 변하기 마련이지만, 상황 배후의 감정들은 쉽사리 변하지 않는 법이다. 실패하겠다고 생각한 아이디어에 억지로 찬성하고 나서 사람들은 분개한다. 특히 자기만 알고 남들은 모르는, 그래서 저지할 수 있는 사람이 자기밖에 없는 아이디어였다면 더 화가 난다. 그들이 소리높여 말할 때 아무도 들어주지 않으리라고 생각하면, 형편없는 프로젝트 또는 비효율적인 행태들이 기업 순익을 야금야금 갉아먹는 동안 침묵을 지키면서 속으로만 중얼댄다. 쉿! 너만 알고 있어.

진실성을 불러일으키려면

진실을 추구하고 고수하는 자세를 습관화하려면, 두 가지 특수한 능력이 필요하다. 자세 낮춰 듣기와 소리 높여 말하기가 그것이다. 필자들의 고객이 기업 간부들의 워크숍에서 퍼실리테이터를 맡은 적이 있다고 한다. 그들이 소리 높여 말하기와 자세 낮춰 듣기의 책임이라는 주제를 논의하던 중에 부사장이 말했다. "나는 항상 소리 높여 말한다는 게 편하지가 않아요. 내가 낸 아이디어들은 대부분 처절하게 두들겨 맞는 편이니까 말이죠. 내가 진짜 소리 높여 말하면, 그룹 내에서 불평분자 취급을 받을 겁니다." 냉정하고 냉담한 말투였다.

불안한 침묵이 흘렀다. 마치 영원 같던 침묵을 깨고, 퍼실리테이터가 말했다. "글쎄요. 당신은 방금 자기 생각을 소리 높여 말했습니다. 어떤 이유인지 설명해보시죠." "그런다고 달라질 건 없습니다." 그때 사장이 끼어들었다. "내가 말해 볼까? 그건 아마 자네가 말한 그 아이디어들이 설익었거나 실제 연구에 의해 뒷받침되지 않았기 때문이겠지. 어떻게 생각하나?" 퍼실리테이터는 정회를 요청한 뒤 사장을 밖으로 불러냈다. 사장은 불평을 늘어놓았다. "저자는 우리 기업문화에 맞지 않는 그런 존재란 말이오. 그 말투 좀 보라고. 자기 메시지를 제대로 전달할 줄도 모른다니까. 사장은 나요. 그 정도는 존중해줘야지, 원." 퍼실리테이터는 사장에게 부사장이 전달하려던 메시지 내용을 헤아려보았는지 물었다. 그 말투에 전혀 신경 쓰지 않고서 말이다. "난 저 사람하고 오랫동안 일해왔소. 도무지 남의 말을 들으려 하지 않는 족속이란 말이오."

"그 말씀은 제 질문에 대한 올바로 대답이 아닙니다." 퍼실리테이티가 대답하자 사장은 믿기지 않는다는 듯 물었다. "이게 다 내 잘못이라는 거요?" "아닙니다. 누구의 잘잘못을 따지자는 게 아닙니다. 전 다만 그분의 메시지 내용이 궁금할 따름입니다. 사장님께서는 그분의 말투 문제를 제쳐놓고 그 내용의 타당성을 조금이라도 생각해보셨나요?" 사장은 단호히 대답했다. "아니오, 내가 왜 그래야 하오?"

워크숍이 끝나고 퍼실리테이터는 사장과 부사장을 따로 불러 이야기를 나눴다. 그는 사장에게 자세 낮춰 듣기를 할 때는 듣는 메시지의 내용을 헤아려보는 것이 매우 중요하다고 말했다. 때로 메시지 전달 방식이나 어투는 무시해야 한다는 말도 잊지 않았다. 또한 그런 발언을 사적으로 받아들여서는 안 된다는 점도 명심해달라고 사장에게 부탁했다. 그리고 부사장에게는 그가 소리 높여 말하기를 할 때 메시지 전달 방식에 신경 써야 하며, 그 내용이 사적으로 받아들여지지 않도록 해야 한다고 말했다. 결국 그 둘은 서로 고칠 점이 많다는 사실과, 각자의 에고 때문에 최우선적으로 집중해야 할 대상에 집중하지 못했다는 사실에 동의했다. 두말할 나위 없이 그 대상은 비즈니스다.

낮춰와 **높여**라는 단어에서 우리가 가리키는 부분은 업무에서의 상하 관계지, 인간으로서의 가치가 아니다. 조직에서 생활하는 모

 에고노믹스

든 사람에게는 윗사람과 아랫사람이 있다. **자세 낮춰 듣기**는 아랫사람의 말을 들을 때 그들이 속마음을 터놓도록 장려하고, 인정받으려는 노력이 그들 또는 우리의 최우선 과제가 되지 않게 방지하는 방식이다. **소리 높여 말하기**는 듣는 사람이나 말하는 사람 모두가 위기에 빠지는 일 없이 윗사람들에게 솔직히 말하는 자세를 요구한다. 사람들은 자신의 전략에 대한 비판과 자신의 정체성에 대한 비난을 혼동하기 십상이다. 그러므로 소리 높여 말하는 방식은 듣는 사람에게 방어적 자세를 취하게 만들거나, 발언을 무시하면서 자신의 특출함을 과시하려 들게 하지 않아야 한다. 제대로 된 소리 높여 말하기는 사람들의 마음을 열어주어 진실을 들을 수 있고 다양한 관점들로부터 선별할 수 있게 해준다.

자세 낮춰 듣기

겸손하게 헌신을 추구하려 할 때는 그리고 호기심에 깊이 몰두할 때, 필연적으로 내키지 않는 이슈들을 털어놓을 수밖에 없다. '자세 낮춰 듣기'를 가로막는 주된 장애물은 이의 제기가 배신행위라는 믿음이다. 이의 제기를 배신행위로 여긴다면, 이미 마음을 굳게 닫은 셈이다. 현재의 관점에서 이의를 제기한다거나 이미 대세를 탄 의견을 거스른다고 해서, 이의를 제기한 당사자를 팀플레이를 해치는 사람이라고 간주해서는 안 된다. 사실 이의 제

기자야말로 기업의 최대 자산일 수도 있다.

지금으로부터 2,500년 전으로 거슬러 올라가보자. 이의 제기가 배신행위로 간주되어 거의 용납되지 않던 시대다. 당시 서구 세계를 호령하던 페르시아 왕 다리우스 1세는 그리스와의 마라톤전투에서 치욕적인 패배를 당했다. 페르시아는 6,400명의 병사를 잃은 데 반해, 그리스 측 전사자는 192명에 불과했다. 그는 다시금 그리스 원정을 준비했으나 때마침 이집트에서 반란이 일어났다. 이를 수습하느라 그리스에 대한 응징은 실행에 옮기지 못하고 죽는다. 지금부터는 그의 아들 크세르크세스와 충직한 신하의 이야기다.

크세르크세스의 최우선 과제는 페르시아의 영토를 되찾는 것이었다. 그는 정복사업을 시작해 꽤 성과를 거두었음에도 불구하고, 부왕 다리우스가 정복하지 못했던 나라까지 손에 넣지 못 하는 한 페르시아의 명예에 걸맞지 않다고 생각했다. 바로 그리스 말이다. 헤로도토스가 『역사』에서 전하는 바에 따르면, 크세르크세스는 이러한 의사를 밝히기 위해 신하들을 소집했다고 한다.

"그대들을 부른 이유는 내가 원하는 것을 알리기 위해서요. 내가 의도하는 것은 … 유럽을 가로질러 그리스까지 군대를 진격하여, 그곳에서 그리스인들이 페르시아인과 부왕에게 범한 악행들을 단죄하는 것이오."

크세르크세스가 말을 끝내자, 마르도니우스라는 중신(重臣)이

화답했다.

"실로 전하께서는 우리나라의 고금을 통틀어, 아니 그뿐만 아니라 영원한 미래에 걸쳐 다시없는 영원한 분이십니다. 지금 하신 말씀은 조목조목 다 훌륭하고 옳으십니다. 특히 유럽에 거주하는 이오니아인들이 분수를 모르고 우리를 경멸하는 것을 용인하지 않으시겠다는 전하의 방침은 실로 더할 나위 없이 훌륭한 생각이십니다."

하지만 그 자리에 있던 모두가 아첨꾼 마르도니우스와 똑같이 생각한 것은 아니었다. 많은 장군이 크세르크세스의 부왕이 그리스인들과 처음 싸울 때 참전했었고 그 끔찍한 패배를 기억하고 있었다. 하지만 그들의 기억에도 불구하고, 대부분의 원로는 침묵을 지켰다. 전쟁을 일으키려는 크세르크세스의 의중을 건드리기가 두려웠기 때문이다. 오직 히스타스페스의 아들 아르타바누스만이 크세르크세스의 숙부라는 자신의 위치에 용기를 얻어 다음처럼 말했다.

"전하! 여러 가지 다른 의견이 제시되어야만 그중 훌륭한 하나를 선택하여 실행할 수 있습니다. 그렇지 않을 경우에는 단지 제기된 주장만을 받아들이게 됩니다."

아르타바누스는 페르시아가 그리스와 싸울 때 직면했던 심각한

문제들과, 지금은 또 다른 전쟁을 일으킬 명분이 부족하다는 점을
크세르크세스에게 상기시켰다.

"그러하오니 전하, 부디 제 진언을 받아들이시고 이 계획을 포기
하십시오. 피치 못할 사정이 있는 것도 아닌데 굳이 위험을 자초
할 필요가 있겠습니까? 우선 이 회의를 파하시고 전하 스스로 숙
고하신 다음, 후일 전하께서 적당하다고 생각하실 때 최선이라고
결론 내리신 바를 들려주시기 바라옵니다."

지금까지는 아르타바누스의 이의 제기다. 이제 그는 왕에 대한
충성심을 담아 말을 잇는다.

"그럼에도 불구하고 어떻게든 그리스를 정벌해야 한다면, 이렇
게 하면 어떻겠나이까? 전하께옵서는 그대로 페르시아 국내에
머물러 계시고, 저희 두 사람은 각자 자식의 목숨을 걸게 하옵소
서. 그리고 마르도니우스에게는 흡족할 만큼 군대를 소집하여 원
정을 떠나도록 하옵소서."

그의 충성심에도 불구하고 크세르크세스는 그 진실성을 올바로
평가하지 못했다.

"아르타바누스여, 그대는 허튼 소리를 내뱉은 만큼 벌을 받아야

마땅하겠지만 부왕의 형제이므로 그것만은 면하게 해주겠소. 대신 그대에게 다음과 같은 치욕을 안겨주겠소. 그대와 같은 겁쟁이에게는 나와 함께 그리스 원정에 동행하는 것을 허락지 않겠소. 그대는 여자들과 함께 고국에 남아 있도록 하시오.”

그런 다음 크세르크세스는 회의를 해산시켰지만, 아르타바누스의 충언 때문에 “심중이 불편했다.” 다음날 아침, 크세르크세스는 수뇌부를 다시 소집했다.

“페르시아의 남자들이여, 내가 돌연히 마음을 바꾸는 것을 용서하기 바라오. 그것은 내 분별력이 아직 충분히 성숙하지 못한 데다 그 계획을 권유하는 자들이 한시도 내 곁을 떠나지 않았기 때문이오. 나는 아르타바누스의 의견을 들었을 때 한순간 젊은 피가 솟구쳐 올라 연장자에게 해서는 안 될 폭언을 내뱉고 말았소. 그렇지만 지금은 그가 말한 바가 옳다고 사료되므로 아르타바누스의 주장을 채택하기로 하겠소. 나는 생각을 바꾸어 그리스 원정을 중지하기로 결정했으니, 그대들도 이에 따라 행동해주기 바라오.”

헤로도토스는 “왕의 이 말을 들은 페르시아인들은 매우 기뻐했다.”고 전한다. 그로부터 2,500년이 지난 오늘도 이의 제기와 배신을 혼동하는 똑같은 위험이 여전히 도사리고 있다.

어느 콜센터의 매니저가 대규모의 종업원들과 함께 실적 수당 계획에 대한 밑그림을 의논하고 있었다. 그녀는 자기 말에 대한 피드백을 좀체 듣지 못하고, 좋거나 싫다는 반응도 구경하기 힘들었다. 그런 침묵이 불편했던 그녀는 피드백을 강요하다시피 했다. 마침내 두 종업원이 일부 계획에 대한 우려를 소리 높여 말했다. 그녀는 그들이 솔직히 말해주어서 고맙다고 말했다. 회의가 끝난 다음, 그 둘이 찾아오더니 그녀를 지지하지 못해서 죄송하다고 했다. 그녀는 그들의 피드백이 정확히 그녀 자신이 바라던 것이었으니 전혀 사과할 필요가 없다고 말했다. 그녀는 논쟁, 반대, 의견 불일치, 이의 제기를 지지하지 않는 것으로 믿는 기업문화를 변화시켜야 함을 깨달았다. 진짜 배신행위는 중요한 뭔가를 말해야 할 때 침묵을 지키는 것이다.

부정의 긍정성

대부분의 이의 제기는 배신행위가 아니다. 대개 부정적 코멘트나 상이한 관점 뒤에는 긍정적 취지가 숨어 있는 법이다. 아랫사람들이 소리 높여 하는 말이 탐탁지 않은 내용이라면 듣고 있기가 힘들 수도 있다. 그렇지만 듣기에 거북한 진실은 그 내용이 얼마나 부정적이건 상관없이 긍정적 가치의 또 다른 표현방식이다. 만약 형식에 얽매인 관료주의가 방해 요소라고 불평하는 사람이 있다면, 동시에 일을 완수하기 위한 자유에 대한 욕구도 표

현하고 있는 것이다. 진실이 귀에 들리는 문화를 창출하려면 부정
적 사실의 긍정적 면을 볼 줄 알아야 한다.

소리 높여 말하기

**에드워드 머로
(Edward R. Murrow)**
데이비드 핼버스탬에 따
르면 머로는 마주 앉아
이야기를 나눌 때면 수
줍어하는 기질의 소유자
였지만 일단 마이크를
잡으면 자신을 완벽하게
통제하며, 정보 전달자
로서 발군의 능력을 발
휘하는 인물이었다.

자세 낮춰 듣기는 진실 추구 방정식의 한 변에 불과하다.
'윗사람'들이 자세 낮춰 듣기를 바란다면, '소리 높여 말하기'를 하
는 사람도 진실을 듣는 사람들과 동등한 책임감을 가져야 한다. 소
리 높여 말하기를 몸소 실천한 사람은 많지만, 에드워드 머로•보다
나은 예는 드물다. 그는 방송 언론 역사상 가장 훌륭한 인물일지
도 모른다. 머로는 1935년에 CBS에 입사해 라디오와 텔레비전
뉴스를 넘나들며 활동했다. 1961년에는 CBS를 떠나 케네디 행정
부에서 미국 해외공보처(United States Information Agency)의 수
장이 되었다. 그 시절에 이미 머로의 동료들은 그를 가리켜 '용기
와 고결함, 사회적 책임과 탁월함, 그리고 뉴스 방송과 텔레비전
업계를 통틀어 최고의 이상을 상징하는 전설적 존재'라고 칭했다.
퓰리처상을 수상한 데이비드 핼버스탬(David Halberstam) 기자
는 자신의 저서 《미디어 권력의 성장(*The Powers That Be*)》에서
머로가 '보기 드물게 자신의 신화만큼이나 훌륭한 전설적 인물'이
라고 했다.

조셉 매카시 상원의원이 수십 명의 미국 시민들을 공산주의자

로 몰아 - 증거가 희박하거나 전무한데도 - 공개적으로 비난하며 승승장구할 무렵, 머로는 자신이 매카시의 다음 표적이 될 위험을 무릅쓰고 소리 높여 말했다. 그러나 중요한 사실은 머로가 스스로 동의하지 않거나 거리를 두어왔던 사람들을 위해 소리를 높였다는 것이다. 1958년 10월 15일, 그는 자신을 기리기 위해 마련된 축하 만찬회에서 사랑하는 동료들과 협력자들이 지켜보는 가운데 방송 업계에 대해 진실한 평가를 내렸다. 다음 발췌한 머로의 연설문을 읽어보면서, 소리 높여 말하기 위해 그가 어떤 말들을 선택했는지 주목하라.

이대로라면 누구에게도 득 될 게 없습니다. 이 연설이 끝나고 나면 여러분 중 몇몇은 자신의 안락한 둥지를 더럽혔다고 저를 탓할 수도 있고, 여러분이 몸담은 조직은 이단적이고 위험하기까지 한 발상에 호의를 베풀었다는 비난에 휩싸일지도 모릅니다. 라디오와 텔레비전에서 벌어지는 일들을 여러분 전문가들에게 솔직히 전하는 것이 제 바람이자 의무라고까지 생각합니다. 제가 말하려는 내용이 무책임한 것이라면, 저 혼자서라도 발설한 책임을 떠안겠습니다. 제게는 사사로이 불평을 늘어놓을 만한 아무런 배경도 없습니다. 제 고용주에게나, 어느 스폰서에게나, 라디오·텔레비전의 직업 비평가들에게 어떠한 적대감도 없습니다. 하지만 저는 양대 방송기구들이 우리 사회·문화·유산에 행사하는 영향력에 대해 끊임없는 두려움에 사로잡혀 있습니다.

역사는 우리가 만들어가는 대로 이루어집니다. 지금부터 50년, 아니 100년 뒤에도 역사가들이 있다면, 현재의 세 방송사들이 송출한 한 주간의 녹화 필름들이 보존되어 있다면, 그 역사가들은─흑백 또는 컬러로 기록된 그 필름들에서─우리가 지금 살아가는 세계의 현실이 퇴폐주의·도피주의·격리로 점철되어 있다는 증거를 찾아낼 겁니다. 대체로 텔레비전은 우리가 살아가는 세계의 현실에서 우리를 격리시킵니다. 이런 상태가 지속된다면, 광고 슬로건을 이렇게 바꿔야 할지도 모르겠습니다. '지금은 보고 즐기고, 나중에 대가를 치러라.'

머로는 자신과 함께 일해온 사람들과 고용주, 그리고 자기 자신을 포함해 진실함을 필요로 했던 모든 사람에게 소리 높여 말했다. 남들이 어떻게 생각할지 두려워하지도 않았다. 솔직히 말했으며, 진실을 향해 마음을 열었다.

상대방에게 마음을 열게 하려면, 소리 높여 말할 때 상대방이 자세 낮춰 들을 때 필요한 만큼의 겸손함과 용기를 발휘해야 한다. 소리 높여 말할 때는 발언의 내용과 방식, 그리고 의도가 대화의 향방을 이끄는 데 큰 몫을 한다. 말하지 않는 편이 차라리 나은 상황이 있는 것은 사실이지만, 너무 잦은 침묵은 발전을 억누른다. 대부분의 우리는 진실이 은폐되고 있음을 모두가 아는 상황에도 침묵으로 일관하는 회의에 참석한 적이 있다. 우리가 침묵을 지키는 이유는 가지각색이다. 이를테면 침묵은 금이다, 돌다리도 두들겨보고 건넌다, 나 말고도 소리 높여 말할 사람이 따로 있다, 사람들이 그걸 모를 리가 없다, 그래봤자 달라지지 않을 거다, 상대방이 한참 선배다, 당신이나 그들이 생전 처음 듣는 소리일 거다, 우리는 미지의 것을 두려워한다는 식이다.

소리 높여 말하지 않는 주된 빌미는 두려움이다. 침묵을 지키게 하는 주된 두려움은 두 가지다. 즉 꼬리표가 붙지 않을까 하는 두려움과, 생각하기에는 두렵지 않으나 말을 꺼낼 때 느끼게 되는 두려움이다.

꼬리표가 붙지 않을까 하는 두려움

우리는 남들이 꼬리표를 붙이지 않을까 하는 두려움 때문에 소리 높여 말하지 못한다. 부정적인 견해를 밝히면 부정적인 사람으로 인식될까봐, 또는 솔직한 뭔가를 잔인하게 이야기하면 '원만'하지 않은 사람이 될까봐 두려운 것이다. 아니면 빤한 것을 언급하거나 빤한 질문을 던지면 무식하거나 멍청한 사람으로 보일 거라고 생각하는지도 모른다. 우리에 대한 남들의 인식을 무리하게 단속하려 한다면, 그 과정에서 진실을 죽이는 셈이다. 소리 높여 말하지 못하도록 가로막는 두려움을 확인할 수 있는 사례로, 대학 1학년 시절에 겪은 나(스티븐 스미스)의 경험을 소개하겠다.

심리학 수업은 수천 명을 수용할 수 있는 대강당에서 진행됐다.

교수님은 강단에 서서 마이크와 슬라이드를 이용해 일사천리로 수업을 진행했다. 질문하는 학생들은 거의 없었다. 우리는 그냥 필기를 하고 시험을 치렀다. 어느 날, 교수님이 강의하는 내용을 전혀 이해할 수 없었던 나는 혹시 나와 같은 배를 탄 학생이 있는지 교실을 둘러봤다. 하지만 아무도, 심지어 내 바로 옆에 앉은 친구도 교수님 말을 알아듣는 듯 보였다. 그래서 나는 계속해서 멍하게 강단을 내려다보았다. 필기를 많이 하는 학생이 아무도 없었으므로 나는 수업 내용이 굉장히 단순하거나 전혀 중요하지 않은 것이라고 추측했다. 심지어 나는 대강당에서 수업 내용을 알아듣지 못하는 유일한 학생이 틀림없다는 생각이 들 정도였다.

몇 분 뒤에도 나는 수업을 따라가지 못했다. 결국 절박한 마음에 손을 번쩍 든 나는 무슨 말인지 이해를 못하겠다면서 수업 내용에 대해 질문했다. 질문을 할 때 내가 '멍청해' 보이거나 거라든가 집중하지 않은 것처럼 보이리라는 두려움이 없었던 것은 아니었다. 교수님은 질문해주어서 고맙다고 말한 뒤에 다른 방식으로 다시 설명하기 시작했다. 그제야 내용을 이해하기 시작한 건 나뿐만이 아니었다. 거의 모두가 미친 듯이 교수님의 말을 받아 적고 있었던 것이다. 나만 동떨어져 있던 게 아니었다. 동료들과의 경쟁에서 압박감을 느낄 때, 그 느낌이 스스로 부과한 것이건 아니건 간에 우리는 꼬리표가 붙지나 않을까 두려운 나머지 질문을 하거나 속마음을 털어놓지 않는다. 우리는 자신의 이미지 또는 다른 누군가의 이미지를 유지하기 위해 흔히 진실성을 잃는 대가를 치른다.

남들이 보는 자신의 모습을 스스로가 얼마나 잘못 인식하고 있는지에 대한 많은 실험 중에서, 윌리엄스대학의 케네스 사비츠키(Kenneth Savitsky)와 코넬대학의 니콜라스 에플리(Nicholas Epley)와 토머스 길로비치가 수행한 실험은 촌철살인에 가깝다. 실험 참가자들에게는 다른 사람들이 지켜보는 가운데 일련의 아나그램 문제를 풀어야 했다. 문제를 푸는 사람들은 그들의 지적 능력, 경쟁력, 정직성 등을 관찰자들이 어떻게 판단할지 추측해보라고 했다. 반면 관찰자들은 그들에 대한 선입견을 절대 배제하고 그들의 실제 인상을 말해달라는 부탁을 받았다. 문제를 풀 사람들은 테스트에 앞서 "이런 테스트를 잘해내는 사람들은 사고가 명료하고 지적 능력이 탁월할 가능성이 높습니다. 오직 소수만이 답을 모두 맞힐 수 있지만, 대개는 그럭저럭 잘하는 편입니다."라는 말을 들었다.

참가자들이 단어 퍼즐들을 해독하려고 시도할 때마다 실험 진행자들은 '맞습니다.' 또는 '틀립니다.'라고 크게 소리쳤고, 관찰자들은 이를 죽 지켜보았다. 테스트가 끝나자, 실험 진행자들이 점수를 공개했다. 문제를 푸는 사람이나 관찰자들이 전혀 모르고 있었던 사실은 이 테스트가 매우 어렵게 설계되었으며 쉽게 풀 수 있는 문제는 불과 두세 개뿐이었다는 것이다. 워낙 어려운 탓에 '해결자'들은 평균적으로 16개의 아나그램● 중에서 2.6개 정도밖에 풀지 못했다.

해결자들은 관찰자들이 자기들을 형편없이 평가할 가능성은 과

대하게 추정한 반면, 잘하고 있다고 생각하고 평가할 가능성은 과소하게 추정했다. 또한 테스트를 치르기도 전에 자기들이 테스트에서 형편없을 거라고 관찰자들이 호되게 판단할 가능성까지도 과대하게 추정했다. 다시 말해 우리는 남들이 우리를 보는 것보다 훨씬 스스로에게 가혹한 셈이다. 실수를 할 때도 마찬가지다. 남들이 우리를 어떻게 생각할까 하는 두려움은 비현실적이기 십상이다. 연구자들은 이렇게 결론 내린다. "남들 앞에서 말하거나 … 자신의 진정한 감정을 표현하기를 주저하는 이유는, 자신이 바란 만큼 일이 돌아가지 않을 때 남들이 보일 반응에 대해 불필요하게 강한 두려움을 느끼기 때문일지 모른다. 사회적 비난에 대한 과도한 두려움은 거꾸로 반사돼 자기 자신을 괴롭히기 일쑤다. 연구 결과가 입증하듯, 사람들이 살아가면서 가장 후회하는 것은 자신이 바랐지만 해내지 못한 일보다는 남들이 바랐지만 해내지 못한 일들에 관한 것이기 십상이다." 진실성에 다다르는 길이 과장된 두려움의 바리케이드에 번번이 가로막히지 않도록 하자.

생각하기에는 두렵지 않지만 정작 말을 꺼내기는 두려운 것

소리 높여 말하지 못하는 두 번째 이유는 또 다른 종류의 두려움 때문이다. 나(데이비드 마컴)는 이 깨달음을 힘겹게 얻었다.

실적 평가를 받을 때, 나는 승진하려면 어떻게 해야 하는지 구체적으로 제안해달라고 상사에게 부탁한 적이 있다. 나는 몇 가지 제안을 받았고 "단지 시간문제야. 이 기업에서 자네의 미래는 창창해."라는 말을 많이 들었다. 하지만 다음 실적 평가에서도 별반 달라지지 않았다. 그러는 사이에 나는 딴 팀의 동기 셋이 먼저 진급하는 모습을 지켜보아야 했다. 상사에게 화가 났다. "다른 동기들이 왜 승승장구하는지 상사는 알고 있을 텐데. 그들이 나보다 특별히 잘하는 게 있다면, 상사는 왜 내게 언질을 주지 않는 걸까? 게다가 나는 피드백을 해달라고 부탁까지 했는데." 나는 피드백을 얻지 못해 심란했기 때문에 남들에게 피드백을 잘해주기로 마음먹었다. 그때 나는 이전까지 제대로 생각해보지도 못한 어떤 두려움에 대해 배웠다.

의미 있는 피드백은 구체적이고 현실적이어야 한다. 놀라운 것 ─ 우리가 소리 높여 말하지 못하는 뜻밖의 이유이기도 한 것 ─ 은 내가 그리 두려워하지 않는 생각인데도 정작 말하기는 얼마나 두려운가 하는 점이었다. 동료에게 "자네가 이 프로젝트 성공에 기여했다고 생각하지 않아. 사실 자네는 기여자라기보다 장애물에 가깝지."라고 말하기는 어려웠다. 이렇게 생각하기는 어렵지 않지만, 다른 사람들에게 그런 말을 꺼내는 것은 또 다른 문제다. 리더들도 소리 높여 말하기에 어려움을 겪는다. 상대방이 그들의 부하라 해도 마찬가지다.

소리 높여 말하기의 두 가지 전제조건

우리가 하는 말에 사람들이 귀 기울이는 주요인은 사람들에게 인식된 우리의 동기다. 앞서 소개한 주유소 비유로 잠시 돌아가보자. 낯선 사람에게 차에 구멍이 난 것 같다고 알려줄 경우, 상대방이 우리의 '소리 높여 말하기'에 귀 기울이는 이유는 두 가지다. (1) 우리의 코멘트가 자기충족적인 동기 또는 판단이 아니라 걱정하는 마음에서 우러난 것이고(소리 높여 말한다고 우리가 얻거나 잃을 건 없다.), (2) 정확하건 부정확하건 간에 그 관찰은 우리의 정체성에 관한 것이 아니기 때문이다. 객관적인 것 — 상대방의 차 — 이고 상대방은 못 봤지만 우리가 본 무엇을 언급할 때 귀 기울인다는 말이다.

한편 우리가 상대방에게 다가서서 "짐짝을 저따위로 묶다니, 원. 제대로 안 묶어두면 교통사고 한 건 내시겠네요. 제대로 좀 하세요."라고 말한다면 어떤 반응이 나올지 짐작해보라.

이제 상대방은 자신의 능력, 지성, 판단력 등 그 무언가가 공격당하고 있다고 인식한다. 즉 자기 정체성이 위험에 처했다고 느끼는 것이다. 우리의 세력권이 달라지는 셈이다. 소리 높여 말할 때는 우리의 동기가 어떻게 인식되는가, 그리고 우리가 어떤 방식으로 말하는가 하는 점이 우리 메시지가 전달되고 존중될 가능성을 높이거나 크게 떨어뜨릴 수도 있다.

소리 높여 말하기를 구사하는 언어

소리 높여 말할 때, 격한 반응을 초래하지 않을 방식으로 혹독한 진실을 이야기하라. 즉 잔혹한 사실들을 **잔혹하지 않게** 전달하라는 말이다. 소리 높여 말하기의 언어 구사 방식이 두려움을 없애지는 못하지만, 리스크를 감소시키는 방식으로 속마음을 말할 수 있게 해준다. 소리 높여 말할 때 상대방의 마음을 열린 상태로 유지시키도록 설계된 세 가지 단계는 다음과 같다.

1. 확실히 허락을 얻어라.
2. 취지를 분명히 밝혀라.
3. 솔직하라.

상황의 전후 관계와 상대방과의 관계에 따라 세 단계 모두가 필요하지 않을 수도 있지만, 최소한 한 단계는 필요하다.

확실히 허락을 얻어라

존 가트맨 박사의 연구에 따르면, 이야기를 나눌 때 처음 3분간의 어투만으로도 문제가 어떻게 끝날지 예측할 수 있다고 한다. 설령 그것이 표면화된 지 5년쯤 묵은 문제라 해도 말이다. 박사의 규칙은 "부정적으로 시작하면, 부정적으로 머물기 마련이다."라는 것이다. 비난하거나 심판하려 든다면, 상대방은 방어적이 된다.

상황이 위험스럽다고 생각할수록, **스스로**가 마음을 닫고 정체성을 보호할 가능성이 높아진다. 이는 상대편 입장에서도 마찬가지다. 허락을 얻는 일은 절친한 친구의 집에 들어서기 전에 초인종을 누르는 것처럼 간단하다. 친밀도와 상관없이 친구로 하여금 당신을 집에 들이도록 하는 것이다. 몇 가지 예를 들겠다.

- 그동안 떨치지 못하고 속으로만 앓던 문제가 있는데, 말해도 될까요?
- 단지 내가 이해하지 못했기 때문에 생긴 의문일 수도 있는데, 아마 내가 잘못 알았겠지만, 질문 하나 해도 될까요?
- 이 문제는 많이 생각해봤는데, 화제로 삼을 필요가 있다고 생각해요. 껄끄러운 문제일지도, 그렇지 않을지도 모릅니다. 최소한 철저히 생각하는 데도 방해가 될 만큼 힘든 문제가 생기기를 바라지는 않거든요.
- 나만 그런지도 모르지만, 우리가 논의에서 뭔가 놓치고 있는 것 같습니다. 아마 그렇지는 않을 테고, 그럴 경우 우리는 이 문제는 접어두고 신속하게 움직일 수 있겠죠. 하지만 우리가 놓치고 있었다면, 굉장히 중요한 문제입니다.

취지를 분명히 밝혀라

속마음을 말할 수 있다는 허락을 일단 확보한 다음에는 취지를 분명히 밝히는 것이 오해의 소지 없이 메시지를 전달할 가능성을

높여준다. "때 묻지 않은 심장(마음)은 흉갑보다 강하나니." 셰익스
피어의 『헨리 6세』에 나오는 구절이다. 겸손의 취지는 발전을 위한
헌신이라는 점을 명심하라. 지금이 그 원칙을 기억하기에 좋은 시
점이다. 취지를 분명히 밝혀야 할 이유는 최소한 세 가지가 있다.

1. 어떤 문제를 끄집어내는 이유를 상대방에게 알린다. 즉 상대
   방이 취지를 어림짐작하거나 부정적인 의도를 숨기고 있다고
   여기지 않도록 한다.
2. 메시지가 엉뚱한 말들로 어지럽혀질 가능성을 줄인다.
3. 취지를 공개적으로 천명함으로써 그 취지에 전념하도록 스스
   로에게 상기시킨다.

가끔, 특히 긴장감 도는 상황에서는 적당한 말을 찾지 못하기도
한다. 적당한 말을 찾았을지라도 간혹 그 말이 잘못 해석되기도
한다. 그러나 올바른 취지는 정체성을 안전하게 지켜주고 대화가
아이디어에 집중되도록 도와준다. 취지를 분명히 밝히는 것과 허
락을 확실히 얻는 것을 결합한 예를 들겠다.

- 혼자 끙끙 앓아오던 생각을 공개하려고 합니다. 지금으로서는
  이것을 뒷받침하는 논리가 타당한지 확신이 안 섭니다. 처음에
  는 내 의견이 부정적으로 받아들여질까 싶어서 아무 말도 못
  꺼냈습니다. 부정적으로 들릴 수도 있지만, 내 아이디어가 옳

건 그르건 간에 가장 좋은 아이디어가 이기기를 바랄 따름입니다. 내 논리에 허점이 있다면, 내가 거기서 벗어날 수 있게끔 지적해주길 바랍니다. 여러분 논리가 틀렸다면, 여러분도 저처럼 행동할 것을 기대합니다. 만약 우리 모두가 틀렸다면, 다른 아이디어를 생각해낼 수 있겠죠.

- 나는 우리가 한 팀으로서 여러 아이디어에 이의를 제기하기를 바랍니다. 그게 건전한 태도니까요. 하지만 우리가 선호하는 아이디어일지라도 기업에 도움이 될지를 판단할 때, **충분한 이견이 검토된 것처럼 보이지 않는군요.** 내가 보기에 이 안건은 그 의도와는 무관하게 기업에 손실을 입힐지도 모릅니다. 내가 틀렸는지도 모르지만, 우리가 이 안건에 지나치게 열중한 나머지 중요한 것을 간과한 듯합니다.

- 이 프로젝트는 폐기해야 한다고 생각합니다. 그렇다고 해서 반드시 그래야만 한다는 말은 아니지만, 그러는 편이 진정으로 현실적인 선택이라고 점점 확신하게 되는군요. 내 입장에서는 꺼내기 힘든 얘깁니다. 특히나 나 스스로 이 프로젝트를 지금껏 열렬히 옹호해왔으니 말이죠. 하지만 이걸로는 우리가 원하던 대로 소비자의 요구를 충족시킬 수 있다고 생각하지 않습니다.

위에 든 사례에서는 "우리가 틀렸다."고 말하는 대신 "이 아이디어를 뒷받침하는 논리가 타당한지 확신이 안 섭니다."라고 말한다. "우리가 잘못을 저지르고 있다."고 말하는 대신, "이 안건은 그 의

도와 무관하게 기업에 손실을 입힐지도 모른다."고 말한다. 취지가 분명할 때, 상대방은 취지를 문제 삼거나 메시지가 그들의 정체성을 공격한다고 곡해하지 않은 채 메시지 자체에 집중할 수 있다.

솔직하라

솔직함은 힘이 닿는 한, 사실을 주장하려 하는, 그리고 검증을 위해 그 사실을 공개적으로 논의하려는 시도를 일컫는다. 이것은 진실의 순간이다. 속마음을 가능한 한 분명하고 솔직하게 꺼내놓고 말하는 때다.

필자들이 연구 과정에서 인터뷰했던 어느 관리자는 CEO 및 판매 담당 부사장과의 중요한 회의에서 있었던 솔직함에 대한 사연을 들려주었다. 그 회의는 CEO의 급작스럽고도 석연찮은 인력 배치 철회 결정 때문에 촉발되었다. 그 관리자는 회의가 있기 몇 주 전에 담당 사업 단위의 새로운 전략에 결정적 역할을 할 두 명의 인력을 채용해도 좋다는 허락을 받았다. 관리팀은 몇 명의 후보자들과 면담한 끝에 합격자들을 선발했다. 합격자들을 채용하기에 앞서 필요 서류가 인사관리 부서에 전달되었다. 그러나 채용 요청은 거부당했다. 관리자가 거부 사유가 뭐냐고 묻자, "지난주에 〔CEO에게서〕 전화가 걸려와서 인력 조달 계획이 취소되었다."는 대답이 돌아왔다.

상반된 메시지가 반복되자, 관리팀은 CEO의 속내를 도무지 모르겠다고 생각했다. CEO의 요령부득한 태도는 그 사업 단위에서 엄청난 활력을 앗아갔다. 한때 CEO는 그 집단을 가리켜 '지리멸렬함의 바다 위에 떠 있는 뛰어남의 섬'이라고 했었지만, 자신의 조치는 그의 말을 전혀 뒷받침하지 않았다. 새로운 두 직책이 그들 전략에서 매우 중요했기 때문에 관리자는 CEO와의 회의 자리를 주선했다. 왜 입장을 뒤집고 지지를 철회했는지 알아내기 위해서였다.

두 시간으로 예정된 회의는 10시 정각에 시작됐다. CEO는 말했다. "이 회의에 동의한 목적은 자네들의 걱정을 헤아리고 제안을 철저히 논의하기 위해서일세. 전적으로 내 목적은 자네들 말을 듣는 거야. 딴 뜻은 전혀 없어. 어쨌든 자네들만 괜찮으면 회의를 위해 몇 분간 약간의 전후 관계를 설명하도록 하겠네." 팀원 모두가 동의했다. 그 후로 37분 동안 CEO는 숨 쉴 틈도 없이 말을 쏟아냈다. 화이트보드를 다이어그램으로 빼곡하게 채우면서 재작년과 철자 하나 바뀐 것 없는 듯한 말을 되풀이했다. 오전 10시 38분, 그는 강의를 마치고 자리에 앉으며 말했다. "나머지 시간은 다 자네들거야. 난 귀를 쫑긋 세우고 듣겠네."

한 팀원은 고객과의 약속 자리에 가는 도중에 휴대전화를 통해 회의에 참여하고 있었다. 곧 비행기를 타야 했기 때문에 그에게 남은 시간은 얼마 없었다. 그가 휴대전화 너머로 "말씀하신 메시지는 존중합니다. 그리고 지금 시점에서는 별로 드릴 말씀이 없습니다."라고 말하면서 포문을 열었다. "드릴 말씀이 있다 해도, 그걸 전달할 시간이 부족합니다. 제 걱정은 이 회의가 대표님의 스타일과 기업 운영 방식을 보여주는 본보기라는 겁니다. 이 회의는 저희가 제안한 안건에 대해 논의할 수 있는 마지막 시간입니다. 대표님께서는 우리 기업의 방향에 대한 당신의 견해를 되풀이하는 데 할당된 시간의 거의 절반을 소비하셨습니다. 제가 이해하지 못하겠는 것은, 저희에게 프레젠테이션하기에 적절한 시간도 허락하지 않으시면서 어떻게 저희 제안을 이해할 거라고 자신하시느냐는 겁니다. 처음에 대표님은 당신의 목적이 듣는 거라고 하셨는데, 이제 그게 어떻게 가능할지 전혀 이해가 안 됩니다."

회의실은 조용했다. 그 솔직함에 의아했던 CEO는 발언자가 농담을 하는 건지 정말 진지한 건지 확인하려는 듯 주위를 살폈다. CEO는 충격을 만회하기를 바라면서, 회의실의 팀원들이 회의를 계속 진행하도록 맡겼다. 이 회의에서 그들 제안에 대해 최종 결정을 내리겠노라고 공언했기 때문에, CEO는 회의 전에 제안서를 읽어보겠다고 그들에게 약속한 바 있다. 그들이 제안한 내용에 깊이 들어가자, 약속과는 달리 그가 제안서를 제대로 읽어보지 않았다는 사실이 명백해졌다. "제안서는 읽었네. 하지만 우리 전략과의 연관성은 전혀 찾을 수 없었다네." 그는 구체적으로 어떤 부분이 기업의 전략과 들어맞지 않았는지 묻는 질문에 대답하지 못했다. 그가 평소 보여주던 사진기 수준의 기억력과 비범한 숫자 감각하고는 어울리지 않는 건망증이었다. 본부장이 말했다. "대표님은 제가 아는 가장 특출한 사람들 중 한 분입니다. 그런데도 저희 제안에 대해 구체적으로는 아무것도 기억하지 못하시는군요. 저희로서는 대표님이 저희에게 귀 기울이지 않거나 관심이 없다고 생각할 수밖에 없습니다."

회의 전에 합의된 바로는 CEO가 어떻게든 결정을 내려야 했다. 하지만 그는 속내를 말하려 하지 않았고, 또 한 번의 '연기' 조치를 내렸다. "결정을 내리기 전에, 제안서를 한 번 더 읽어보겠소." 하지만 솔직함의 향연은 아직 끝나지 않았다. 한 팀원은 이렇게 말했다. "다시 읽어보신다고 해서 달라질 게 있을지는 잘 모르겠습니다. 저희는 오늘 핵심 요소들을 철저히 말씀드렸는데요. 저희가 얘기할 때 고개만 끄덕이시고 확답은 안 주셨잖습니까. 저희는 가부간에 어떻게 결정이 나든 개의치 않습니다. 하지만 또 다시 '아마도'를 들으려고 이 자리에 온 건 아닙니다." 또 다른 팀원이 침묵을 깼다. 끈기 있는 데다 어려운 대화를 개시하고 진척시키는 능력이 탁월하다고 평판이 자자한 사람이었다. 그는 '원만' 해지려고 애썼고, 소크라테스적 논증, 즉 산파술을 활용하면서 결론을 열어두고 질문을 했으며, 이해심을 보였다. 그러더니 느닷없이 다소 조용해졌다 싶던 논의가 일종의 대결로 탈바꿈했다.

바로 그 팀원이 CEO의 말을 가로막고 그의 전략에 도전했고, 논리를 문제 삼았으며, 그의 논지에 정면으로 맞서면서 IQ 대결의 쌍권총을 빼들었다. 그는 공격적으로 CEO에게 질문을 던졌고, 대화의 치열함을 고양시켰다. 회의가 끝난 후 놀란 표정의 동료들은 그에게 왜 그랬느냐고 물었다. "지금 하고 있는 일이 제대로 안 먹히면, 다른 뭔가를 시도해야 하는 법이지. 이건 내가 예전에 알던 방식과는 달랐는데, 우리는 여전히 대표를 설득시키지 못했어. 아직도 대답을 못 듣고 있잖아." 마침내 결정이 내려졌다.

노(No).

그런데도 이들의 상호작용에서 솔직함에 관한 희소식을 찾아보라니? 답은 **의사결정**이다. 관리팀은 논의를 진척시킴으로써 영원할 것만 같던 황색 신호등을 적색으로 바꿔놓았다. 이로써 그들은 두 개의 청신호를 켰다. CEO는 그가 진정으로 믿는 곳에 자원을 집중했고, 이 사업 단위는 지지도 못 받고 자원 지원도 없던 논의를 지속하느라 정신을 팔지 않아도 되었다.

솔직할 때는 혹독한 사실들을 가지고 냉랭한 침묵을 깨뜨려놓기 때문에, 세상이 우리 쪽으로 변화하리라고 기대하지는 못한다. 더구나 진실성은 우리가 불편부당하다고 간주하는 것도 아니다. 우리가 인식한 것들이 옳을지도 모르고, 틀렸을지도 모른다. 둘 중 어느 경우라 해도, 구성원들이 소리 높여 말할 때 기업은 훨씬 나아진다.

진실 고수하기

이 책을 마무리 지으면서, 진실성의 두 번째 의미를 이야기하고자 한다. 바로 진실의 '고수'다. 보통 진실은 우리가 변화해야 함을 뜻하며, 변화야말로 에고노믹스의 목적이다. 아는 것이 힘이라는 말이 옳을지라도, 앎의 힘과 되어감의 규율은 확연히 구분된다. 추구하던 진실이 드러났는데도 변화하지 않는다면, 진실 추구 행위는 무의미하다. 만약 진실에 직면했을 때 그것에 저항한다면, 자기중심적인 흉터 조직을 되살려서 장래에도 결국 진실에 저항할 확률을 높이게 된다. 최근 필자들은 보스턴에서 택시를 탄 적이 있다. 택시 기사는 얘기를 나누고 싶어했다. 우리는 썩 내키지 않았지만, 결국 그에게 지고 말았다.

택시 기사 : … 1년 전에 심장 수술을 받았어요.

우리 : 그래요? 어떻게 됐습니까?

택시 기사 : 뭐, 수술은 잘됐어요. 지금은 스트레스 교실에 다녀요. 제대로 된 음식을 먹고, 운전할 때 지나치게 긴장하지 않으려고 노력도 하죠.

우리 : 잘됐네요. 축하합니다.

택시 기사 : 그래도 망할 놈의 담배는 못 끊겠더라고요. 의사는 내가 담배 때문에 죽을 거라지만, 안 피울 수가 없거든요. 난 필경 담배를 입에 물고 죽을 거예요.

그는 결국 그렇게 죽을 것이다. 그러나 에고가 택시 기사의 규율 쪽으로 우리를 꼬드기기 전에, 잠시 이런 상상을 해보자. 당신은 지난 몇 달 동안 왼쪽 팔이 저렸고, 가슴이 빈번하게 죄어오는 느낌이 들었다. 당신은 걱정스런 마음에 진료 예약을 한다. 병원에서 의사는 우려를 표하면서 몇 가지 검사를 해보기로 결정한다.

당신은 심전도 검사, 혈관 조영 촬영, 스트레스 검사를 마친 뒤 진단 결과를 확인하기 위해 의사에게 간다.

의사는 좋은 소식과 나쁜 소식이 있다고 알려준다. 당신이 나쁜 소식부터 묻자, 의사는 당신이 관상동맥 우회로 이식 수술을 받아야 한다고 말한다. 충격에서 헤어나려 애쓰다가, 좋은 소식은 뭐냐고 묻는다. 의사가 답한다. "유전적인 문제가 아니라는 겁니다. 환자 분께 유전적 소인은 없어요. 일단 수술을 받고 스스로를 잘 돌보시면, 병이 재발하지는 않을 겁니다. 구체적으로는 식이요법과 운동을 통해서 말이죠." 이렇게 의사에게서 직접 듣는다면, 당신은 그 말을 철저히 고수하겠는가?

그런가?

아마도 당신은 그럴 것이다. 하지만 대답하기 전에 중요하게 고려해야 할 것이 있다. 필자들이 택시 기사와 대화를 나눈 후 얼마 되지 않아, 앨런 도이치먼(Alan Deutchman)은 「패스트 컴퍼니」에 '변화 또는 죽음(Change or Die)'이라는 기사를 기고했다. "이런 선택의 기로에 놓였다면 당신은 어떻게 하겠는가? 진짜 말이다. 기업 실적을 삶과 죽음에 빗댄 과장이 아니라, 진짜 생사의 문제라면? 당신의 생사라면? 당신이 사고와 행동 방식을 혹독하게 변화시켜야 한다고, 그러지 않으면 당신 생은 곧 끝난다고, 의사가 말했다면? 당신은 변화할 수 있겠는가? 과학적으로 밝혀진 변화 확률은 9대 1, 당신이 변화하지 않을 확률이 9대 1이다."

이 기사에서 도이치먼은 존스홉킨스 의과대학의 학장 겸 CEO

인 에드워드 밀러(Edward Miller) 박사의 말을 인용한다. 미국에서는 매년 60만 명 정도가 관상동맥 우회로 수술을 받으며, 130만 명의 심장병 환자들이 혈관 성형술을 받는 데 총 300억 달러의 비용을 쓴다고 한다. 또 관상동맥 우회로를 접합한 부위는 대략 50퍼센트가 다시 막히고, 혈관 성형 부위는 몇 달을 버티지 못한다고 한다. 밀러 박사에 따르면, 재수술을 줄이는 길은 건강한 생활습관을 건강하게 바꾸는 단순한 일인데도 불구하고 환자들에게서 그런 변화는 보기 드물다는 것이다. 밀러 박사의 말을 들어보자. "관상동맥 우회로 이식 수술을 받은 환자를 2년 후에 진찰해보면, 그들 중 90퍼센트는 자기 생활습관을 변화시키지 않았고, 이 결과는 아무리 연구를 거듭해도 마찬가지였습니다. 거기서 우리는 중요한 연결고리를 잃게 되죠. 환자들은 스스로가 매우 심각한 질병을 앓고 있음을 잘 알고, 또한 자기 생활습관을 고쳐야 한다는 것도 잘 알지만, 이유가 뭐건 간에 변화하지 못합니다."

그러니 당신의 답은 무엇인가? 당신은 변화할 것인가?

아마도 여전히 '예.'라고 답할 것이다. 필자들은 지금껏 어느 집단에서도 "아니오, 심장 절개 수술 아니면 죽는 편을 택할래요."라는 대답을 들어본 적이 없다. 그러나 생사의 기로에서도 대다수는 예전대로 머문다. 그런데 이처럼 생사의 위협에 처해서도 변화하지 않는 사람들이라면, 그들 스스로 업무 방식을 변화시킬 확률은 얼마나 될까?

변화하지 않으면 변화를 당한다

스스로 변화할 확률은 워낙 희박하므로, 여기서 우리가 중요하게 생각해야 할 것이 있다. 변화를 선택하지 않는다 해도 우리는 어쨌든 변화하게 되어 있다. 우리는 매일 변화한다, 아무런 노력 없이도. 예전대로 머무르면 퇴보하기 마련이다. 우두커니 서 있을 때 다른 사람들이 우리를 앞질러 나아가며, 따라서 우리 상태는 바뀌게 된다. 조기 경보 신호들이 알려주는 것은 우리가 움직이지 않거나, 보다 정확하게는 세상이 우리를 앞질러 나아가면서 우리가 그 반대 방향으로 뒤처지고 있다는 사실이다. 비즈니스 세계에서 실적은 곡선을 그리는데, 지금 누군가는 그 곡선을 위쪽으로 끌어올리고 있다. 그 곡선을 끌어올린 사람은 단 한 명일지라도, 그 외의 모든 사람이 더 높아진 기준에 의해 평가받게 된다.

한편으로 세상이 변화하지 않는다고 가정하는 것도 가능하다. 아마 세상이 정적이어서, 필자들이 지금껏 이 책에서 말해온 내용이 전혀 적용되지 않을지도 모르겠다. 확실히 석유기업들은 기술적으로 급격하게 변화하는 것처럼 보이지 않는다. 아마 우리는 안전할지도 모른다. 변화의 경제에서 우리가 지금 벌어들이는 것(돈, 성장, 기회, 분배)이 충분하다면, 그래서 우리가 만족한다면 변화하려 들지 않을 것이다. 온갖 미사여구를 동원해도 진보하도록 강요하지는 못한다. 다음 조치를 취한다는 결정은 개별적인 선택인 데다, 우리는 고통이 너무 커져 거기서 벗어나는 것이 최우선 과제가 될 지경에 이르러서야 그런 선택을 한다. 아니면 코앞의 기회 때문에 현재에 만족하지 못할 때나.

변화에 가장 관심이 큰 조직들(그리고 사람들)은 일반적으로 두 가지 범주에 속한다. 이미 위대하거나, 아니면 죽어가고 있는 조직들이다. 오히려 '충분히 좋은' 조직들은 거의 움직이지 않거나 지리멸렬함을 선호한다. 하지만 위치가 어디든 변화하기를 바란다면, 지금이 적기다. 마틴 루터 킹은 이렇게 말했다. "사치스럽게 노여움을 가라앉히고 점진주의의 진정제를 먹을 만한 시간 따위는 없다." 변화를 위한 출발 지점은 중요치 않다. 중요한 것은 출발 그 자체, 단 한 번의 결정적 순간이다.

겸손·호기심·진실성 원칙을 기준으로 하여 당신 팀의 효과성을 평가할 수 있는 무료 설문이 www.egono-micsbook.com에서 제공된다.

| **Key point 10** |

혁신과 성장의 토양이 되는 진실성의 추구

- 진실성은 진실과 목적지가 다르지 않으나, 실천에서 차이가 난다. 진실성은 진실을 습관적으로 추구하고 고수하는 것을 뜻한다. 진실 추구와 진실 고수는 둘 다 대단히 중요하다. 진실 추구는 진실에 도달하기까지의 과정에서, 진실 고수는 일단 진실이 밝혀지고 변화가 이루어지기까지의 과정에서 중요하다.

- 비즈니스에서 진실이란 현실성을 추구하는 것이다. 현실성이란 벌어지고 있다고 생각하는 것과 실제로 벌어지고 있는 것의 차이다. 진실성을 추구하려면 가차 없어야 한다. 오늘날의 비즈니스나 과학에서 진실은 언제나 변화하기 때문이다.

- 비즈니스에서 진실성은 정체성이 위협받을 때 문제를 겪는다.

- 진실성이 가로막히는 것은 진실을 보지 못하거나 본다 해도 표현하지 못하는 사람들의 무능력 탓이 아니다. 좀체 듣기 힘든 진실이 드러날 때 나타나는 반응은 흔히 우호적이지 않다. 대부분은 이처럼 솔직함을 대하는 전형적인 반응 때문에 진실을 터놓는 것이 위험하다고 믿고 꺼리는 것이다.

- 진실 추구가 개인과 기업문화에서 습관으로 자리 잡으려면, 두 가지 특수한 능력이 요구된다. '자세 낮춰 듣기'와 '소리 높여 말하기'가 그것이다.

- '자세 낮춰 듣기'를 가로막는 주된 장애물은 이의 제기가 배신행위라는 믿음이다. 이의 제기를 배신행위도 여긴다면, 이미 마음을 굳게 닫은 셈이다. 대개 부정적 코멘트의 뒤에는 긍정적 취지가 숨어 있다.

- '윗사람'들이 자세 낮춰 듣기를 바란다면, '소리 높여 말하기'를 하는 사람들도 진실을 듣는 사람들과 동등한 책임감을 가져야 한다.

- 소리 높여 말할 때는 상대방이 자세 낮춰 들을 때 필요한 만큼의 겸손함을 발휘해야 한다. 소리 높여 말할 때는 발언 내용과 방식, 그리고 의도가 대화의 향방을 이끄는 데 큰 몫을 한다. 말하지 않는 편이 차라리 나은 상황이 있는 것은 사실이지만, 너무 잦은 침묵은 발전을 억누른다.

- 소리 높여 말하지 않는 주된 빌미는 두려움이다. 침묵을 지키게 하는 주된 두려움은 두 가지다. 즉 꼬리표가 붙지 않을까 하는 두려움과, 생각하기에는 두렵지

않으나 말을 꺼낼 때는 느끼게 되는 두려움이다.

- 소리 높여 말하기를 효과적으로 하는 세 단계는 이렇다. (1) 확실히 허락을 얻고, (2) 취지를 분명히 밝히며, (3) 솔직할 것.

- 진실성의 나머지 절반의 의미는 진실의 '고수'이다. 보통 진실은 우리가 변화해야 함을 뜻하며, 변화야말로 에고노믹스의 목적이다. 아는 것이 힘이라는 말이 옳을지라도, 앎의 힘과 되어감의 규율은 확연히 구분된다.

조기 경보 신호 - 믿음들

　대부분의 우리는 에고의 조기 경보 신호들 가운데 하나 이상에 영향을 받는다. 유독 한 신호(예컨대 방어적 자세 취하기)에 쏠리는 경향을 보일 수도 있지만, 모든 사람은 다양한 시기에 하나 이상의 신호들을 경험해보았다. 이 신호들은 결정적 순간에 나타나서 우리의 강점을 모조품으로 바꾸어버린다. 우리는 믿음에 기초해 결정을 내리므로, 어느 조기 경보 신호라도, 설령 그것이 일시적으로 나타났다 해도 거기에 해당하는 버릇을 깨려면 우리의 경향을 조종하는 믿음을 검증할 필요가 있다. 우리의 믿음은 일종의 방정식, 즉 일련의 '이것 더하기 이것은 이것' 또는 '만약-그러면(if-then)' 논리에 기초한다. 그러나 머릿속 수학논리가 언제나 앞뒤가 맞는 것은 아니다. 즉 우리가 지닌 믿음이 진리라고 할 수만은 없다는 얘기다. 마음속에서 잘못된 방정식을 파악할 수 있으면, 나쁜 버릇을 깨뜨릴 수 있다.

　각 조기 경보 신호의 첫 항목은 해당 신호가 적정한 수준일 때의 건전한 관점들을 열거한다. 다음으로는 우리가 경계선을 넘었음을 나타내는 지표와 함께 우리를 그 경계선 너머로 밀어붙일 수 있는 신념들을 검증하는 몇 가지 질문들을 열거했다. 우리는 이런 모든 믿음을 갖지는 않을지 몰라도, 최소한 하나는 갖기 마련이다.

조기 경보 신호 — 일차적 감정 또는 태도

우리의 언행이 생각이나 감정과는 차이가 날 때가 비일비재하다. 설령 우리가 입바른 말을 할지라도 종종 다르게 느끼곤 한다. 감정이나 생각은 입바른 언행으로 가려질 수 있는 반면, 의도와 감정은 항상 진실이다. 비록 의도와 감정이 항상 드러나는 것은 아니지만 말이다. 우리가 느끼는 감정을 통해, 에고가 우리에게 부적절한 수준의 특정 조기 경보 신호를 느끼도록 야기하고 있는지 알아낼 수 있다. 끝으로, 우리는 해당 조기 경보 신호와 관련된 일차적 감정 또는 태도를 열거했다. 그 신호와 관련된 감정 또는 태도를 하나 이상 느낀다면, 그 특정 경고 신호에 사로잡혀 있지는 않은지 반드시 스스로 재점검해야 한다.

조기 경보 신호 1 : 비교 일삼기

적절할 때 : 내부적 경쟁

- 나는 이기기를 원하고 기대한다.

경계선을 넘었을 때

- 나는 거의 모든 사람이 라이벌로 보인다.
- 나는 남들이 그들의 실적으로 인정받을 때 괴롭다.

검증 가능한 믿음들

- 경쟁은 유익하지만 경쟁적이지는 않은 사람들의 기여하려는 의욕을 저해하기 마련인가?
- 경쟁은 팀 실적 향상과 항상 일치할까?

- 경쟁이 팀 실적을 훼손하는 경우를 본 적이 있는가?

- 모든 팀원이 동등하게 경쟁을 소중히 생각하는가?

- 모든 팀원이 긍정적 방식으로 경쟁에 대응할까?

- 경쟁이 협력을 훼손할까?

- 이 상황에서, 경쟁이 팀 실적을 향상시킬 최선의 길인가?

일차적 감정 또는 태도

공격적	좌절한	시기하는
자족하는	사기가 떨어진	열등감을 느끼는
질투하는	무자비한	비협조적
자기 합리화	공황 상태의	불운하다고 느끼는
분개하는	우월감을 느끼는	

조기 경보 신호 2 : 방어적 자세 취하기

적절할 때 : 내 아이디어

- 좋은 아이디어들은 방어할 가치가 있다.

경계선을 넘었을 때

- 내 아이디어들은 굳이 방어할 필요가 없다.

검증 가능한 믿음들

- 사람들이 내 아이디어에 도전하면, 정말 그들은 내 인격에 대해 도발하는 것일까?

- 그 도전은 유효할까?

- 그 도전이 유효하다면, 나는 패배자로(멍청하거나, 무능하거나, 성급하다고) 여겨질까?
- 도전은 부정적인가?
- 도전은 내가 들인 노고에 마땅한 모든 신망을 빼앗는 것일까?

일차적 감정 또는 태도

비난하는	화나는	자기 보호적인
신랄한	융통성 없는	분개하는
시니컬한	질투하는	빈정대는
샘내는	주관적으로 판단하는	용서할 줄 모르는
얼버무리는	정당화된	
핑계 대는	정당화하는	

조기 경보 신호 3 : 특출함 과시하기

적절할 때 : 전문가적 식견과 안목

- 나는 독특한 시각과 전문가적 식견을 갖추었다.

경계선을 넘었을 때

- 심지어 요청받지 않았을 때라도 나는 충고를 해준다.
- 나는 모든 걸 안다.

검증 가능한 믿음들

- 심지어 요청받지 않았을 때라도 내가 충고한다면, 내 전문가적 안목은 '언제나' 적합한 것일까?

- 지금이 내 전문가적 식견을 나누기에 가장 적절한 타이밍일까?

- 이것이 내 전문가적 식견을 나누기에 가장 적절한 방법일까?

- 내 충고가 옳을까? 아니면 내 말에 일정한 편향이 있는 게 아닐까?

- 단지 내가 의견을 제시한다는 이유로, 남들이 그걸 들어주고 소중히 여겨야 한다고 내가 착각하는 것은 아닐까?

일차적 감정 또는 태도

성가신	업신여김	짜증내는
독재적인	참을성 없는	선심 쓰는 체하는
생색내는	둔감한	자기 만족적인
경멸	편협한	우월감을 느끼는
통제하려 드는	적수가 없다고 느낌	남의 진가를 인정하지 않는

조기 경보 신호 4 : 인정받으려고 애쓰기

적절할 때 : 의견 불일치

- 다른 사람들이 내 아이디어를 좋아해주기 바라지만, 의견 불일치는 생산적일 수도 있다.

경계선을 넘었을 때

- 의견 불일치는 또 다른 형태의 공격이다.

- 누군가가 내 관점에 동의하지 않으면 고통스럽다.

검증 가능한 믿음들

- 사람들이 어떤 아이디어에 동의하지 않을 때, 그들은 그 아이디어를 낸 사람을 좋아하지 않는다는 것일까?
- 사람들이 내 아이디어를 좋아하지 않으면, 그들이 나를 대수롭지 않게 본다는 의미일까?
- 사람들이 내 아이디어를 좋아하면, 그들이 나를 좋아한다는 의미일까?
- 사람들이 어떤 아이디어에 동의할 때, 항상 그들이 객관적이기 때문일까?
- 사람들이 내 아이디어 중 일부에 동의하지 않으면, 내 아이디어 전부가 형편없기 때문일까?
- 사람들이 내 아이디어에 동의하지 않으면, 그들이 더 나은 아이디어를 가졌다는 것을 의미할까?
- 소수의 사람들이 내 아이디어에 동의하지 않는다면, 그것은 모든 사람이 똑같은 반응을 보인다는 의미일까?
- 모든 최고의 아이디어는 진정 위대한 아이디어가 되기 전에 약간의 수정이 필요한 것이 아닐까?

일차적 감정 또는 태도

모순된	기분 상한	망설이는
당황한	퇴짜 맞은	인기 없는
불안한	분개하는	

스탠퍼드대학의 코이트 블래커 교수는 우리 모두가 "딴 사람들에 의해 공들여 빚어진 작품"이라고 말했다. 애정이 넘치고 현명한 스승들에 의해 공들여 빚어진 작품은 우리뿐 아니다. 이 책도 마찬가지다. 우리의 작품이 존재하는 이유는 재삼재사 아무 대가도 바라지 않고 발 벗고 도와준 사람들이 있었기 때문이다. 이 책은 우리가 보유한 심리적·육체적·영적 에너지를 마지막 한 방울까지 쏟아부은 작품이다. 우리가 당황하고 기진맥진할 때마다 비즈니스 리더와 학자들, 동료와 고객들, 그리고 친구들은 짐을 덜어주었다. 그들은 격려를 아끼지 않았고, 흔치 않은 쓴 소리를 해주었으며, 흔쾌히 인터뷰에 응하거나 이메일에 신속히 응답하거나 설문을 작성해주었고, 우리 아이디어에 도전하고 번뜩이는 통찰을 더해주었을 뿐 아니라 — 솔직하게 — 기도해주었다. 우리의 가장 큰 발견들 중 대다수가 수백 명의 — 단 둘이 아니라 — 겸손과 호기심과 진실성이 직접적으로 만들어낸 결과다. 그 모든 분들께 감사의 뜻을 전한다.

또한 우리의 블로그 리뷰 게시판에 장별 리뷰를 올리거나 개인적인 이야기를 적어준 모든 분들께 감사드린다. 우리는 모든 분의 글에서 뭔가를 배웠다.

에이미 에드먼슨 하버드대학 교수, 스코트 페이지 미시건대학 교수, 펜실베이니아주립대학의 제임스 디터트 교수에게 특히 감사의 뜻을 전한다. 그들은 통찰력 있는 작업과 연구 성과를 우리가 공유하게 해주었다. 우리는 작업의 뼈대를 빚어준 당사자들을 만날 수 있는 흔치 않은 특권을 누린 셈이다. 그들을 직접 만나지 못했다 하더라도, 우리의 사고와 저술에 심대한 영향을 준 데 대해 윌리엄 진서, 짐 콜린스, 그리고 피터 드러커에게 더없이 감사한 마음이다.

마지막으로, 우리 가족에게 사랑과 감사를 표현하고 싶다. 특히나 2006년 7월에 일주일 내내 24시간 철야 작업을 하면서 집에 들어가지 못한 동안에도, 성원과 희생을 아끼지 않았던 식구들 …. 카렌, 린지, 제프, 스펜서야, 모두 고맙다. 키티, 알렉, 케이든, 니콜라스야, 고맙다.

2006년 9월 1일

마컴스미스 유한회사에 관해

데이비드 마컴과 스티븐 스미스는 2002년에 마컴스미스 유한회사(MarcumSmith, LC)를 창립했다. 우리는 조직들이 에고라는 기업 자산을 활용함과 동시에 그 부채를 제한할 수 있도록 도우면서 세계를 여행한다.

마컴스미스 유한회사는 다양한 업계의 조직과 일하고 있다. 이를테면 거대 복합기업, 하이테크, 정부, 보험사, 서비스업, 금융, 공공 사업, 텔레콤, 헬스케어, 그리고 미디어 등이다. 우리 고객 명부는 「포춘」이 선정한 500대 기업, '미국에서 가장 존경받는 기업(America's Most Admired Companies)', 그리고 '가장 일하기 좋은 100대 기업(100 Best Companies to Work for)' 등을 아우른다. 매번 우리는 기업 위계의 꼭대기부터 밑바닥까지 프로페셔널하면서도 매우 비기업적인 방식으로 우리의 콘텐츠를 전달한다. 우리가 무덤에 묻힐 때쯤 통찰력 있고, 독특한 콘텐츠와 스타일리시한 디자인, 그리고 순수한 비즈니스 타당성을 겸비한 애플이나 버진에 비견되기를 희망한다. 당신만큼이나 리더십 교육에 시간을 낭비하기 싫어하는 사람들에 의해 설계된 리더십 교실을 상상해보라. 우리는 겸손, 호기심, 진실성이 신세대 사업가들, 또는 다르게 생각하고 다음 레벨의 리더십에 도달할 준비가 된 구세대 사업가들을 위한 각본이라고 생각한다. 우리는 그 각본을 최적화하기 위한 도구들을 전달하고 테크닉을 가르친다.

마컴스미스 유한회사에서는 모든 기업이 에고의 진실에—에고 때문에 치러야 할 비용은 무엇이며 에고가 효과적으로 다스려질 때는 어떤 이익을 안기는지에—대한 인식을 높이고자 하는 야심만만한 목표를 세워두었음을 인정한다. 기업인의 51퍼센트는 에고가 자사의 연간 매출액 중 6~15퍼센트 정도의 비용을 차지하는 것으로 평가한다. 21퍼센트나 되는 기업인은 에고의 비용이 16~20퍼센트에 달한다고 말한다. 그러나 어떤 식으로 계산하더라도 한 기업이 치르는 대가는 너무 크다. 앞서 밝힌 포부를 펼치기 위해서 우리는 현장 방문 교육과 강사 양성 과정을 제공한다. 우리 워크숍의 참가자들과, 우리가 컨설팅했던 팀들은 48.9퍼센트 정도의 향상 효과를 보았다고 우리에게 공을 돌렸다. 또한 우리는 기조연설, 공개 워크숍, 임원진 코칭, 컨설팅도 수행한다. 궁금한 점이 있다면 www.marcumsmith.com 또는 www.egonomicsbook.com을 방문하라.

에고노믹스

초판 인쇄 | 2008년 7월 15일
초판 발행 | 2008년 7월 22일

지은이 | 데이비드 마컴 · 스티븐 스미스
옮긴이 | 배현
펴낸이 | 심만수
펴낸곳 | (주)살림출판사
출판등록 | 1989년 11월 1일 제9-210호

주소 | 413-756 경기도 파주시 교하읍 문발리 파주출판도시 522-2
전화 | 031)955-1350   기획 · 편집 | 031)955-1384
팩스 | 031)955-1355
이메일 | book@sallimbooks.com
홈페이지 | http://www.sallimbooks.com

ISBN 978-89-522-0944-3 03320

* 잘못된 책은 구입하신 서점에서 바꾸어 드립니다.
* 저자와의 협의에 의해 인지를 생략합니다.

책임편집 · 교정 : 김형필

값 14,800원